社会心理学
キーワード

有斐閣双書
KEYWORD
SERIES

山岸俊男
[編]

SOCIAL PSYCHOLOGY

はしがき

　社会心理学が日本に根づいてからほぼ半世紀が経ちました。その間に，社会心理学を学ぶ人の数は急激に増加し，いまや社会心理学は学生の間で最も人気の高い学問分野のひとつとなっています。そして編者にはこの人気の秘密が，社会心理学が私たちにとって身近な対象を取り扱っている点にあるように思われます。このことは一方では社会心理学にとっての祝福なのですが，もう一方では社会心理学にとっての呪いともなっています。

　このことが社会心理学にとっての，そして社会心理学を学ぶ多くの人たちにとっての祝福であるのは，多くの人たちが社会心理学に興味をもち，そのことによって自分たちの身のまわりに起こる出来事や自分たちの考え方や行動について，「常識」とは違った観点から見直すきっかけを社会心理学が与えてくれるからです。例えば認知的不協和理論や自己知覚理論の話を講義で学んだ学生の中には，自分自身について，あるいは自分と恋人との関係などについて見直すきっかけになったという感想を述べる人が，毎年少なからずいます。

　しかしこの祝福は，同時に呪いにもなりえるのです。それは，誰もが表面的には理解できる，そして説明できるように思われる身近な問題を扱うことで，社会心理学の研究が「常識」にとらわれてしまう可能性があるからです。初学者が楽しく学ぶことは大切ですが，楽しみだけでは学べない部分がどんな学問にも存在しているはずです。それは，特別な訓練を受けていない初学者には，どうしても理解できない部分です。ある学問が私たちに「常識」を超えた知識を与えてくれるのは，学習者が楽しいだけではないそういった訓練を受けることで，新しい思考スタイルとスキルを身につけていくからです。社会心理学を学ぶ初学者は，問題の直感的な説明や理解で納得してしまうため，この訓練の必要性を見すごしてしまう可能性があるというのが，社会心理学が身近な問題を扱うことの呪いなのです。

　編者は，社会心理学を学ぶ人たちが，社会心理学で用いられている理論

や概念,そして社会心理学で行われている代表的な研究を正確に理解することで,この呪いに陥ることなく社会心理学の祝福を楽しむことができるようになればと願って,本書を編集しました。また本書を編集するにあたって,読者のニーズに応じていろいろな読み方ができるようにすることも重視しました。例えば1章から順を追って読み進めていけば,本書を読み終わったときには,社会心理学の大まかな全体像がわかるようになっているでしょう。つまりミニ教科書として本書を利用することができるわけです。あるいは,社会心理学の講義を受けたり社会心理学に関する本を読んだりしながら,なんとなく理解できるが正確にはよくわからない理論や概念あるいは研究に出くわしたときに,その正確な理解を助けてくれるハンドブックとして利用することもできます。また,もっと単純に,わからない理論や概念,研究の内容などについて知るための,簡易版の「辞典」として利用する人がいてもかまいません。そういった人たちのために,本書では最後に,キーワードに入りきらなかった言葉の辞書的な説明を,社会心理学を学ぶための「道具箱」というかたちで載せてあります。

　どのような利用のしかたをするにせよ,本書を利用することで,少しでも多くの人が社会心理学に対する興味と理解を深めてくれることが編者の願いです。そして本書を通して社会心理学に興味をもち,もっと深い理解を望むようになった読者には,有斐閣からアルマ・シリーズの一冊として出されている,亀田達也・村田光二『複雑さに挑む社会心理学』(2000年)を合わせて読むことをお勧めします。この本は,この「はしがき」の最初に書いた呪いを祝福へと導くための道筋がはっきりと示されている,優れた社会心理学の入門書だからです。

2000年10月14日　パロアルトにて

編　者

目　次

1章　社会心理学の目的と方法 ……………………山岸俊男

1　心理学か社会科学か　2

2　心と社会の相互構成　4

3　社会心理学の目的：記述，説明，予測　6

4　近接因と究極因　8

5　社会心理学のメタ理論　10

6　社会心理学の方法　12

7　実験と現実　14

2章　社会心理学の重要研究 ……………………岡　　隆

8　泥棒洞窟研究　18

9　アイヒマン実験　20

10　刑務所実験　22

11　傍観者実験　24

12　態度と行動の一貫性実験　26

13　権威主義的パーソナリティ研究　28

14　ホーソン実験　30

15　相対的剝奪研究　32

16　同調実験　34

17　社会的促進実験　36

18　フット・イン・ザ・ドア実験　38

19 社会的学習実験 40

20 印象形成実験 42

21 リスキー・シフト実験 44

22 認知的不協和実験 46

23 基本的な帰属のエラー実験 48

24 つり橋実験 50

25 サンドイッチマン実験 52

26 最小条件集団実験 54

27 コンピュータ・トーナメント 56

28 表情認知の文化間比較実験 58

29 状況サンプリング実験 60

3章　社会心理学の隣人たち …………………………山岸俊男

30 心理学の仲間たち 68

31 認知科学と認知心理学 70

32 日本の生んだ社会心理学：社会意識論 72

33 心と文化：文化心理学と交差文化心理学 74

34 人類学 76

35 新しいパートナー 78

4章　社会心理学のあゆみ …………………………佐藤達哉

36 社会心理学の黎明：独・仏・米の4人の先駆者 82

37 ミードと自己理論 84

38 人間観の変革：フロイトとワトソン，スキナー 86

39 レヴィンとグループダイナミックス 88

- *40* オルポートきょうだい：集団心の否定・偏見研究 90
- *41* 日本の社会心理学 1：戦前期まで 92
- *42* 日本の社会心理学 2：戦後 94

5章　冷めた心と熱い心：認知，感情，動機づけ ……北村英哉

- *43* こびとの靴屋：認知モジュールと意識 98
- *44* サルだってもっている？：心の理論 100
- *45* ものを見る：スキーマとスクリプト 102
- *46* ものを分類する：ステレオタイプ 104
- *47* ものを決める：アルゴリズムとヒューリスティックス 106
- *48* まわりを変える，自分が変わる：認知的不協和，認知的一貫性 108
- *49* どうしてなんだろう？：原因帰属 110
- *50* 自分の心は他人の心：自己知覚 112
- *51* 泣くから悲しい？：感情喚起 114
- *52* 表情は同じか？：感情表出 116
- *53* やる気が出るとき：内発的動機づけと学習性無力感 118
- *54* 好き・嫌いから何が見える？：態度 120

6章　私の心と私の姿 ………………………………高田利武

- *55* 2つの私 124
- *56* 自分を見る 126
- *57* 自分を見せる 128
- *58* 自分を広げる 130
- *59* 自分を守る 132

7章　他人とのつきあい　……………………………吉田俊和

60　他人を知る：対人認知　136

61　他人と比べる：社会的比較　138

62　他人を好きになる：対人魅力　140

63　他人とつきあう：関係の形成と崩壊　142

64　他人を説得する：説得的コミュニケーション　144

65　他人と交渉する：交渉と取引　146

66　他人の身になる：共感性　148

8章　集団の中の人間　……………………………山口裕幸

67　価値観を共有する：集団規範　152

68　まわりに合わせる：同調と服従　154

69　まわりを変える：少数者影響過程　156

70　いるだけで違う：社会的促進と社会的手抜き　158

71　みんなで決める：集団意思決定　160

72　調子に乗りすぎ？：集団的浅慮とリスキー・シフト　162

73　みんなをまとめる：リーダーシップ　164

74　どんな分配なら納得できる？：公平と公正　166

75　社会の一員として自己を見る：社会的アイデンティティ　168

9章　関係としての社会　……………………………神　信人

76　意図せざる結果　172

77　予言の自己実現　174

78　相互依存関係　176

79　社会的ジレンマ　178

- *80* 社会的交換　180
- *81* 集団とネットワーク　182

10章　社会と文化 ……………………………………結城雅樹

- *82* 心の中と心の外　186
- *83* 罪の文化と恥の文化　188
- *84* 日本は集団主義的か　190
- *85* 自己と文化　192
- *86* 文化と適応　194

11章　社会の中の社会心理学 …………………………大渕憲一

- *87* 人を攻撃に駆り立てるもの　198
- *88* 暴力映像は有害か？　200
- *89* 向社会的行動　202
- *90* 人間関係の働き　204
- *91* 男女の違いはどこまで真実か？　206
- *92* 男女差を生み出す社会的圧力　208
- *93* マスメディアの影響力はどれほどか？　210
- *94* マルチメディアと社会生活の変化　212
- *95* 世論形成の仕組み　214

12章　社会心理学の道具箱 ……………………………山岸俊男

- *96* 社会心理学の理論を学ぶための道具箱　218
- *97* 社会心理学の方法を学ぶための道具箱　220
- *98* 心のはたらきについて学ぶための道具箱　222
- *99* 集団と個人との関係について学ぶための道具箱　224

100 相互依存関係と社会や文化について学ぶための道具箱 　226

図表の出典　228
事項索引・人名索引　231

中扉のイラスト　藤倉明子

★ 執筆者一覧 （執筆順，＊印は編者）

*山岸 俊男（やまぎし　としお）　　　　　　　　1章，3章，12章
　　元 一橋大学大学院国際企業戦略研究科特任教授，
　　北海道大学名誉教授

岡　　　隆（おか　たかし）　　　　　　　　　　2章
　　日本大学文理学部教授

佐藤 達哉（さとう　たつや）　　　　　　　　　　4章
　　立命館大学総合心理学部教授

北村 英哉（きたむら　ひでや）　　　　　　　　　5章
　　東洋大学社会学部教授

高田 利武（たかた　としたけ）　　　　　　　　　6章
　　前 宮城学院女子大学教授

吉田 俊和（よしだ　としかず）　　　　　　　　　7章
　　岐阜聖徳学園大学教育学部教授

山口 裕幸（やまぐち　ひろゆき）　　　　　　　　8章
　　九州大学大学院人間環境学研究院教授

神　 信人（じん　のぶひと）　　　　　　　　　　9章
　　淑徳大学総合福祉学部教授

結城 雅樹（ゆうき　まさき）　　　　　　　　　　10章
　　北海道大学大学院文学研究院・北海道大学
　　社会科学実験研究センター教授

大渕 憲一（おおぶち　けんいち）　　　　　　　　11章
　　放送大学宮城学習センター所長／特任教授

本書のコピー，スキャン，デジタル化等の無断複製は著作権法上での例外を除き禁じられています。本書を代行業者等の第三者に依頼してスキャンやデジタル化することは，たとえ個人や家庭内での利用でも著作権法違反です。

1章 ▶ 社会心理学の目的と方法

この章では，社会心理学が扱う問題と研究方法の最も根底にある考え方を学ぶ。

> **_1_ 心理学か社会科学か**——心理学と社会学から生まれた社会心理学は，一時はマクロ現象に対する社会科学的な関心を失った。しかし文化心理学や進化心理学と結びつく中で，マクロな現象に対する関心が蘇りつつある。

❖ 社会心理学とは

　社会心理学は社会的存在としての人間の心の性質を研究する学問である。ここではまず，人間が社会的な存在であるということが，これまでどのようにとらえられてきたかを見てみよう。G. W. オルポートは1930年代にすでに，「個人の思想・感情・行動が，他の人間の現実の存在，あるいは想像や暗黙のうちに仮定される存在によって，どのように影響されるかを理解し，説明することを企画する科学」と社会心理学を定義しているが，ここでは，自分やまわりの人たちを認知し（➡5章，6章），まわりの人たちから影響され（➡8章），あるいはまわりの人たちと相互作用したりする（➡7章）存在という点に，つまり個人がまわりの人たちと相互作用を行うという点に，社会心理学が扱うべき人間の社会性を見ている。この観点は，その後現在に至るまで，心理学的社会心理学の主流を形成してきた。これに対して社会学的社会心理学では，人間の社会性についてのもう1つの考え方が広く受け入れられてきた。白紙の状態にある人間の心に外部から（すなわち社会ないし社会の代理人によって）価値や規範意識や役割期待などが注入されることで，生物学的存在としての人間が社会的存在としての人間として形成されるという考え方である。

❖ 2つの伝統

　社会心理学の始まりは，心理学者のM. マクドゥーガルと社会学者のE. A. ロスが，それぞれ『社会心理学』の教科書を出版した1908年に求められることが多いが，その後1960年代に至るまで，社会心理学には社会学の伝統が心理学の伝統と並立し，日本においてはむしろ前者が後者を圧倒する状態が続いていた。例えば1960年代に刊行された『今日の社会心理学』シリーズの執筆者計18人の大半は社会学者であり，その中に心理学者は1人も含まれていない。このように戦後の社会心理学において社会学的な関心が強かったのは，第2次世界大戦の衝撃から，ナチズムやファシ

ズム，あるいは天皇制というマクロな現象を生み出し維持したドイツ人やイタリア人あるいは日本人の心理を理解する必要があるという思いを，社会心理学者が一般の人々と共有したためだと考えられる。しかし1970年代に入り第2次世界大戦の経験が風化し，一般の人々の間から民主主義を脅かす「集団的な心理現象」に対する関心が薄れるにつれ，社会心理学者の間からもマクロな社会現象を研究対象とする社会学的な問題関心が消え去っていくことになった。そしてそれと入れ替わりに社会心理学の実験科学化が急速に進行した。その結果1980年代の後半までには，社会心理学から社会科学的なマクロな問題関心がほぼ全面的に消滅することになった。

❖ 新しい関心

このように，1980年代までには社会心理学は心理学の一分野として一般的に受け入れられるに至った。しかし現在，マクロな現象に対する関心が新たに生まれつつある点に注目しておく必要がある。その1つに，これまで西欧の心理学者によって普遍的とみなされてきた心の性質の多くが，実は西欧文化と表裏一体の関係にあること，そして他の文化では異なった心の性質が示されることを明らかにした文化心理学の影響がある。例えば北山忍らは，従来の社会心理学で人間の普遍的性質として扱われてきた，基本的な帰属のエラーとか自己高揚傾向といった現象が，日本人にはみられないことを明らかにしている。このことは，社会科学の研究対象であるマクロな文化の理解を抜きにしては，人間の心の理解が困難であることを意味している。もう1つの影響は，人間の心の性質が社会的環境への適応を通して形成されている点を重視する進化心理学の影響である。進化心理学においては，人間の心は適応すべき社会的環境により形成されてきたという意味で，本来的に社会の産物である。このことは，人間の心の性質を理解するためには，適応すべき社会的環境の性質，特に社会的な適応課題の性質を理解する必要があることを意味している。

これらの新しい動きの特徴は，社会的存在としての人間の心を理解するためには，心そのものに焦点を当てるだけではなく，心を生み出し支えている，心の外にあるマクロな文脈に焦点を当てる必要があることを強調する点にある。

> **2 心と社会の相互構成**——人間の心は社会的・文化的環境への適応の結果として形成されると同時に，社会的・文化的環境そのものを構成している。

❖心の社会性

現代の心理学者の間では，人間の心が人間の身体や脳と同じように，進化の過程を通して現在の姿をとるようになったとする進化論的な前提が，広く受け入れられるに至っている。また，人間の手が道具を使用するのに便利なかたちに進化してきたのと同様，人間の心は集団の中で他人との関係をうまく調節し有利に立ちまわるために発達してきたとする社会脳仮説（R.M.I.ダンバー）が，人間の心や知能の進化を説明する上で大きな影響力をもち始めている。この進化心理学的観点からすれば，人間の心は社会的環境への適応のための道具であり，したがって心の性質を理解するためには，それが具体的にどのような社会的適応問題解決のための道具として機能するのかを理解する必要がある。

また人間の心は，この意味での社会的環境への適応のために進化してきた道具であると同時に，文化的環境への適応の結果として生み出され維持されている点も忘れてはならない。例えば，従来の社会心理学では人間にとって普遍的な心の性質であると考えられてきた自尊心維持傾向が，相互独立的な文化的環境への適応によって生まれ維持されている心の性質であることを，文化心理学的な研究が明らかにしている。このように，人間の心は二重の意味で社会的——社会的適応課題を解くための道具という意味と，文化的環境への適応によって生み出されているという意味——な性質をもっている。社会心理学は，このような人間の心の社会性を明らかにすることを，最も中心的な理論的課題としている。

❖社会的環境

それでは，人間の心が適応すべき社会的環境とは何であろう。社会的環境が非社会的な物理的環境と区別されるのは，それが人間の心と行動とが作っている環境だという点にある。人間は一人では生きていけない。他人と助け合ったり，あるいは他人を利用したりしながら，他人との関係の中

でしか生きていくことはできない。したがって人間にとって最も重要な社会的環境とは，自分と何らかのかたちで相互依存関係にある他人の存在であり，またそういった他人の行動である。相互依存関係とは，関係当事者のそれぞれにとって，自分の行動だけでは結果が決まってこない関係である。自分にとって望ましい結果を得るためには自分1人の行動では不十分であり，他人の行動に影響を与える，あるいは他人の行動を予想してそれに応じた適切な行動をとる必要があるという点に，人間にとっての社会的環境の重要性が存在している。

つまり，人間にとっての社会的環境とは，自分の行動に応じて変化する他人の行動であり，また自分の行動を対応させるべき他人の行動である。このことを逆からみれば，一人一人の人間にとっての自分の行動は，他の人にとっての社会的環境の一部を構成していることになる。この意味で，一人一人の人間は，自分にとっての社会的環境に応じて行動することで，他人にとっての社会的環境を構成している。そして，社会的環境への対応行動の内容がそれぞれの人間のもつ心の性質によって異なってくるとすれば，一人一人の人間は特定の心の性質をもつことで，他人にとって異なった社会的環境を提供することになる。つまり，社会的環境への適応のための道具として特定の心の性質を人々が身につけるようになれば，そのことによって新しい社会的環境が生み出されることになる。心と社会とは，この意味で，つまりお互いが相手を生み出しつつ相手によって生み出されるという意味で，相互構成的な関係にあるといえる。また文化的環境の場合にも，心と社会との関係と同様，心との間に相互構成的な関係が存在している。心の性質を生み出す文化的慣行そのものが，人々が特定の心の性質をもつことで生み出され維持されているからである。

心と社会的環境・文化的環境との間にこのような相互構成関係が存在している以上，社会的・文化的な環境とは独立したかたちで心を理解しようとする試みには，大きな限界が存在することになる。この限界の存在こそ，心と社会との相互構成的な関係の性質と内容とを明らかにすることを目的とする社会心理学に，その存在意義を提供するものである。

> **3 社会心理学の目的：記述，説明，予測** ——科学としての社会心理学の目的は，現象を客観的に記述し，記述された現象に説明を与えることで，その現象の予測とコントロールを可能とすることにある。

❖科学としての社会心理学

現在，ほとんどの社会心理学者は社会心理学を科学の一分野だと考えている。そういった社会心理学者にとっては，社会心理学の目的は，人間の心が社会的環境の中でどのように働くかを客観的に記述すると同時に，なぜそのような働きをするのかを説明することにある。これらの現象の記述と説明の総体は広い意味での理論と呼ばれるが，この広い意味での理論に含まれている記述と説明（これを狭い意味での理論と呼ぶ）が正しければ，当然，それらに基づく現象の予測が可能となる。社会心理学者の中にはK. J. ガーゲンに代表されるように，心を物のように客観的に観察し記述することは不可能であり，したがって社会心理学は現象の記述，説明，予測を目的とするという意味での科学ではないし，科学であることを目指すべきではないと考える人たちもいるが，ここでは社会心理学者の圧倒的多数が採用している，科学としての社会心理学の目的について紹介する。

❖記述，説明，予測

記述と説明（ないし理論）と予測は，どの１つを取っても，他の２つと独立にそれ自身で意味をもつことはできない。例えば記述について考えてみよう。現象を記述するということは，外界に存在する無数の情報の中から特定の情報を取り出すことであり，ある現象が観察と記述に値する現象であると認識されるのは，それが理論と一貫するものとしてであれ，あるいは理論に反するものとしてであれ，ある理論との関係でとらえられたときである。この意味で理論とは，現象の記述に際して明かりを提供するサーチライトの役割を果たしている。理論というサーチライトの助けを借りなくては，無数の情報という暗闇の中から意味のある現象の記述を行うことはできない。また，理論のサーチライトを使って特定の現象に光を当てるということは，その現象が意味のあるかたちで存在する（あるいは存在しない）ことを予測することである。つまり，理論に基づく予測がなけれ

ば，何を観察すべきか特定できず，そのため現象の記述を行うことさえできない。この観点からすれば，科学的な理論の役割は，その理論がなければ光が当てられることのなかった現象に光を当てることにあり，したがって理論の有効性は，どれだけ広範の現象に光を当てることができるか（つまり意味のある現象として認識できるようにできるか）にある。ただし，この意味での理論の有効性は，その理論が正しいかどうかとは独立である点に注意しておく必要がある。いくら正しくても，ほんの狭い範囲の現象にしか光を当てることのできない理論は，有効性の小さな理論である。

❖科学的理論と素人理論

上で説明した記述と理論と予測との間の関係は，科学としての社会心理学に特有の関係ではない。社会心理学者であろうとなかろうと，我々は誰でも日常生活の中で自分なりの「理論」に導かれて現象を観察し，予測し，行動しており，自分なりの心理学理論や社会学理論に導かれて世の中を認識し理解し行動しているという意味で，素人心理学者であり素人社会学者である。学校で物理学を一度も学んだことのない人が，物体の性質や働きについての自分なりの「物理学」を使って生活しているのと同じように，科学としての社会心理学について一度も学んだことのない人でも，経験や世間知から学んだ自分なりの社会心理学を使って生活している。実際，社会心理学の理論の中には，ことわざや格言として要約することができるものも少なくない。しかし科学的な理論は，観察可能な予測を論理的に引き出せるかどうかという点で，素人理論と異なっている。科学的な理論とは，そこから論理的に引き出した予測が正しいかどうかを，特定の現象を観察した結果と比較することで調べることができるかたちで作られていなければならない。そして科学的な記述とは，報告されたのと同じ観察方法を使えば，誰が観察しても同じ内容となる記述である。したがって，「神が世界を創った」という理論は，たとえそれが正しい理論であったとしても，そこから観察可能な予測を引き出すことができない以上，科学的理論ではない。同様に，「笑う門には福来る」という格言も，その当否を客観的に判断する方法がない限り，科学的な理論とはなりえない。

> **4 近接因と究極因**——ある現象の説明には，近接因による説明と究極因による説明とがある。ある説明がどちらの説明なのかを理解することは重要である。

❖ピーマンを食べない理由

例えば「どうしてあなたはピーマンを食べないの？」と尋ねられた人が，「だって，ピーマンは嫌いだから」と答えたとしよう。この答えに，尋ねた人は納得するだろうか。答えた人がピーマン嫌いだということを知らないで，「なぜこの人はこんなに美味しいピーマンを食べようとしないのか」と本当に不思議に思っている人にとっては，この答えは十分に納得のいくものとなるだろう。「なーんだ，ピーマンが嫌いなんだ」とわかれば，疑問が解けるからである。しかし，尋ねられた人がピーマン嫌いだと知っていながら，同じ質問が投げかけられることがある。その場合には，ピーマンが嫌いだからという答えは，納得のいく答えにはならない。その人が尋ねているのはピーマンが好きか嫌いかではなく（ピーマン嫌いだということは十分に承知している），なぜピーマンが嫌いなのかだからである。ある現象ないし行動（ピーマンを食べない）の近接因とは，その現象や行動に直接に対応している心の性質（ピーマン嫌い）や状況の性質（ピーマンが食卓にない）である。これに対して究極因とは，それらの現象や行動の近接因についての説明である。例えばなぜピーマンが嫌いなのかの説明や，なぜ今日の食卓にはピーマンが出ていないのかの説明がこれにあたる。この例からもわかるように，「なぜ」という問いが問われる場合には，そこで求められている説明が近接因による説明（ピーマン嫌い）の場合もあれば，究極因による説明（小さいときに腐ったピーマンを食べて死にそうな目にあった）が求められている場合もある。

❖何が究極因になり得るか

究極因には，「とりあえず」の究極因と「本当」の究極因がある。とりあえずの究極因とは，最初に思いついた近接因がなぜ存在するのかを直接に説明するものである。例えば上の例では，小さいときに腐ったピーマンを食べて死にそうな目にあった，という説明がこれにあたる。この説明に

納得する人もいれば、さらに「どうして小さいときにピーマンを食べてひどい目にあった経験をするとピーマン嫌いになるのか」という説明を要求する人もいるだろう。後者にとっては、この説明は、さらなる説明を要する近接因にすぎない。つまり、近接因と究極因の関係は相対的な関係であり、説明の1つのステップで究極因と考えられたものは、次のステップではさらなる説明を必要とする近接因となる。

❖ 究極の究極因とメタ理論

それでは、近接因と究極因の繰り返しはどこまでも続くのだろうか。なぜ「小さいときにピーマンを食べてひどい目にあうとピーマン嫌いになるのか」という問いに対しては、人間（および人間を含む動物は）は学習能力をもっているからだという答えが用意されている。しかしこの答えに対しても、「なぜ人間は（あるいは動物は）学習能力をもっているのか」という問いが返されてくるだろう。この問いと答えの繰り返しは、最終的にはどこに行きつくのだろう。いいかえれば、我々はどのような答えが与えられたときに満足するのだろう。実は、どのような答えが与えられると満足するかは、人によって様々である。「ピーマンが嫌いだから」という答えに満足する人もいれば、動物はなぜ学習能力をもっているのかが理解できなければ満足しない人もいる。社会心理学者の間にもこのような違いは存在しており、どのステップでの答えに満足するか、あるいはどのような種類の答えに満足するかは、研究者の間で一致しているわけではない。

それでは、どのような種類の答えに満足するのか、つまりどのような種類の答えを「究極の」究極因として受け入れ、それ以上の説明を求めようとしなくなるのかは、いったい何によって決まってくるのだろう。それは、研究者が意識的に、あるいははっきり意識しないまま受け入れている「メタ理論」によって決まってくると考えられる。逆に言えば、メタ理論とは、どのような種類の説明を究極因として受け入れるべきかについての信念であると言うこともできるだろう。社会心理学においてどのようなメタ理論が存在しているか、つまりどのような種類の説明が究極因として受け入れられているかについては、次のキーワードで紹介する。

> **5 社会心理学のメタ理論**——社会心理学にはいくつかのメタ理論が混在している。あるメタ理論での究極因は別のメタ理論のもとでは，さらなる説明を必要とする近接因となる。

❖理論とメタ理論

先の項目で述べたように，メタ理論は，何を最終的な究極因として受け入れるかを決定している。そのため，どのメタ理論を採用するかによって，社会心理学者が現象の説明のために用いる理論の内容が異なってくる。ここでは4つのメタ理論を取り上げ，それぞれのメタ理論がどのような性質の理論を生み出しているかを紹介する。

❖心メタ理論

現在の社会心理学で受け入れられたり議論されている理論の大半は，ここで取り上げる「心メタ理論」か，次に取り上げる「情報処理メタ理論」を前提としている。心メタ理論では，心のはたらきにみられる規則性を明らかにすることが究極の目的であり，また社会心理学で扱う現象の最終的な説明を提供すると考えられている。例えば，欲求達成が妨害されることで生じるフラストレーションが攻撃行動を生むとするフラストレーション=攻撃理論（➡87）では，フラストレーションと攻撃性との間に規則的な関係が存在することを明らかにできれば，攻撃行動の説明が提供されたものと考えられている。あるいは社会的アイデンティティ理論（➡75）では，自分の属する集団を他集団よりも優れていると思うことで自分の自尊感情を満足させようとする人間の一般的な傾向が，集団間の差別行動の原因として受け入れられている。

❖情報処理メタ理論

情報処理メタ理論を採用している社会心理学者は，心のはたらきの規則性を明らかにするだけでは満足せず，そのような規則性がいかなる情報処理のメカニズムを通して生み出されているかを明らかにすることを究極の目的としている。情報処理メタ理論の持ち主にとっては，人間（あるいは動物）の心の性質を情報処理のモデルとして記述し，望ましくはコンピュータ・プログラムとして動作させることで，そのモデルが記述すべき心の

はたらきを再現できることを示すことが，満足すべき究極の説明と考えている。

❖適応メタ理論

上述の2つのメタ理論の持ち主にとっては，社会心理学は，心のはたらきにどのような規則性があるのか，あるいはその規則性の背後にどのような情報処理のメカニズムがあるのかを発見し記述するという，How（どのように）の問いに答えることを目的とした学問である。これに対して適応メタ理論の持ち主が追究するのは，Howの問いではなくWhy（なぜ）の問いである。つまり，特定の心の性質や情報処理のメカニズムがなぜ特定のかたちで存在しているのかという問題に，適応メタ理論の立場に立つ社会心理学者は関心をもっている。例えば，フラストレーションを感じると攻撃的な行動を取りやすくなるという心の性質の存在が明らかにされたとしよう。そのとき適応メタ理論の持ち主は，その心の性質を攻撃性の究極因として受け入れないで，なぜ人間はそのような心の性質をもっているのだろうという，もう1つ先の疑問を追究し始めるだろう。この問いに対して，適応メタ理論の持ち主は，その心の性質（ないしその性質を可能としている情報処理のメカニズム）を人間がもつに至ったのは，その性質が特定の環境に対して適応的である（あるいはあった）からだという前提から出発する。そして，その心の性質をもつことで解決が可能となる課題が人間を取り巻く（主として社会的な）環境の中に存在していることを発見すると，それが適応メタ理論の持ち主にとっての究極の説明となる。

❖常識メタ理論

社会心理学で「理論」と呼ばれるものの中には，常識をもっともらしい用語を使って表現し直しただけのものがある。例えば，心の荒廃が少年たちの非行を生み出す，というたぐいの「理論」がこれにあたる。このような「理論」を提唱している人たちにとってのメタ理論は，常識と一致しているかどうか，あるいは直観的に納得がいくかどうかである。常識メタ理論の持ち主にとっては，常識と一致しており，直感的に納得のいく説明は，それ以上の説明を必要としない究極の説明として受け入れられることになる。

> **6 社会心理学の方法**——社会心理学で一般的に用いられている研究方法には実験と調査があるが，それぞれの方法には長所と限界があり，そのため両方を組み合わせて用いることが望ましい。

❖社会心理学の研究方法

　社会心理学で最もよく使われる研究方法は実験，特に実験室実験だが，質問紙を用いた調査も比較的よく使われている。これら2つの方法は研究者があらかじめ自分の調べたい対象を設定し，それ以外の攪乱要因の影響を排除することで，なるべく純粋なかたちで調べることを重視している。これに対して，現象をありのままに記述することを重視した方法としては，社会の中で実際に起こっている現象を直接観察する方法や，観察される対象の一員となって内部から社会現象や集団現象の観察を行う参与観察法などがある。また，新聞や雑誌の記事，あるいは映画やテレビの映像などを対象に分析する内容分析法や，政府や調査機関などが収集した各種のデータを分析する二次的データ分析法なども，社会心理学の研究でしばしば用いられる。近年になって，特定の理論の論理的整合性を検討したり，理論に基づく予測を引き出す目的で，コンピュータ・シミュレーションを用いる社会心理学者も増えている。このように多様な方法が用いられるのは，研究の目的に応じて方法をうまく使い分ける必要があるからである。以下，最も一般的な方法である実験と調査について，それぞれの利点と限界について説明する。

❖実験研究

　実験，特に実験室で行われる実験室実験は，社会心理学で最もポピュラーな研究方法である。実験法の一番の特徴は要因の操作にある。実験操作とは，原因と考えられる要因の状態を実験者が変化させることである。例えば，フラストレーションが攻撃行動を生み出すとするフラストレーション=攻撃仮説の妥当性を検討するための実験では，フラストレーションが存在するかどうか（あるいはその大きさ）を実験者が変化させ，その変化に応じて実験参加者の攻撃行動が実際に変化するかどうかを調べる。もし予想どおりの行動の変化が観察されれば，フラストレーションと攻撃行動

との間には実際に関係があり，また前者が後者の原因であることが明らかにされたことになる。ただし多くの実験では，1人の参加者に実験操作を行う被験者内操作を行うのではなく，無作為に分けられた参加者群に対して異なった状態を与える被験者間操作の方法が用いられる。例えばフラストレーションを起こすような状態に置かれた参加者と，通常の状態に置かれたコントロール群の参加者との間に，攻撃行動に差が生まれるかどうかを観察するといった方法である。この方法を用いた場合には，実験群とコントロール群の間には実験操作の差しか存在しないため，実験群とコントロール群の間に存在する差は，実験操作により生み出されたものであることに疑問の余地はない。この点，すなわち結果の解釈の明確さこそが，実験研究法の最も優れた点である。

❖**調査研究**

実験法は結果の解釈が明確である，つまり内的妥当性が高い研究方法であるが，その結果が実験室場面や実験参加者の範囲を超えてどの程度一般化可能であるかがはっきりしていない点，つまり外的妥当性が低い点にその限界がある。これに対して，質問紙などを用いて行う調査研究の場合には，実験研究とは逆の利点と限界が存在している。まず第1に，回答者は自分で意識できる現象についてしか回答することができないため，研究者が調べたいと考えていることが回答者の意識に上らない現象である場合には，質問紙を用いた研究は役に立たない。また，ある質問項目に対する回答と別の質問項目に対する回答との間に関係があることが明らかにされた場合にも，どちらが原因でどちらが結果か，あるいは双方が共通の原因によって生じた結果なのかを，疑問の余地なく明確に特定することは困難である。しかし，質問紙調査の場合には，回答者を特定の母集団から無作為に選ぶことで，結果がどの範囲まで一般化可能であるかをはっきりと見定めることができる。因果関係を明確にできない点に質問紙調査の限界があるが，結果の一般化が可能な点にその利点がある。

このように，それぞれの研究方法にはそれぞれの利点と同時に限界が伴っている。そのため，特定の方法の限界を補いあうよう，いくつかの研究方法を組み合わせて用いることが望ましい。

7 実験と現実——社会心理学の研究方法としての実験法は，内的妥当性と外的妥当性の問題を抱えている。理論の検証にとって重要なのは外的妥当性よりも内的妥当性である。

❖風洞型実験と理論検証型実験

社会心理学で行われている実験は，風洞型実験と理論検証型実験の2つに分けられる。風洞型実験は，飛行機や自動車の設計にあたってモデルを風洞に入れて風の流れを調べるのと同じように，現実に存在する特定の状況のモデルを作り，そこで人々がどう行動するかを調べることを目的としている。その典型的な例は，権威に対する服従を調べたS.ミルグラムによる「アイヒマン実験」（➡ *9*）や，社会的な役割がもつ影響力の大きさを調べたP.G.ジンバルドーによる「刑務所実験」（➡ *10*）などにみられる。風洞型実験においては，下で述べる外的妥当性が重視されるべきである。風洞型実験は理論の検証よりも，特定の状況で何が起こるかを調べるのが主要な目的であり，したがって実験で生じたことが現実においても生じるという保証（外的妥当性）が実験に要求されるからである。ただし社会心理学においてはこの種の風洞型実験よりも，理論検証型実験の方が一般的である。理論検証型実験は，検証すべき理論に関連しないすべての夾雑物を排除して，実験操作と結果との関連を明確に示すことを目的としている。下で述べるように，理論検証型実験にとって致命的なのは外的妥当性の欠如ではなく内的妥当性の欠如である。

❖内的妥当性と外的妥当性

実験室実験の結果に対しては，「実験で得られた結果は現実とかけ離れている」という批判がしばしば寄せられる。この批判は，実験研究の内的妥当性と外的妥当性の双方にかかわるものである。内的妥当性とは，実験操作が十分なインパクトをもっているかどうかの程度である。例えばある物質が有害かどうかを調べるために，その物質をきわめて微量に与えた実験の結果無害だという結論が出たとしても，その物質が本当に無害なのか，それとももっと大量に与えたときに害が発生するのかわからない。社会心理学の実験室では，例えばフラストレーションや怒りや恐怖や嫌悪などを，

現実場面に比べて極端に弱くしたかたちで参加者に与えて，その効果を調べているため，同じ問題に直面する可能性がある。これが内的妥当性の問題である。これに対して外的妥当性とは，実験結果が実験室の状況を越えて一般化可能な程度を意味する。社会心理学の実験参加者は多くの場合は大学生であるが，同じ結果は大学生以外の人を対象にした場合にもあてはまるのかとか，実験室以外の場面でも実験で得られたのと同じ結果が得られるのかという問題が，外的妥当性の問題である。

「実験は現実からかけ離れている」という批判は，多くの場合外的妥当性の欠如に対する批判としてとらえられているが，外的妥当性の欠如は風洞型実験の場合には重要な問題であっても，理論検証型実験研究にとっては，致命的な欠陥ではない。理論検証型実験の目的は実験で操作された特定の要因以外の差をすべてコントロールし（取り去り），そのことによって，その要因が結果の差を生み出すことを明らかにすることにある。現実社会にはその特定の要因以外の差が存在しない状況はありえないからこそ実験を実施するのであって，この意味では実験場面は現実社会に対応していないからこそ意味があるといえる。したがって，実験結果がそのまま現実社会に一般化可能な理論検証型実験は，実は失敗した実験だといえる。理論検証型実験研究の外的妥当性を向上させるためには，実験場面を現実場面に近づける方法によってではなく，現実場面と実験場面の違いを理論化し，その理論的違いについて新たな実験を行うという方法を取るべきだと考えられる。これに対して内的妥当性の欠如は，理論検証型実験研究にとって致命的な問題である。先の有害物質についての例を考えれば，この点はすぐに理解できるはずである。

❖構成概念妥当性

実験では理論変数を具体的なかたちで操作し（例えば実験参加者のフラストレーションの大きさを，実験参加者に対してサクラが悪口を言うことで操作する），測定する（例えば「攻撃性」という理論変数を，参加者がサクラに対して加える電気ショックの大きさで測定する）が，具体的な変数の操作や測定が理論変数と正しく対応している程度を構成概念妥当性と呼ぶ。実験結果が意味のあるものとなるためには，構成概念妥当性を高める必要がある。

参考文献

亀田達也・村田光二　2000　複雑さに挑む社会心理学――適応エージェントとしての人間　有斐閣

高橋徹ほか　1962-1967　今日の社会心理学シリーズ（全6巻）　培風館

マクドゥーガル，W.　1925　社会心理学概論　アテネ書房　（原書1908年）

Ross, E. A.　1908　*Social psychology*. McMillan.

2章▶社会心理学の重要研究

この章では，社会心理学の中で最もよく知られており，またその後の研究の発展に対して大きな影響をもった重要研究を紹介する。

> *8* 泥棒洞窟実験——集団と集団の間での葛藤はどのようにして発生するのか。その葛藤を解消する方法はあるのか。少年のサマーキャンプを利用した野外実験は，集団目標のありかたの重要性を例証した。

❖内集団の形成

M. シェリフらは，11歳から12歳の22名の少年たちを均等な2つの集団に分けて，「泥棒洞窟」というキャンプ場に連れて行った。最初の1週間ほどは，2つの集団は別々に行動し，お互いの存在すら知らされなかった。この間に，それぞれの集団の中では，ハイキングなどの共同活動や相互依存的な作業を通して，仲間意識が強まるとともに，集団の規範が形成され，個々の成員の地位や役割が安定してきた。この1週間の最後のころに，別の集団がキャンプに来ていることを知らされると，少年たちは，まだ見ぬ相手（外集団）に敵愾心を燃やし，自分たちの中で仲間意識をさらに強めていった。

❖集団間葛藤の導入

その後，2つの集団は遭遇させられ，賞品のかけられた野球や綱引きなどの競争的なスポーツが次々に導入された。それぞれの集団は自分の集団の勝利を目標とするために，一方の集団の勝利が他方の集団の敗北を意味するこれらの競技では，2つの集団の目標はお互いに葛藤する。これらの競技を通して，集団の間では，お互いに対する敵対感情が徐々に高まり，相手集団やその成員を罵倒したり攻撃したりするようになり，それは競技場の外にまで広がった。ある試合で負けた集団が，夜の間に勝った集団の団旗を燃やしてしまい，翌朝にはその報復が行われた。一方，それぞれの集団の中では，お互いの団結や凝集性が高まり，相手を打ち負かすという目標に向けて集団規範や地位・役割が再編されていった。例えば，多くの時間と労力が相手を打ち負かすための計画作成に割かれるようになり，内集団形成期には乱暴者で低地位にいた少年がヒーローになった。この段階の最後に行われたソシオメトリック・テスト（友人調査）では，自分の所属する内集団成員を友人として選ぶ少年がほとんどであった（図）。

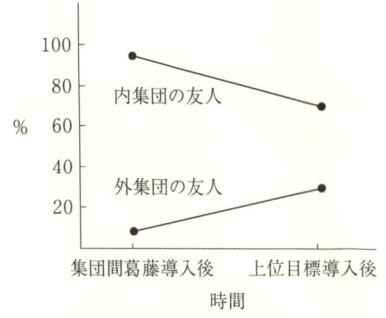

図　集団間葛藤導入後と上位目標導入後の友人選択
（Sherif & Sherif, 1969）

❖集団間葛藤の解消

　最終段階では，この集団間葛藤の解決が試みられた。最初の試みとして2つの集団が，映画や花火や食事などの楽しい時間を一緒に過ごす友好的な接触機会が設けられた。しかしこの試みは失敗に終わり，罵り合いや残飯の投げ合いなど，むしろ敵対的感情を助長する結果となった。集団間葛藤を最後に低減した試みは，2つの集団が協力しなければ達成できないような上位目標を導入し，相互依存関係を築き上げることであった。少年たちは，キャンプ生活には必須の給水が止まってしまい，2つの集団が協力して故障個所を探し出したり，食料供給車がぬかるみにはまったのを力を合わせて救い出したり，高価な映画を上映してもらうためにお金を供出し合ったりするという出来事を通して，徐々に罵り合いや小競り合いは減っていき，敵対的感情は友好的なものへと変わっていった。3週間に及ぶこのキャンプの最後に行われたソシオメトリック・テストでは，相手集団の成員が友人として選択される数は約3分の1にのぼった（図）。最後には，集団ごとに別々のバスではなく，一緒に乗って帰りたいと言い，帰る途中では，一方の集団が試合で得た賞金の残りで飲み物を買い，もう一方の集団と分け合っていた。

　シェリフらは同様の実験を3回繰り返し（上述の実験は3回目），賞品などの希少資源をめぐる競争が集団間の葛藤を引き起こすことを示し，その葛藤の低減のためには，単なる集団間の接触ではなく，上位目標を達成するための協力的相互依存関係が必要であることを例証したのである。

———権威者から命令を受けたときに，人はどこまで
実験の被験者は実験者の要請に従って他の被験者に
このような実験は倫理的に許されるのか。

さなかナチス親衛隊のアドルフ・アイヒマンは，ユダ
の輸送計画の責任者であった。後の裁判で彼は，自分
の大量虐殺に貢献したという事実は認めながらも，事務
て職務命令を忠実に実行していただけの平凡な官吏であ
に個人的な責任はないと主張した。しかし，彼は絞首刑に
のある人物から命令や要請を受けたときに，それが自分の意
のであっても，それに従った行動を行うことは，服従と呼ば

ラムの服従実験

学習の研究に参加した被験者は，別の見知らぬ被験者（サクラ）
組になり，くじ引きで教師役と生徒役を決めた。このくじには細
り，実際の被験者が教師役となり，実験者と共謀して被験者を装っ
サクラが生徒役になった（図1）。教師役の被験者は生徒に記憶再
問題を出し，生徒が間違えると電気ショックを，間違えるたびに1段
（15ボルト）ずつ強くして送るように実験者から指示された。生徒は予
どおりに間違え，教師が送電盤（図2）から電気ショックを送ると，75
ボルトまでは不平をつぶやき，135ボルトでは苦しいうめき声を発し，
150ボルトから悲鳴をあげ実験の中止を求め，330ボルトからは何の反応
もしなくなった。実験者は教師に，生徒の無反応は誤答とみなして電気シ
ョックを送るように命令した。教師が2度続けて実験の中止を申し出たと
ころで実験は終了した。

教師役の被験者の中には，実験中に冷や汗をかき，ふるえをおさえられ
ず，ヒステリックな笑いを浮かべ，極度の緊張を示すものもいた。しかし，
40人の被験者の約6割が，実験者の命令に従って，被験者が苦痛にのた
打ち回り，ついには何の反応もしなくなる最後の450ボルトまで送電し続

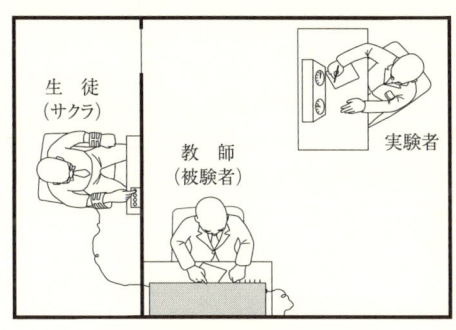

図1　実験状況（Milgram, 1974）

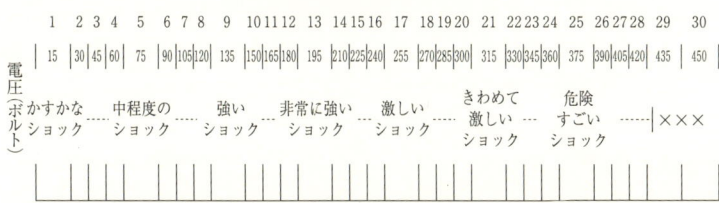

図2　被験者が操作した送電盤（Milgram, 1974）

けた。この実験の被験者は，地方紙の広告で募集した20歳から50歳までのアメリカ人男性で，職業も様々な普通の人たちであった。

　ミルグラムは，実験条件を様々に変えて実験を繰り返すことによって，どんな人でも権威のもとに置かれると，残酷で非人間的な命令に対しても容易に服従することを示しながら，その服従の原因を考察している。日常生活では責任感のある自律的な人々でも，権威というヒエラルキー構造の中に埋め込まれることによって，代理状態に移行する。この心理状態は，個人が自分自身を他者の要求を遂行する代理人とみなす状態であり，個人は他者に責任転嫁を行い，自分の行動に責任を感じなくなる。

❖研究の倫理的な問題

　実験の終了後には，実験者は被験者に，生徒役の被験者がサクラであり，実際には苦痛を受けていなかったことを含めて，この実験の本当の目的を入念に説明し理解を求めた。しかし，一時的にせよ被験者に対して偽りの情報を与え，身体的症状を伴う極度の緊張を含む精神的苦痛を経験させることは，この研究が明らかにしたことの科学的価値を考慮するときに，どこまで許されるのであろうか。

> **10 刑務所実験**——看守が冷淡で残忍で,囚人が従属的で無気力なのは,彼らがもともとそのような傾向性をもっていたからか。それとも,刑務所の中での看守と囚人という役割が普通の人々をそのようにさせるのか。

❖状況か傾向性か

　刑務所の看守が冷淡で残忍なのは,看守になろうとする人々がサディストだからであろうか。囚人が従順で卑屈であったり,反抗的であったりするのは,罪を犯すような人々がそのような性格や気質をもっているからであろうか。刑務所で見られる看守や囚人の非人間的な行動は,それらの人々がもともともっている非人間的な傾向性の現れなのであろうか。彼らは,私たち一般人とは異なる人間なのであろうか。それとも,彼らは私たちと同じ普通の人間でありながら,刑務所という非日常的状況の中でそれぞれの役割を与えられ,その役割にそった行動をしていくうちに,非人間的で病理的な行動を示すようになるのであろうか。

❖模擬刑務所実験

　すでに刑務所にいる看守や囚人を対象にして行う研究では,刑務所での非人間性が,彼らのもともとの傾向性によるのか,それとも刑務所という環境の中での役割によって創られていったものかがわからない。そこで,P. G. ジンバルドーらは,模擬刑務所を作り,普通の人々に看守や囚人の役割を演じさせるシミュレーション実験を実施した。

　ジンバルドーらは,刑務所生活に関する心理学的研究の新聞広告に応募してきた75人の中から,各種の心理検査や質問によって,身体的にも精神的にも最も安定し,最も成熟し,これまでに最も反社会的行動の少なかった21人の男子大学生を選び出し,10名を看守役に11名を囚人役にランダムに割り当てた。このランダム割当てによって,看守役の学生も囚人役の学生も,もともとの傾向性は異ならないと仮定された。実験は2週間の予定で,看守役は1日8時間の3交替制で,囚人役は1日24時間参加し,1日につき15ドル支払われることになっていた。

　模擬刑務所は,スタンフォード大学の心理学部の地下室に,実際の刑務所に模して作られた。それは,6フィート×9フィートの3つの監房(格

子戸をつけられ，3つの簡易ベットを入れただけ)，薄暗く小さい独房，看守室，面接・検査室，看守長と監督官の寝室を備えていた。囚人役の学生は自分の家にいるところを，地元のパル・アルト警察署の署員によって突然逮捕され，警察署でのすべての手続き（指紋，写真，全裸検査など）を受け，この模擬刑務所に送られてきた。この刑務所の作りや生活は，実際の刑務所とは細部は異なっていたが，実際の入所経験者や看守からの聞取り調査や文献に基づいて重要な特徴や機能は忠実に模してあった。それらは，服装や装具，私物の禁止，ID番号の使用，点呼から食事の毎日の決まり，格子窓からの監視，手紙やタバコやトイレなどの許可性，面会の取決めなど細部にわたっていた。この模擬刑務所内での看守や囚人の日常生活のやり取りは，研究者らが直接観察するだけでなく，録画テープや録音テープ，質問紙，気分調査，性格検査，看守交替報告，実験後面接などで記録された。

　実験開始後2日もしないうちに，囚人の側に極度の感情の落込み，号泣，激怒，不安の兆候が現れ出し，5人の囚人はすぐに解放された。そのうちの1人は心身症性の全身発疹の治療が必要であった。囚人も看守も，実際の囚人や看守になりきってしまい，役割演技と自己との区別がつかなくなってしまっていた。看守は，侮蔑的，攻撃的，権威的，支配的になり，囚人は，受動的，従属的，抑うつ的，無気力，自己否定的になった。看守は，囚人をあさましい動物であるかのように見下し，自分たちの残忍さを楽しむようになり，囚人は自分の逃亡や安全だけを考え，看守に対して憎悪を募らせるだけの隷属的ロボットになりさがってしまった。このような事態は，2週間の予定で始めた実験をたったの6日で中止に追い込んだのである。

　ランダムに役割を割り当てられた看守と囚人が，このように異なる非人間的で病理学的な症候を示すようになったことは，刑務所の中での看守と囚人という役割や関係から生じる社会的状況の力が大きいことを示している。もちろん，看守の中にも囚人の中にも個人差はあり，そのような性格や傾向性が社会的状況の力の作用を強めたり弱めたりすることになる。

> ***11 傍観者実験***——緊急事態を目撃している人々が多ければ多いほど，援助の手が差し伸べられる可能性は高くなるのだろうか。「冷淡な傍観者」に関する研究は，このときにむしろ援助が抑制されることを示している。

❖キティ・ジェノヴィーズ事件

ニューヨークの住宅地で深夜，キティ・ジェノヴィーズという女性が自宅アパートの前で暴漢に襲われ刺殺された。のちに判明したことは，彼女が殺されるまでに30分以上もの時間がかかり，38人ものアパート住人が彼女の悲鳴を聞き，部屋の明かりをつけ窓辺からこの事件を目撃していたにもかかわらず，誰一人として助けに出てくる者もいなければ，警察に通報する者すらいなかったということであった。これほど多くの目撃者が，単なる傍観者で終わってしまったのは，都市生活の非人間性，疎外，無関心，冷淡さのせいであろうか。

❖傍観者効果

B. ラタネとJ. M. ダーリーは，都会人の個人的・性格的要因や都市生活の特殊な事情だけではなく，他の人々（傍観者）の存在という状況的要因が，この緊急事態への不介入を引き起こすのに大きく貢献していると考えた。彼らは，緊急事態での援助行動が，①緊急事態への注意，②緊急事態発生の判断，③個人的責任の程度の決定，④介入様式の決定，⑤介入の実行，という段階を順番にたどって実行されると考え，多数の他者の存在が，それぞれの段階で援助行動を抑制するように作用する可能性を指摘している。第1に，多くの人間がまわりにいると刺激が過剰になるために，緊急事態そのものに気づかなかったり，それに気づくのに遅れたりする。都会の雑踏では，数メートルかたわらに倒れている人にすら気づかないことがある。第2に，まわりの人の行動はその事態を解釈するためのモデルとなる。倒れている人のかたわらを他の人々が黙って通りすぎているのを見れば，その事態が緊急事態だとは判断しないであろう。酔っ払いが寝ているだけかもしれない。第3に，他の傍観者の存在は責任の拡散をもたらす。その場に自分しかいなければ，救急車を呼ぶのは自分の個人的責任になるが，他の人々がいれば，そのうちの誰かが救急車を呼ぶだろう（あるいは，

すでに呼んでいるだろう）と考えて，援助の個人的な責任を感じないであろう。最後に，まわりの傍観者は観衆としての役割を果たす。援助しようと決心した人でも，まわりの人々の目を意識して失敗をおそれ，どのような方法で援助すべきかに迷い，援助の実行をためらったり，遅らせたりするのである。

❖模擬発作実験

　ダーリーとラタネは，ニューヨーク大学の学生を集団討論に参加させ，その討論の最中に参加者の1人が発作を起こすという緊急事態を作り出した。大学生活に関連する個人的問題について話し合うためという名目で集められた被験者は，お互いに個人的な問題を話しやすいように匿名性を保つためと称して，1人ずつ別々に集められ，各自が個室に入ってマイクとインターフォンを使って2分ずつ順番に発言することになる。2巡目の発言の最中に，参加者の1人が突然苦しみ出し，発作を訴えて助けを求める声がインターフォンを流れるが，発言のもち時間がきてしまい，彼のマイクが切れてしまうという緊急事態が発生したのである。このときに被験者が，廊下にいる実験者にこの緊急事態を知らせようとするかどうか，知らせるまでにかかった時間が測定された。

　被験者以外の参加者は実際には存在せず，発作をはじめすべての発言はテープにあらかじめ録音されたものであった。しかし被験者は自分以外にも集団討論に参加している人がいると信じており，その参加者の人数が2人のとき（被験者と病人のみ），3人のとき（被験者と病人ともう1人），6人（被験者と病人ともう4人）のときがあった。その発作を目撃しているのが自分だけであると思っていた被験者は，緊急事態を報告する率も高く，迅速であった（図）。しかし，自分以外にも参加者がいると思っていた被験者は報告率も低く，報告までに時間もかかり，特にこの傾向は参加者の数が多いときに顕著であった。傍観者の存在，そしてその数が，緊急事態での援助行動の抑制をもたらすことが例証されたのである。

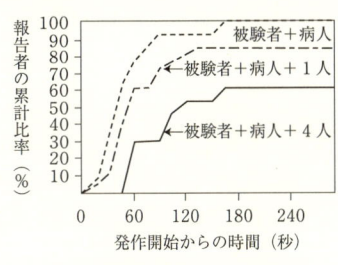

図　緊急事態の報告者の累積比率
（Darley & Latané, 1968）

> **12 態度と行動の一貫性実験**——対象に対する正または負の反応傾向と定義される態度は社会心理学の最初の仮説的構成概念である。個人の態度を測定することによってその人の社会的行動を予測できるのであろうか。

❖態　　度

　態度とは，個人がかかわりをもつ様々な対象に対する個人の反応や行動に一定の方向づけを与える心的準備状態である。態度は，外部から直接に観察できる反応や行動そのものではなく，その反応や行動の対象となる刺激や状況と，その反応や行動とを媒介する心的構成概念である。例えば，ある特定の民族に対してある個人が抱いている非好意的な偏見的態度は，直接には観察できない。しかし，そのような態度があれば，その個人はその民族に対して一貫した行動を取るであろう。すなわち，その個人は，その民族を嫌ったり，その民族を中傷する発言をしたり，その民族の一員と接触するときに差別的行為を行ったりするのである。

❖態度の測定

　この態度を測定するために，簡便で経済的で自動的な方法が習慣的に用いられてきた。それは，まったくの象徴的な状況に対して，ある個人がどのように反応するかを直接に尋ねるという方法である。例えば，何百人かの日本人男性に「あなたは電車の中で白人女性に席を譲りますか」と質問し，その言語的な答えから，日本人男性の白人女性に対する態度を推測するという方法である。このような方法の問題は，多くの回答者にとって架空の状況を想像しての回答が，それらの人々の実際の行動を予測しうるかどうかという点である。質問に回答するときには象徴的に想像された白人女性は，実際の電車の中では，ある特定の年齢，服装，体格，容姿・風貌をもっているのである。

❖態度と行動の一貫性

　R. T. ラピエールは，アメリカで東洋人に対する偏見が強かった1930年から2年間をかけて，彼の学生である若い中国人夫妻と合衆国中を旅行した。その旅行中に彼らは251ヵ所のホテルやレストランに立ち寄ったが，サービスを断られたのはこのうち1ヵ所だけであった。ラピエールは，そ

れぞれの訪問から6ヵ月の間隔をおいて，それらの施設に手紙を書き，中国人の客にサービスをするかどうかを問い合わせたところ，128の施設から返事があり，その92％がお断りの回答であった。この結果は，象徴的な状況での象徴的な中国人に対する言語的な回答と，現実の状況での現実の中国人に対する行動とが一致しないことを示している。

もちろん，このフィールド実験には，実際に中国人を受け入れた人と手紙に回答した人とが別人であったかもしれないという問題や，いったん中国人を受け入れたことによって他の客から苦情がきたり，嫌な思いをしたりしたかもしれないという問題などがある。しかし，態度質問に対する言語的な回答が実際の行動を予測しないことは，より統制された厳密な研究でも示されている。例えば，S. M. コーリーは，学生のカンニングに対する態度が，実際にカンニングをするかどうかとまったく相関しないことを示している。A. W. ウィッカーはこれらの研究を概観して，態度対象に対する言語的反応と外顕的行動反応とは無関係であると結論づけている。

❖態度が行動を予測するとき

ラピエールの研究は，一般的な中国人に対する偏見的な態度が，特殊な状況での特殊な中国人に対する行動を予測しないことを示していたが，I. エイジェンとM. フィッシュバインは，この一般性と特殊性を問題にした。彼らは，特殊な態度は特殊な行動を，一般的な態度は一般的な行動を予測すると主張し，後続の研究者はこのことを確認している。例えば，2年間のうちに避妊用ピルを使うという行動は，避妊に対する一般的な態度ではなく，2年間のうちに避妊用ピルを使うことに対する態度によって予測することができるし，リサイクルやゴミ拾いボランティアなどの環境保全に関するさまざまな行動の総合的な指標は，個々の環境保全に対する態度ではなく，さまざまな環境保全に対する態度の総合的な指標によって予測できるのである。

測定の一般性（特殊性）以外にも，態度と行動の対応を規定する様々な要因が特定されている。それらは，例えば，態度と行動の測定の時間的間隔，それらの測定時の自己の内面への注目の程度，直接経験に基づいて形成された態度であるかどうか，などである。

13 権威主義的パーソナリティ研究 ——世界大戦中にユダヤ人の大量虐殺をもたらしたファシスト的パーソナリティは，潜在的には遍在している。このパーソナリティの特徴と発達を解明する大規模研究が行われた。

❖権威主義的パーソナリティ

E. フロムは，ヒトラーのファシズムを支持したドイツ下層中産階級に一般的な社会的パーソナリティの構造を権威主義的パーソナリティと呼んだ。このパーソナリティは，人間が個人的自我の独立性を捨てて，自分には欠けている権力を獲得しようとして自分の外側にあるものと自分自身を融合させようとする傾向に基づくものであり，権威をたたえそれに服従しようとすると同時に，自らが権威であろうとし他の者を服従させたいと願うという基本的な特徴をもつ。

❖権威主義的パーソナリティの測定

T. W. アドルノらは，この権威主義的パーソナリティを測定しようとした。彼らは，当初，ユダヤ人の大量虐殺をもたらした反ユダヤ主義的態度（A-Eスケール）を測定しようとしたが，その傾向よりも一般的な自民族中心主義（人種排外主義）的態度（Eスケール）も測定し，さらに，政治経済的保守主義的態度（PECスケール）も併せて測定することによって，これらの上位概念であり，パーソナリティそれ自体の中に埋め込まれた反民主主義的傾向，すなわち潜在的ファシスト傾向（Fスケール）も測定しようとした。彼らは，様々な属性をもつ大量の回答者に対して，それらのイデオロギー的傾向やパーソナリティ的傾向を測定する質問票を実施し，その数量的な分析を繰り返しながら，最終的には，ファシズム的パーソナリティを測定する尺度を完成させていった。

❖*ファシズム・スケール*

Fスケールは，精神分析学の強い影響を受けながら，権威主義的パーソナリティの症候群をリストし，それを多元的に測定することによって作成された。それらの症候群は，①因襲主義（因襲的な中産階級の価値への固執），②権威主義的隷属（自分の属する集団の理想的道徳的権威に対する隷属的で無批判的な態度），③権威主義的攻撃（因襲的価値を脅かす人々を探し出

し，非難，排斥，処罰しようとする傾向），④反内省性（主観性，想像性，弱気に対する反感），⑤迷信とステレオタイプ（個人の運命の神秘的な決定因に対する信念。固定したカテゴリーで考えようとする傾向），⑥権力と「タフネス」（支配者－服従者，強者－弱者，リーダー－追随者という枠組みへの思入れ。権力者との一体化。自我に関する因襲的属性の過度の強調。強さとタフネスについての誇張された主張），⑦破壊性とシニシズム（人間性に対する一般化された敵意と中傷），⑧投射性（この世の中には野蛮で危険なことが横行していると信じたがる傾向。無意識の情緒的衝動の外界への投射），⑨性（性的行状への誇張された関心）である。それぞれの症候は，いくつかの短い質問文に対する回答者の回答によって測定された。Fスケールは，A－EスケールやEスケールと一貫して高い相関を示していた。

❖臨床的面接と主題統覚法

アドルノらは，これらの尺度で測定される権威主義的パーソナリティの力動的構造の深層を理解し，それが個人の中でどのように発達してきたかを明らかにするために，集中的な臨床的面接や主題統覚法などの臨床技法を用いている。A－EスケールやEスケールの高得点者と低得点者を選び出し，精神分析学的面接技法の訓練を受けた臨床心理学の専門家が個別面接を行うことによって，パーソナリティの力動的側面を抽出し，また，主題統覚法の検査を実施することによって，それらの人々の潜在的な願望や葛藤や防衛メカニズムを明らかにしようとした。これらの技法を用いた研究の結果は，単に質的に分析されるだけでなく，厳密な手法によって量的にも分析され，権威主義的パーソナリティに関するアドルノたちの前述した考えを裏づけている。特筆すべき点は，面接を通して明らかにされてきた両親像と幼年期の重要性である。権威主義的パーソナリティは，厳格で懲罰的な親の養育態度のもとで発達していく。権威主義的で懲罰的な親にしつけられた子どもは，親への敵意を抱くが，懲罰を恐れてその敵意を無意識の領域に抑圧し，親や，親のような権威や強者に対しては服従をするようになる。しかし，その抑圧された敵意は，そのはけ口を少数者や弱者に対して求めるようになるのである。

> **14 ホーソン実験**——照明や休憩時間などの物理的労働条件が工場生産性に及ぼす影響を検討しようとして計画された研究は,その予想外の結果から,産業・組織心理学での人間関係アプローチの重要性を示唆した。

❖ **物理的労働条件と生産性——照明実験**

アメリカのウェスタン・エレクトリック株式会社ホーソン工場では1924年から27年にかけて,物理的労働環境を整備することによって従業員の疲労を軽減し,生産性を上げるための準実験研究を行った。一連の照明実験は,照明度と作業能率との関係を明らかにしようとしたが,当初の予測とは裏腹に,それらの間には相関関係がまったくないことを明らかにした。照明を段階的に明るくしていった実験条件の生産性も,照明をずっと一定にしていた統制条件の生産性も違いがなく,同じくらい上昇した。また,いったん上昇した生産性は,その後で照明を暗くしても持続した。従業員たちは,実験に参加しているというだけで,物理的労働条件の変化とは無関係に,生産性を上げたのである。

❖ **人間的・心理的要因の再確認:継電器組立作業実験**

照明実験の結果は当時の科学的管理法が基づいていた機械的人間労働観にとっては意外な結果であった。この時点で,産業心理学者のG. E. メイヨーや社会学者のF. J. レスリスバーガーらの専門家が研究に本格的に参加することになった。

メイヨーらは,照明実験と同じように,物理的労働条件が疲労を左右することによって,生産性に影響を及ぼすことを明らかにしようとして,より厳密にコントロールされた実験状況に5名の従業員を隔離して継電器組立作業に従事させ,彼女たちの休憩時間や労働日数などの労働条件を変化させる実験(1927年から29年)を行った。しかし,この実験でも,休憩の時間や回数や挿入時期や労働日数が変化しても,それに応じて生産性が変化するということはなかった。実験の開始から1年半ほどの間は,労働条件がどのように変化しても,それが変化するたびに生産性は一貫して上昇し,それに伴って労働条件や給与も改善されていった。さらに,ここで突然,これらの好条件がすべて取り除かれ最初の労働条件に戻ることになっ

た。しかし、この改悪にもかかわらず、生産性は急落することなく、依然として高い水準を保ち続けた。すなわち、休憩や労働時間、給料などの物理的・物質的労働条件は生産性とは関係がなかったのである。

実は、この実験では、メイヨーらは、物理的条件と生産性との関係だけを明らかにするために、従業員にいつも一定した心理的状態（気分、感情、忠誠心、誠実さ、連帯意識など）で作業に従事してもらおうとして、彼女たちにさまざまな質問をしたり、意見を求めたり、相談したりして、研究目的の物理的労働条件以外の条件に関してはいろいろと変えていたのであった。例えば、彼女たちの要望によって、作業の監督者が置かれなくなったり、作業中のおしゃべりが許されたりしていたのである。

照明実験では、実験に参加しているという従業員の意識が、継電器組立実験では、実験に参加し特別な役割を果たしているという意識に加えて、従業員を取り巻く人間的状況の変化や、その変化に伴う心理的状態の変化が、その生産性の向上に貢献していたことを示しているのである。

❖感情と人間関係：面接実験とバンク巻取観察実験

次にメイヨーらは直接、従業員の感情や人間的状況が生産性に及ぼす影響を検討した。面接実験（1928年から30年）では、のべ2万人を超える従業員に、苦情や不平の聞取り面接を行い、職場での労働意欲などの感情が、従業員一人一人の過去の家庭・社会生活などの来歴や、職場の仲間や上司との人間関係上の満足などと関連していることを明らかにした。バンク巻取観察実験（1931年から32年）は、できるだけ自然の状態で14人の作業集団を観察することによって、会社の中のフォーマルな集団やその規範ではなく、それぞれの職場の中に自然にできたインフォーマルな集団やその規範の方が、従業員の生産性に影響を与えることを明らかにした。

これらの13年間にわたる一連の研究は、当時支配的であった機械的人間労働観や論理的・経済的人間労働観に基づく科学的管理法の確立を目指して開始されたものの、その予想に反して、労働生産性が、労働者を取り巻く人間関係に由来する人間本来の感情の論理によって左右されるという、現代では常識となっている知見を示すことになったのである。

> ***15 相対的剝奪研究***——他の人や他の集団と比べて，自分や自分の集団が本来享受するにあたいするだけのものを享受していないと思うことによって，不満という感情が生じ，それが攻撃や暴動につながることがある。

❖「アメリカ兵」研究

　S. A. ストゥファーらは，第2次世界大戦中のアメリカ兵の態度を正確に記録し分析することによって，軍司令部の政策形成に役立てようとする，長期にわたる大規模な研究を開始した。その中で明らかになってきたことは，アメリカ兵たちの態度が，徴兵・軍隊生活の中での立場や地位などの客観的な状況によって決まるのではなく，他の人や集団との比較や他にあり得たかもしれない自分との比較の中で，現在の自分を主観的・相対的に位置づけることによって決まるということである。つまり，徴兵され軍隊生活に入ることは，それまでの市民生活で得られていたものを犠牲にするという絶対的な剝奪の状態であるが，その絶対的な剝奪の心理的意味は，同じような市民でありながら剝奪されていない他者との比較や，徴兵を保留された場合の自分との比較によって異なるのである。

　例えば，ストゥファーらは，徴兵に対する関与や士気などの態度が，教育程度，結婚，年齢によって変化することを繰り返して明らかにした。つまり，教育程度の高い人の方が，入隊時に結婚していない人の方が，年齢の低い人の方が，徴兵に対して好意的な態度を示し，進んで志願したと言ったり，徴兵を留保されるべきではなかったと言ったりしたのである（表）。既婚者，特に子どものいる父親は徴兵を留保される人が多いのにもかかわらず，自分が徴兵されているということ，また，徴兵されることによって犠牲にしなければならない市民生活が，未婚者に比べて大きいということは，既婚者の不公平感を募らせることになるのである。年齢の高い人は，若い人よりも，よい仕事をもっていたかもしれないし，健康と体力が劣っているかもしれないし，また，自分を頼りにしている老父母をもっているかもしれない。それにもかかわらず自分が徴兵されているということは不満の源泉となるのである。教育程度の低い人は，親の収入が一般的に低く，栄養や衛生，体力や健康に恵まれていなかったり，老父母の面倒

表 結婚と教育と年齢ごとの入隊志願度 (Stouffer et al., 1949)

進んで志願したとか，徴兵を留保されるべきではなかったと言った人の率

	入隊時未婚者		入隊時既婚者	
	中卒	高卒	中卒	高卒
30歳以上	68	77	59	64
25歳から29歳	72	89	60	70
20歳から24歳	73	85	67	76
19歳以下	79	90	—	—

をみなければならなかったりする。また，彼らの職業は主に農業か熟練工であり，徴兵を留保されることが多い。それにもかかわらず自分が徴兵されているのである。教育程度が低く，結婚しており，年齢の高い人の徴兵に対する不満は，犠牲にしなければならない生活の大きさや，自分と同じような境遇でありなが徴兵されていない人々との比較によって，相対的に決まるのである。

❖**利己的な相対的剥奪と友愛的な相対的剥奪**

「アメリカ兵」研究で提唱された相対的剥奪の考え方は，その後様々な理論的精緻化や実証的検討を受けた。W. G. ランシマンは，個人が，自分と類似した個人と比較する場合を利己的な相対的剥奪と呼んだ。F. クロスビーは，利己的な相対的剥奪感が生じるのは，①個人がある事物Aを望んでいる，②他者がAを手に入れているのを知る，③自分にもAを手に入れる資格があると感じる，④Aを手に入れることは不可能ではないと考える，⑤自分がそれを手に入れていないのは自分が悪いからだと思えないという条件がそろったときであるとしている。アメリカ兵に関する上の例は，この利己的な相対的剥奪の条件をすべて備えていることがわかる。

ランシマンは，さらに，個人が自分と異なる個人と比較したり，あるいは，自分の所属する集団を他の集団と比較したりする場合を友愛的な相対的剥奪と呼んでいる。例えば，女性が自分たちの境遇を男性のそれと比較したり，ある民族や宗教や人種が自分たちの置かれた状況を別の民族や宗教や人種のそれと比較したりする場合である。このような集団対集団の比較によって生じる相対的剥奪感はともすれば集合的な暴動に発展することもある。

> ***16* 同調実験**──個人の意見は,自分が所属する集団の他の成員の意見に影響されて変わっていく。個人がこの集団圧力に抗して,独立した判断を下すことができるのは,どのような条件のときか。

❖同　調

　集団には,それに所属する成員を一致へと向かわせようとする斉一性への圧力が存在する。この社会的圧力のために,個人の意見や行動が,ある特定の意見や行動に収斂するように変化することを同調と呼ぶ。他の集団成員の意見や行動は,個人が適切な判断を下すための有用な情報となることもあれば（情報的影響）,それらが集団の規範となって,個人がその規範からの逸脱に伴う制裁をおそれるがために同調が生じることもある（規範的影響）。

❖S. E. アッシュの線分実験

　アッシュは,お互いに未知の8人の学生をコの字型に着席させ,図1のような2枚のカードを示し,左のカードの線分（標準刺激）と同じ長さの線分を右のカードの3つの線分（比較刺激）の中から選ばせた。被験者は,実験者の左手の人から時計回りに順番に口頭で回答していった。実は,この実験では,本当の被験者は7番目に回答を要求される人のみで,他の7人の被験者は,どのように回答するかをあらかじめ実験者と打ち合わせておいたサクラであった。このような線分判断は,線分の長さを少しずつ変えながら,18回行われた。このうち12回は,7人のサクラが全員一致して同じ誤った回答を行う集団圧力試行であった。被験者の誤答は,集団圧力をかけられない統制条件では1％に満たないほど簡単な課題であった。しかし,集団圧力条件では,多数者の判断に同調した誤答は,全判断の32％に達した。

❖同調を規定する要因

　上述の実験では,全被験者50人中,多数者に影響されずに12のすべての集団圧力試行で正答を行った被験者が13人もいた。一方,半数以上の試行で同調を示した被験者は3分の1にも達しており,個人差という要因が同調行動に大きくかかわっていることがわかる。

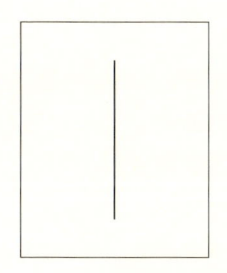

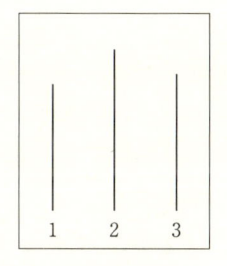

図1　線分実験の標準刺激（左）と比較刺激（右）
（Asch, 1955）

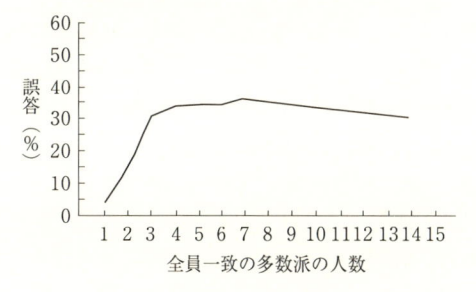

図2　全員一致の多数派の人数と同調（Asch, 1955）

　アッシュは，上述の実験のいくつかの条件を変えて，同調行動を規定する状況的要因をさらに検討している。例えば，8人の集団の中に本当の被験者が2人おり，回答の順番が4番目と8番目であったときには，本当の被験者が多数派に同調して誤答する率は，全判断のうち10.4％にまで下がった。また，8人の集団の中に，必ず正答を行う味方が1人（この人もサクラ）でもいる場合には，同調した誤答は5.5％までに下がった。さらに，この味方が，途中から寝返って多数派に同調した誤答をするようになると，本当の被験者の同調も28.5％と，全員一致の圧力をかけた最初の実験の結果に近くなった。これらの結果は，多数派が全員一致であるかどうかが，同調行動を規定する重要な要因であることを示している。

　アッシュは，最後に，この全員一致の圧力が集団の大きさによってどのように変わるかを検討した。全員一致の圧力は，多数派が3人から4人で最大になることを示している（図2）。

> **17 社会的促進実験**——社会的影響の最も基本的で単純な形態は，他者が近くに存在しているということの影響である。個人の反応は，他者の存在によって，促進されることもあれば，逆に抑制されることもある。

❖共行為効果と観衆効果

　社会心理学の最も初期の実験は，1898年のN.トリプレットによる実験で，のちに社会的促進と呼ばれるようになる現象を扱った。この実験は，1人で釣り糸のリール巻きを行うよりも，かたわらで同じリール巻きを行っている人がいる方が，その作業成績が上がることを示した。トリプレットは，かたわらで同じ行動をしている人の存在が社会的促進をもたらすという共行為者効果を実証した。その後の研究は，この他者が同じ行動を行っているのではなく，単にかたわらで見ているだけでも社会的促進を生じさせることを明らかにしている。この効果は観衆効果と呼ばれている。共行為者効果も観衆効果も，お互いの間で積極的な相互作用は行われておらず，そこに他者が存在するということ自体が効果をもっているのである。

❖社会的促進と社会的制止

　その後の研究は，様々な作業で社会的促進の現象を確認するだけでなく，逆に，他者の存在が作業の成績を阻害するという社会的制止の現象も報告してきた。この対立する研究結果を説明するために，R.B.ザイアンスは，他者が単に存在するだけで，被験者の動因水準が上昇すると考えた。動因水準の上昇は，そのときに優勢な反応を出現しやすくする。よく学習された作業や単純な作業では正反応が優勢であるために，動因水準の上昇は正反応の出現を促進して，作業成績が上昇することになる。しかし，あまり学習されていない作業や複雑な作業では誤反応が優勢であるために，動因水準の上昇はこの誤反応の出現を促進して，結果的には作業成績が低下することになる。このようにして，他者の存在が，作業成績を促進する場合と，抑制する場合があるのである。

　P.J.ハントとJ.M.ヒラリーはザイアンスの仮説を検討するために，被験者に単純な迷路（分岐点が2つに分かれている迷路で，正反応の出現率は50％）か，それとも複雑な迷路（分岐点が4つに分かれている迷路で，正反応の

表 迷路学習での間違いの回数の平均
(Hunt & Hillery, 1973)

	1人	他者と一緒
単純迷路	44.67	36.19
複雑迷路	184.91	220.33

図 試行ごとの間違いの回数の平均の推移
(Hunt & Hillery, 1973)

出現率は25%)を10回行わせた。単純迷路の条件では，1人で迷路をする場合よりも，同じ迷路をしている共行為者がいる場合に，分岐点で間違える数が少なかった。しかし逆に，複雑迷路の条件では，共行為者がいる場合に1人の場合よりも，分岐点で間違える数が多かったのである（表）。さらに，このような傾向は，学習が進んでいない最初のころの試行で顕著に見られた（図）。

❖動因を高めるのは何か

　ザイアンスは，他者の存在によって動因水準が上昇するのは，副腎皮質の内分泌腺の活動が上昇するためと考えている。この生理的喚起による説明に対して，N. B. コットレルは，評価懸念の重要性を指摘している。評価懸念とは，他者によって，自分あるいは自分の成績が正または負に評価されるのではないかという不安である。この不安が動因水準の上昇をもたらすのである。さらに，G. S. サンダースは，この動因水準の上昇の原因として，注意の散逸をあげた。近くに他者がいると，その他者が共行為者であれ観察者であれ，それに注意を向けないではいられない。作業に対して向けられた注意と，他者に対して向けられた注意の葛藤が動因水準の上昇をもたらすのである。

> *18* フット・イン・ザ・ドア実験——人に圧力をかけずに何かをさせることができるか。寸を与えれば尺を望むという諺にあるように,いったん小さな要請に応じた人は,そのあとの大きな要請にも応じやすい。

❖ 承諾を得るための要請テクニック

　態度変化や同調や服従の研究が示しているように,たいていの状況では,人に何かをさせようとすれば,賞や罰などを通して強い外的な圧力をかければよい。しかし,販売や広告や宣伝や政治などの世界では,外的な圧力を最小限にしながら,人から最大限の承諾を引き出すテクニックが定着している。これらの経験則の有効性に科学的なテストを施し,その心理的メカニズムを明らかにしようとする研究が行われている。

❖ フット・イン・ザ・ドア・テクニック:漸次技法

　「ドアにつま先を」入れるテクニック,あるいは漸次技法（段階技法）と呼ばれる経験則が語っているものは,いったん小さな要請を承諾した人はそのあとのより大きな要請をも承諾する傾向があるというものである。人は相手にちょっと与えれば,あとから大きく取られてしまうことになるのである。

　L. フリードマンと S. C. フレージャーは,このテクニックの効果を検討するために,カリフォルニアのパロアルトの住宅街でフィールド実験を行った。実験者は,「交通安全の市民会」の者と称して戸別訪問を行い,「気をつけて運転しましょう」と書かれた看板を玄関先の庭に1,2週間設置させてほしいという大きな要請を行った。この看板は下手な文字で書かれており,玄関を隠してしまうほどの大きさだと説明された。この要請を受けただけの被験者（統制条件）の承諾率は 16.7％ であった（表）。

　この要請に先立つ2週間前に,別の実験者が別の団体の者と称して小さな要請をしておく条件があった。その1つの条件では,実験者が「交通安全地域協会」の者と称して,「安全運転」と書かれた 10 センチ角のシールを窓か車に貼ってもらうという要請を行った。この条件は1回目の要請と2回目の要請の間で,その話題と要請内容が類似している条件であり,その承諾率は 76.0％ の高さであった。1回目と2回目で要請の話題や内容

表 フット・イン・ザ・ドア実験での承諾率 (Freedman & Fraser, 1966)

要請話題	要請内容	
	類似	相違
類似	76.0%	47.6%
相違	47.8%	47.4%
1回接触	16.7%	

が異なる条件もあった。それらは，1回目の話題が交通安全ではなく，カリフォルニア美化である場合，1回目の要請内容がシール貼りではなく，交通安全（カリフォルニア美化）の立法化を求める請願書への署名である場合であった。これらの3つの条件でも承諾率は47.4％〜47.8％という，1回接触だけの統制条件よりかなり高い承諾率が得られた。

　これらの結果は，フット・イン・ザ・ドア・テクニックが，1回目と2回目で要請する人や要請の話題や内容が変わっても効果をもつことを示している。フリードマンらはこの現象を，被験者が1回目の要請に応じることによって，自分自身に対する態度（例えば，「私は自分がよいと信じる要請は進んで受け入れる人間だ」）を変化させたためと説明している。

❖ドア・イン・ザ・フェイス・テクニックとローボール・テクニック

　R. B. チャルディーニらは，経験則に基づくほかの2つのテクニックを検討している。前者の「門前払い」のテクニックでは，要請者は，最初に大きな要請をして相手にわざと拒絶させておいて，そのあとに最初よりは小さい要請を行う。このテクニックを用いると，最初からその小さい要請を行うときよりも，その小さい要請の承諾率が上がるのである。このテクニックは相互的譲歩技法とも呼ばれ，要請者が要請の程度を下げて譲歩してくれたお返してとして，要請された側も少しは譲歩して小さい要請ならば受け入れるために有効となると説明されている。

　後者の「誘い球」のテクニックでは，最初に好条件を提示して要請を行い，いったん相手の承諾を取りつけたあとで，その好条件を撤回する。このテクニックを用いると，最初から好条件がないときよりも，承諾率が上がるのである。このテクニックが効果的なのは，最初の承諾によってその要請に対する関与や義務感が生じ，最初の承諾を取り消しにくくなるためと考えられている。

> ***19 社会的学習実験*** ——テレビや映画などのメディアで，あるいは直接身の回りで，暴力や攻撃のシーンに接することは，子どもたちの暴力的な傾向を助長する。子どもたちは暴力や攻撃を観察学習するのである。

❖直接強化と観察学習

　人々が新しい行動を獲得したり，行動のレパートリーを変容させたりするのは，1つには直接的な経験を通してである。自分の行ったある行動に何らかの報賞（正の強化）が与えられればその行動は獲得され定着し，何らかの罰（負の強化）が与えられればその行動は消去されるのである。しかし，人々は自分で直接に経験しなくても行動変容を起こすことができる。それは，他の人々の行動を観察することによってなされる。自らが試行錯誤して学習するのではなく，他の人をモデルとして観察学習（モデリング）するのである。

❖攻撃行動のモデリング実験

　A. バンデューラらは，子どもたちの攻撃行動が観察学習されることを示した。3歳から5歳までの普通の幼稚園児が4つの条件に割り当てられた。それらは，①身長1メートルくらいの空気入りのビニール人形を大人（男性または女性）が殴ったり蹴ったりするのを直接子どもたちに見せる条件，②その場面をビデオで撮影したものを見せる条件，③乱暴な黒猫がビニール人形を殴ったり蹴ったりするテレビ漫画を見せる条件，④何も見せない統制条件である。次に子どもたちは，とても魅力的なおもちゃの置いてある別の遊戯室に連れて行かれ，お気に入りのおもちゃで遊びに熱中しているときに，突然，そのおもちゃで遊ぶことを禁止され，別の部屋に連れて行かれた。その部屋にはビニール人形を含むいろいろなおもちゃが置かれていた。お気に入りのおもちゃを取り上げられ欲求不満の状態に陥った子どもたちが，この部屋でどのような行動を示すかが記録された。

　図1に示すように，子どもたちは，それがどのようなモデルであれ，攻撃的なモデルを観察した後では攻撃的な行動を全般的に多く示した。その行動の中には，モデルが行った攻撃行動をそのまま模倣するものも多く含まれていた。なお，男児は女児よりも多くの攻撃行動を示し，さらに，男

図1 様々なモデルと攻撃行動
（Bandura et al., 1963a）

なまの人間モデル (83)、録画人間モデル (92)、テレビ漫画モデル (99)、モデルなし (54)

図2 モデルへの賞罰と攻撃行動
（Bandura et al., 1963b）

いい思いをする攻撃モデル (75)、仕返しに遭う攻撃モデル (54)、非攻撃モデル (66)、モデルなし (62)

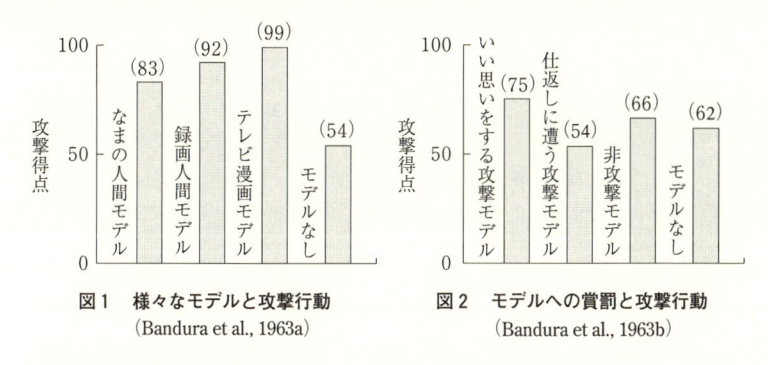

児は女性モデルよりも男性モデルを観察することによってより多くの攻撃行動を示した。

❖攻撃行動の代理強化実験

バンデューラらは，子どもたちが，攻撃モデルの攻撃シーンを観察するだけではなく，その攻撃の結果モデルが報賞を得たり罰を受けたりするのを観察することが攻撃行動の模倣に及ぼす影響を検討した。この影響は，自分の行動が強化される直接強化に対して代理強化と呼ばれている。バンデューラらは，3歳から5歳の幼稚園児を4つの条件に割り当てた。それらは，①攻撃モデルが相手を攻撃した結果いい思いをしている映画の条件，②攻撃モデルが相手から仕返しを受けて負けてしまう映画の条件，③2人が争いをせず遊んでいる映画の条件，④映画を見せない統制条件であった。次に子どもたちは，いろいろなおもちゃのある別室に連れて行かれ，そこでの行動が記録された。

図2に示すように，非攻撃モデル条件やモデルなし条件と比べて，攻撃モデルが正の強化を受けているのを観察すると，子どもたちは，その後で多くの攻撃行動を示し，攻撃モデルが負の強化を受けているのを観察すると，それほどその差は顕著ではないものの攻撃行動をあまり示さなかった。先のモデリング実験で，攻撃モデルを観察するだけで攻撃行動が学習されたことを併せて考えると，この実験結果は，攻撃行動の学習と実行が別のプロセスである可能性を示唆している。すなわち，本項の子どもたちも，攻撃モデルを観察することによって攻撃行動を学習しているが，攻撃モデルが賞罰を与えられているのを観察して，学習された攻撃行動を一時的に促進させたり抑制したりしているのかもしれないのである。

> **20 印象形成実験**──ある人物の全体的印象は，その人のもつ様々なパーソナリティ特性の単なる寄せ集めなのか，それとも，それらのパーソナリティ特性間の特殊な影響関係を反映したものなのか。

❖印象形成のゲシュタルト・モデル

　S.E.アッシュは，ある人物の全体的印象は，中心的な特性を核とするまとまりのある全体を構成し，個々の特性はその全体との関係でその意味づけを変えると考えた。この全体は，個々の要素に分割できないゲシュタルトである。アッシュは，この考えを実証するために，ある人物のパーソナリティに関する言語的な断片的情報のリストを被験者に呈示して，全体的印象を形成させる実験を行った。

❖中心的特性と周辺的特性

　被験者は，表1に示すような5つのリストのいずれかを上から順に読み聞かされた。被験者が形成した全体的印象は，リストAとリストBの間では大きな違いがあったが，リストCとリストDとリストEの間では大きな違いはなかった。このことは，「あたたかい」「つめたい」という特性語が，「礼儀正しい」「ぶっきらぼう」という特性語よりも，全体的印象の形成に大きな影響力をもつ中心的特性語として働いたことを示している。アッシュは，さらに，この「あたたかい」「つめたい」という中心的特性語が，表2に示すような別の特性語の中に埋め込まれると，重要性を失うことがあることを示し，ある特性の中心的か周辺的かは文脈に依存した相対的なものであることを示し，同じ特性語が文脈によってどのように意味が変わるかを表3に示すようなリストを用いて，同じ「もの静かな」が，穏やかで誠実そうに見られる場合（リストI）とつめたく抜け目がないと見られる場合があることを示した（リストJ）。

❖順序効果：初頭性効果と新近性効果

　さらにアッシュは，同一の特性語リストから，その提示順序によって異なる全体的印象が形成されることを示した。最初にポジティブな特性語が呈示されるときには，最初がネガティブな特性語のときよりも，全体的にポジティブな印象が形成された。このことは，最初に呈示された特性語が

表1　中心特性語と周辺的特性語を検討するための特性語リスト（Asch, 1946）

リストA	リストB	リストC	リストD	リストE
知的な	知的な	知的な	知的な	知的な
器用な	器用な	器用な	器用な	器用な
勤勉な	勤勉な	勤勉な	勤勉な	勤勉な
あたたかい	つめたい	礼儀正しい	ぶっきらぼう	
決断力のある	決断力のある	決断力のある	決断力のある	決断力のある
実際的な	実際的な	実際的な	実際的な	実際的な
用心深い	用心深い	用心深い	用心深い	用心深い

表2　中心的特性語と周辺的特性語の相対性を検討するための特性語リスト（Asch, 1946）

リストF	リストG	リストH
服従的な	虚栄心の強い	知的な
弱い	鋭い	器用な
浅はかな	無節操な	誠実な
あたたかい	あたたかい	つめたい
野心のない	浅はかな	良心的な
虚栄心の強い	嫉妬ぶかい	助けになる
		慎み深い
		浅はかな
		嫉妬ぶかい

表3　意味の変容を検討するための特性語リスト（Asch, 1946）

リストI	リストJ
親切な	薄情な
思慮ぶかい	抜け目のない
正直な	無節操な
もの静かな	もの静かな
強い	強い

枠組みないしは方向づけを与え，後から与えられる特性語がその影響を受け続けることを示している。このような効果は，のちに初頭性効果と呼ばれる。なお，逆に，最後の方に提示される情報が最終的な判断に大きな影響力があること（新近性効果）を示した研究もある。

❖印象形成のモザイク・モデル

アッシュが，これらの実験結果をゲシュタルト・モデルで説明したのに対して，N. H. アンダーソンは，個々の特性語の代数的結合で説明しようとした（情報統合理論）。それぞれの特性語の好ましさの加減乗除によって，全体的な好ましさを予測しようとする。加算モデル，平均モデル，加重総和モデル，加重平均モデルなどが提案されている。例えば，前述の初頭性効果は，リストの最初の特性語が注目されるので，全体的な好ましさを判断する際に大きく重みづけられるためと説明されている。アッシュが意味の変容や，部分に還元できないゲシュタルトで説明しようとしたのに対して，アンダーソンはモザイクのように部分を寄せ集めることによって全体が説明できると考えたのである。

> ***21* リスキー・シフト実験**——集団討議を経た集団の決定は，個人の決定と比べて，利益は大きいが危険も伴う方向に偏る傾向がある。逆に，集団決定の方が安全指向になる場合もある（コーシャス・シフト）。

❖集団決定

集団決定とは，集団の構成員が討論や票決を経て，何らかのかたちで合意に達し，集団としての1つの判断を下すことである。このようにして下された集団決定は，その構成員が個人で行う決定と，どのような違いをもっているのであろうか。

❖リスキー・シフト

J. A. F. ストーナーが行った未発表の研究を発展させた M. A. ワラック，N. コーガンらは，個人決定よりも集団決定の方がリスキーなものになることを示した。彼らは，お互いに面識のない同性の被験者6名を一室に集め，その一人一人に選択ジレンマ質問紙に回答させた。この質問紙には，ある人物が2つの選択肢のどちらをとってよいか迷っている場面が描かれていた。それらの選択肢は，一方が他方よりも，成功する確率は少ないリスキーなものであるが，同時に，成功したときの利益が大きいというものであった。表の例に示すような12の仮想的状況が用意された。被験者は，それぞれの状況に置かれた人物に対して，その選択肢が成功する確率がどのくらいのときにその選択肢を採用するよう助言するかを尋ねられたのである。6人全員が個人の判断を終えると，次に，被験者は，選択ジレンマ質問紙のそれぞれの状況について6人の集団で話し合って全員一致の結論を出すように求められた。どうしても全員一致の結論を出せなかったケースもあったが，それはほんの1，2例であった。最後に，被験者たちはお互いに離れて座り，もう一度，同じ選択ジレンマ質問紙に，個人としての判断を回答した。

この実験の結果を，男女ごとに，集団討議前の個人決定の平均値と集団決定との差をとって調べてみると，個人決定よりも集団決定の方がリスキーな方向にシフトしたことがわかる。すなわち，男女にかかわりなく，多くの状況でリスキー・シフトの現象が確認されたのである。さらに，集団

表 意見質問紙に描かれた仮想的状況の例（12状況のうち3例，Wallach et al., 1962）

1. ある電気技師が，ほどほどではあるが十分な給料が保証されている現在の職にとどまっておくか，それとも，将来は保証されていないが，かなりの高給が見込める仕事にかわるかで迷っている。
2. ある人が重い心臓病を患って，大手術を受けなければ，普通の生活をあきらめなければならない。しかし，その難しい手術は，成功すれば完治するが，失敗すれば命にかかわる。その手術をするかどうかで迷っている。
12. ある婚約したカップルが，最近，意見の根深い食い違いに直面した。結婚カウンセラーは，幸せな結婚は，可能ではあるが保証できないと言っている。結婚するかどうかで迷っている。

討議前の個人決定よりも討議後の個人決定の方がよりリスキーなものであり，集団決定の影響が持続的なものであることを示していた。

❖集団分極化現象

しかし一方では，例えば状況12のように，個人決定よりも集団決定の方がむしろコーシャスな（用心深い）方向にシフトするものもあった。選択ジレンマ質問紙を利用したその後の多くの研究は，最初の個人決定がリスキーな方向であれば，集団決定はよりリスキーな方向にシフトし，最初の個人決定がコーシャスな方向であれば，集団決定はよりコーシャスな方向にシフトすることを示している。すなわち，集団討議と集団決定によって，最初の個人決定がより極端なものになるのである。このような集団分極化現象は一般的な現象であり，リスクを含む話題に限らず，様々な社会的態度でも生じることが確認されている。例えば，S.モスコヴィッチとM.ザバロニは，ドゴール大統領に対する好意的態度が集団討議を経てより好意的になり，アメリカに対する非好意的態度が集団討議を経てより非好意的になることを示している。

❖説得的議論と社会的比較

集団討議の最中に，各人は，他の人が表明する様々な説得的議論の中から，自分の立場を支持する議論を選択して受け入れようとする。各人は自分の最初の立場が正しいことを確信し，その結果，集団決定がより極端なものになるのである。一方で，人は，自分の立場は他の人の立場よりも正しいと思いたがる傾向をもっており，集団討議の中でより極端な立場に接すると，人は，その人よりもいっそう極端な立場を主張することによって，集団の中での自分の評価を上げていこうとする。このような社会的比較の過程を通しても，集団分極化現象は生じるのである。

> **22 認知的不協和実験**——自分の行動や意見の中の矛盾は，その個人にとって心理的に不快な緊張状態をもたらす。この緊張を解消しようとして，個人は不合理な行動をしたり意見をもったりする。

❖認知的不協和

　個人が意識の中にもっている自分や環境についてのあらゆる知識は認知要素と呼ばれる。個人が2つの認知要素xとyをもっており，xからの当然の帰結がnot-yであるときには，このxとyという認知要素は不協和という不快な緊張状態を生じさせる。例えば，ある課題を体験して，その課題が面白くないと感じた（x）人は，別の人にその課題について話すときには面白くないと伝える（not-y）であろう。しかし，もしこの人が面白かったとうそを伝えた（y）ら，不協和を経験することになる。この不協和は，うそをついたことが何らかの理由によって正当化できるときには容易に解消する。しかし，自分のうそが容易に正当化できないときには，この不協和は，その課題に対する自分の意見を変えることによって低減されることがある。この人は自分のうそを信じるようになるのである。

❖不十分な正当化実験

　L. フェスティンガーが J. M. カールスミスと行った実験は，以上のような不協和解消のメカニズムを実証した。被験者の男子学生は実験室に1人で到着すると，非常に退屈な作業を1時間させられた。糸巻きを容器に並べては取り出すのを繰り返したり，ペグを回しては元に戻すのを繰り返したりしたのである。この作業が終了したあとで，実験者は，この実験の目的が作業に対する期待の効果を調べることであり，この被験者が期待のない条件であったと伝える。期待のある条件では，作業に取りかかる前に，作業がとても面白かったと，前の実験に参加したばかりの被験者を装ったアルバイトの学生から聞くことになっていると説明された。

　実験者はさらに，実は，次の期待のある条件の被験者が来ているのだが，アルバイトの学生から急に来られなくなったという連絡が入っていると言って，この被験者にその代役を依頼した。このときにアルバイト報酬として20ドル支払われると言われた被験者と，1ドル支払われると言われた被

表 不協和実験と対人シミュレーションでの作業の面白さの評定

	統制条件	1ドル条件	20ドル条件
不協和実験 (Festinger & Carlsmith, 1959)	−0.45	+1.35	−0.05
対人シミュレーション (Bem, 1967)	−1.56	+0.52	−1.96

験者がいた。この被験者は、次の被験者（実はサクラ）に紹介され、自分が体験した作業がいかに面白いものであったかを語った。

次の被験者が実験室に赴いたあとで、最初の本当の被験者は別室に案内された。実験に参加する前に被験者は、心理学部が実験実習授業を改善するために、実験の体験者に意見を聴取すると聞かされており、被験者は、面接者によって、直前に体験した実験の作業に対する感想などを聞かれた。

退屈な作業をしてすぐにその作業の面白さを回答する統制条件と比べて、20ドルを支払われた条件では、その作業の面白さの評定はあまり差がなかった。しかし、1ドル条件の被験者は、それら2つの条件よりも、あの退屈な作業を面白いと評定していたのである（表の上段）。20ドルは、このような実験状況でうそをついたことを正当化するのに十分であった。しかし、たった1ドルでは、そのうそは十分には正当化できなかったので、被験者はあの作業を面白いと思い込むことによって、不協和を解消したのである。

❖ 不快な緊張状態か、それとも自己知覚か

D. J. ベムは、上記のフェスティンガーらの実験シナリオを被験者に説明して、もとの実験の被験者が作業をどのように評定するかを推測させた（対人シミュレーション）。その結果は、もとの実験と同じ傾向を示した。表の下段に示すように、1ドル条件の被験者は他の2条件の被験者よりも、もとの被験者が作業を面白いと思っていたと推測したのである。ベムの実験の被験者は不協和という不快な緊張状態を体験することのない観察者であった。この観察者がもとの被験者の反応を十分に予測できたことは、もとの被験者自身も不協和という不快な緊張状態を経験したのではなく、ただ単に自分の行動や状況を観察することによって、作業に対する自分の態度を推測していただけかもしれない。

> **23 基本的な帰属のエラー実験**——観察者は,他者の行動を観察し,その行動の原因を理解しようとする。観察者には,他者の行動の原因を,外的な状況的要因ではなく内的な属性要因に求める傾向がある。

❖帰属過程

　人々が,自分の身辺で起きる事象や自他の行動を観察して,その事象や行動の原因を推論する過程を,帰属過程と呼ぶ。ある暴力事件の目撃者は,その事件の原因を加害者の属性に求め,例えば加害者のことを残虐な人間と決め込んだり(内的な属性帰属),あるいは,その事件を取り巻く状況などの外的要因に求め,例えば被害者に挑発されたことが原因と解釈したりする(外的帰属)。このような帰属過程については,論理的な推論の基準を提供する様々な規範理論が提案され,その規範からのずれや様々なバイアスやエラーが研究されている。

❖基本的な帰属のエラー

　基本的な帰属のエラーは,他者の行動の原因を解釈する際に,環境や状況などの外的な要因の影響力を軽視して,その行為者本人の性格や態度や能力などの内的な属性要因の重要性を過大評価する傾向であり,L.ロスが命名した。対応バイアス,属性バイアス,過度の帰属と呼ばれることもある。このエラーは,E.E.ジョーンズとV.A.ハリスの態度帰属に関する研究の予想外の結果から注目されるようになった。

　ジョーンズとハリスは,キューバのカストロ政権について政治学部学生が試験のときに書いたエッセイを被験者に読ませ,その学生の本当の態度を推測させた。その作文の内容には,カストロ賛成と反対の2種類があり,その作文が書かれた状況として,自由選択状況と選択なし状況があった。自由選択条件では,被験者は,学生がカストロ擁護か非難のいずれかのエッセイを自由に選んで書いたと伝えられ,選択なし条件では,被験者は,学生が教師に立場を指定されてカストロ擁護(ないしは批判)のエッセイを書かされたと伝えられた。ジョーンズらの最初の予想は,エッセイの中で表明された意見は,本人に選択の自由があったときにのみ本人の本当の態度を反映しているとみなされるというものであった(図左側)。

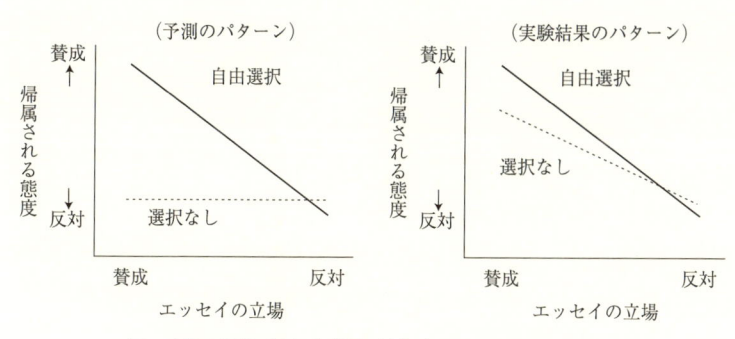

図 実験の予想（左）と結果（右）（Jones & Harris, 1967）

実験の結果はこの予想と完全に一致するものではなかった。図右側に示すように、学生に選択の自由があったときには、予測どおり、学生の意見表明はその学生の真の態度の反映と判断された。しかし、学生に選択の自由がないときにも、いくぶんその程度は弱まるものの、学生の意見表明はその学生の真の態度の反映と判断されたのである。すなわち、選択なし条件では、教師による立場の指定という外的要因が軽視され、意見表明を行った本人の態度という属性要因が過大に重視されたのである。

❖実験の人工性か

ジョーンズらの予想外の結果は、その実験の方法論上の不備が原因で人工的に作り出されたものだと批判された。それらの批判は、選択なし条件の操作の不十分さ、エッセイの文章の予想外の説得力、話題の特殊性、状況的要因の特殊性などに関して提議された。しかし、ジョーンズらの研究をはじめてとしてそれ以降の多くの研究は、これらの実験手続きを様々に変化させた実験を行い、選択なし条件でも行動に対応した態度が帰属される傾向を一貫して見出している。ロスが「基本的な」と命名したように、この帰属バイアスは、特定の実験方法による人工的な産物ではなく、きわめて頑健な現象として確認されている。最近では、その基本さは、このバイアスをもたらす認知過程が非意図的で自動的な過程であると考えられていたり、文化を超えて普遍的な現象と考えられていたりすることからも窺い知ることができる。

> **24 つり橋実験**——状況があいまいなために自分が感じている感情が何であるのかはっきりしないときに，人々は自分を取り巻く環境の中にその手がかりを求めて，自分の感情を定義しようとする。

❖情動の生理・認知説：情動の2要因理論

　喜怒哀楽などの個々の情動にはそれぞれ特有の生理的変化が伴うとする情動の生理説（ジェームズ＝ランゲ説など）に対して，S. シャクターとJ. E. シンガーは，生理的変化は同一であっても，その生理的変化の性質や原因に関する認知的評価が状況によって異なるために，様々な情動の主観的体験が生じることを実証した。人々は，心拍数の変化や顔の紅潮や手のひらの発汗などの生理的喚起を経験すると，その原因を自分を取り巻く環境の中の手がかりに求めて，その手がかりに関連した情動を経験するのである。例えば，ぐらぐらするつり橋を渡ることによって生じた生理的喚起は，それがつり橋を手がかりにして説明されると恐怖感情として体験されるが，もしそれがつり橋を渡っているときに出会った魅力的な異性を手がかりにして説明されると，その異性に対する恋愛感情として体験されるであろう（図）。

❖つり橋実験

　このことを確認するために，D. G. ダットンとA. P. アロンは，カナダのノース・バンクーバーのカピラノ川にかかる2つの橋を利用したフィールド実験を行った。1つの橋は，岩と浅い急流にかかる高さ70 m，幅1.5 m，長さ135 mのつり橋で，ぐらぐらして手すりは低く，今にもひっくり返りそうな印象を与えていた。もう1つの橋は，もっと上流の高さ3 mの堅牢な木製橋で，手すりも高くゆれることもなかった。18歳から35歳の年齢で女性を同伴していない男性（被験者）がこれらの橋を渡っているときに，女性または男性のインタビュアー（実験者）が近づき，景観が創作に与える影響に関する心理学的研究への協力を要請した。インタビュアーは，被験者が承諾していくつかの質問に答えると，次に，主題統覚法（TAT）の図版（若い女性が片手で顔を覆い，もう一方の手を伸ばしている）を出して，短い物語を創作するよう求めた。最後にインタビュアーは，実

```
  生理的喚起    +   認知的評価    =   情　動
```

つり橋を渡ることによる　↗　女性を手がかりにして評価　→　女性に対する恋愛感情
　　　生理的喚起　　　　↘　つり橋を手がかりにして評価　→　恐怖感情

図　情動の生理・認知説

表　つり橋実験の結果（Dutton & Aron, 1974）

インタビュアー		質問紙に回答した人数	電話番号を受け取った人数	電話をかけてきた人数	TATの創作中の性的イメージ得点
女　性	木製橋	22/33	16/22	2/16	1.41
	つり橋	23/33	18/23	9/18	2.47
男　性	木製橋	22/42	6/22	1/6	0.61
	つり橋	23/51	7/23	2/7	0.80

験の詳しい説明をするのでもっと話をしたければ電話をしてほしいと言いながら，紙の切れ端に名前と電話番号を書いて渡した。

　この実験の結果は表に示す通りである。インタビュアーが男性のときには女性のときよりも，被験者が実験に協力する割合が低いが，どの指標についても木製橋とつり橋との間では被験者の反応にほとんど差がなかった。しかし，インタビュアーが女性のときには，被験者が実験に協力する割合や電話番号を受け取る割合には木製橋とつり橋との間でほとんど差がないのに対して，被験者が実際に電話をかけてくる割合はつり橋のほうで高く，また，被験者が創作した物語の中に表れた性的イメージの得点もつり橋のほうで高かった。これらの結果は，つり橋を渡ることによって生じた生理的喚起が，女性インタビュアーを手がかりにして解釈された結果，性的喚起として体験され，その女性に対する性的魅力が生じたことを示している。

❖**実際の生理的喚起が必要か，生理的喚起の知覚で十分か**

　S.バリンズは，男性被験者に女性のセミヌード写真を見せながら，被験者の心拍の変化を聞かせた。この心拍変化は，被験者の実際の心拍変化とは異なり実験者が操作したものであったが，被験者は，自分の心拍が変化したと思った写真の女性に対して特に魅力を感じる傾向があった。この研究は，実際の生理的喚起ではなく，生理的喚起の自己知覚でも十分に情動の主観的体験が報告されることを示しており，情動経験の認知的側面を特に重視している点で，シャクターらの説の延長上に位置づけられる。

> **25 サンドイッチマン実験**——人々は自分の意見や行動が一般的で普通のものと考え，同じ状況では他の人も自分と同じ選択や行動を行うであろうと推測する。一方，能力は自分にしかないと考える傾向もある。

❖フォールス・コンセンサス効果

　人々は，自分がもっている特性や意見や行動は比較的一般的で適切なものであり，自分のとは別の特性や意見や行動は一般的でなく逸脱した不適切なものであるとみなす傾向をもっている。人々は，自分と同じような人が比較的多いと推測するのである。L. ロスらは，この自分を中心としたコンセンサス（合意性）の推測バイアスを，フォールス・コンセンサス効果と呼び，一連の実証的研究を開始した。例えば，自分のことを楽天的だと思っている学生は，自分のことを悲観的だと思っている学生よりも，楽天的な学生の比率を大きく推測するし（前者の推測値61.9％，後者の推測値は50.4％），黒パンの好きな人は，白パンの好きな人よりも，黒パンの好きな人の比率を大きく推測するし（52.5％，37.4％），死のうと考えたことのある人は，考えたことのない人よりも，死のうと考えたことのある人の比率を大きく推測する（44.0％，25.6％）。

　ロスらは，このフォールス・コンセンサス効果が，特性や選好や考え方だけではなく，実際に行動を選択する状況でも生じることを示した。彼らは，コミュニケーション技術に関する研究に参加した大学生に，コミュニケーション・メディアの1つであるサンドウィッチマン広告に対する人々の反応を調べるために，サンドイッチマンになって広告板を下げてキャンパスの中を歩き回るよう依頼した。その広告板には「ジョーの店で食べよう」あるいは「悔い改めよ」と書かれていた。被験者は，この依頼に同意するか拒否するかを回答した後で，自分と同じ選択をする仲間の比率を推測した。実験はここまでで終了し，被験者は実際にサンドイッチマンになることはなかった。この実験結果は図に示すように，同意した被験者は自分と同じように同意する人を，拒否した被験者は自分と同じように拒否する人を多いだろうと推測したのである。

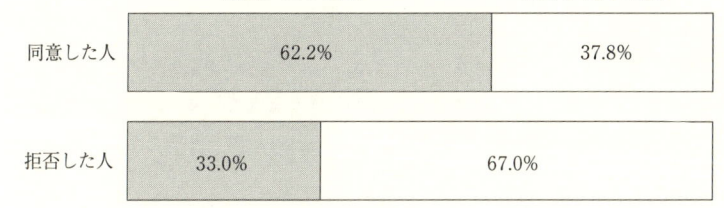

	同意する人の比率	拒否する人の比率
同意した人	62.2%	37.8%
拒否した人	33.0%	67.0%

図 サンドイッチマン実験の結果（Ross et al., 1977）

❖フォールス・コンセンサス効果の基底メカニズム

　フォールス・コンセンサス効果は，様々な認知的あるいは動機的要因によって説明されている。例えば，①人々には，自分と背景，経験，興味，価値観などが似た人々と連合する傾向があり，この偏ったサンプルや，その思い出しやすさに基づくコンセンサスの推測は過大なものになる（選択的接触と認知的利用可能性）。②自分の選択は自分の意識の中で目立ち，大きな領域を占めているために，そのコンセンサスを大きく知覚する（顕現性と注意の焦点）。③人々には，自分の行動はまわりの状況によって引き起こされたと考える傾向があり，同じ状況では自分以外の他の人でも同じ行動をとると推測する（論理的情報処理）。④人々には，自分の高い自尊感情を維持しようとして，自分の立場や行動が，その状況では合理的で妥当なよいものであると思いたがる傾向がある。この動機づけのために，自分自身の立場や行動のコンセンサスを高く知覚したり，あるいは，そのようには知覚していなくても，人前ではそうであると表明したりする。また，この自己正当化の動機によって，人々は，コンセンサスが高い規範的な立場や行動を自分自身の立場や行動であると偽って報告したり，あるいは，実際にそのような規範的立場や行動を採用するようになったりする。これらのいずれもが，過大なコンセンサスの知覚をもたらす。

❖フォールス・ユニークネス効果

　コンセンサスは過大に推測されるだけでなく，逆に，過小に推測されることもある。例えば，G.マークスは，人々に，最もよい自分の能力をあげさせて，他の人がその能力をどのくらいもっているかを推測させた。自分にとって価値のある能力では，人々は，他の人の能力を過小に推測するのである。この現象は，フォールス・ユニークネス効果と呼ばれている。

> **26 最小条件集団実験**——人々は，ほんの些細な基準ででも，いったん2つの集団に分けられれば，自分が所属する内集団の成員をひいきし，自分が所属しない外集団の成員に対して差別的行動をとるようになる。

❖カテゴリー化

　人々は，自分たちを取り巻く世界を様々なカテゴリーを用いて分類する。例えば，白と黒，明と暗，動物と植物，男と女，日本人と韓国人と中国人となど，仏教徒とイスラム教徒とキリスト教徒などである。人々は，このカテゴリー化を通して，外界からの絶え間のない膨大で複雑な刺激を整理し意味づけて認識することができるのである。

　H. タジフェルとA. L. ウィルクスは，このカテゴリー化の過程が知覚のバイアスをもたらすことを示した。彼らは，連続的に長さの異なる8本の線分のうち長い方から4本に「A」というラベルをつけ，短い方から4本に「B」というラベルをつけて，被験者に1本ずつランダムに呈示したところ，カテゴリーAの一番短い線分が実際よりもかなり長く，カテゴリーBの一番長い線分が実際よりもかなり短く知覚されたのである（図1は身長と国名の例）。この現象は，カテゴリー間の対比とカテゴリー内の同化による強調効果と呼ばれており，線分などの物理的性質の判断に限らず，知覚対象の心理的属性や態度のような判断でも確認されている。

❖社会的カテゴリー化と最小条件集団実験

　線分とABカテゴリーが，身長と国名カテゴリーと異なる点は，私はAでもBでもないが，私は日本人でありスウェーデン人でないことである。社会的カテゴリー化とは，性や民族や宗教や思想信条などの人を分類するカテゴリーによって，自分が所属する内集団と自分が所属しない外集団に分類されることである。タジフェルらは，この社会的カテゴリー化の根拠がきわめて希薄で「最小」である場合にも，人々がいったん内集団と外集団に分けられると，内集団をひいきし外集団を差別することを例証した。

　彼らは，8人の生徒を一室に集め，たくさんの点が描いてあるスライドを短時間スクリーンに呈示して，その数を推測させ書きとめさせた。生徒たちはこの点推測判断を40回行った後で，実験者から，まったく異なる

実際の身長　　　　　　　　　知覚された身長

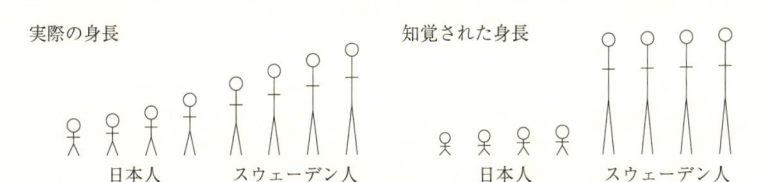

図1　カテゴリー化による強調効果（Hogg & Abrams, 1988）

A　内集団成員（例：過大推測集団）
　　　成員番号 **74**
　　外集団成員（例：過小推測集団）
　　　成員番号 **44**

1	2	3	4	5	6	7	8	9	10	11	12	13	14
14	13	12	11	10	9	8	7	6	5	4	3	2	1

B　内集団成員（例：過大推測集団）
　　　成員番号 **74**
　　外集団成員（例：過小推測集団）
　　　成員番号 **44**

7	8	9	10	11	12	13	14	15	16	17	18	19
1	3	5	7	9	11	13	15	17	19	21	23	25

図2　最小条件集団実験で用いられた分配マトリックス（Taifel et al., 1971）

別の判断実験への協力を要請され，その判断のために便宜的に2つの集団に分けられることになり，その集団は点の数を多めに推測した人々（過大推測集団）と少なめに推測した人々（過小推測集団）で分けられると告げられた。さらに，生徒たちは，次の判断実験が，自分以外の他の人に実際のお金で賞や罰を与えることを扱っているので，お互いを匿名にしてコード番号で呼ぶことにすると告げられた。これらの説明を受けた後に，生徒たちは，一人一人個室へ案内され，そこで，自分が過大推測集団と過小推測集団のいずれに属するかを教えられて，図2に示すようなマトリックスを用いて，例えば「過大推測集団の74番の人」と「過小推測集団の44番の人」に賞罰の分配を行った。なお，実際には，生徒たちはランダムに過大推測集団か過小推測集団に分けられていた。

その結果，生徒たちは，マトリックスAの右側の方の分配を選ぶ傾向を示した。生徒たちは，自分と同じ集団に属しているというだけで，自分の利益にならないのにもかかわらず，誰かわからないその人に利益があがるような選択をしたのである（内集団ひいき）。さらに注目すべき結果は，マトリックスBを用いた第2実験で得られた。生徒たちは，左側の方を選ぶ傾向を示したのである。マトリックスBでは，右側の方を選択すれば，内集団の人の利益になるが，それは同時に，それ以上に外集団の人の利益にもなる。生徒たちは，内集団の人に対する利益を減らしてでも，外集団の人に格差をつけて，その人の利益にならないような選択を行ったのである。

> **27 コンピュータ・トーナメント** ── 一人一人が自分自身の利益だけを追求するのにもかかわらず，それらの人々が相互に協力しあう状態が作り出されることがある。その様子をゲームでシミュレーションした。

❖囚人のジレンマ・ゲーム

　2人の共犯者が重要犯罪の容疑者として別件逮捕され，別々に取調べを受けている。2人とも黙秘すれば重要犯罪が立件できず，別件の軽い刑ですむ（懲役3年）。2人とも自白すれば重要犯罪の重い刑になる（10年）。しかし1人だけが黙秘すると，自白した人は軽い刑ですむが（1年），黙秘した人はもっと重い刑となる（15年）。自分にとって最もよいのは，自分が自白し相手が黙秘する場合で，1年の刑ですむ。しかし相手は黙秘するだろうか。もし相手も自白すれば10年の刑である。ところが自分も相手も黙秘すれば3年の刑ですむのである。

　このようなジレンマは，競合する商店の間でも見られる。価格を下げた方に客は流れるが，両方とも価格を下げると客の流れは変わらず，両方とも価格を下げた分だけ損をすることになる。価格カルテルを結んだ方が得であるが，それは違法であり，お互いに相談はできない。このようなジレンマは，例えば図1のように表される。図中の数字は利益である。協力すればお互いに得をし，裏切ればお互いに損をする。一方が協力して他方が裏切れば，裏切り者は大きな得をして，お人よしは大きな損をする。商店主が囚人と異なるのは，商店主は，毎日繰り返して同じ相手とこのジレンマに直面しているという点である。商店主はどのような戦略を採用すれば最も利益をあげることができるのであろうか。

❖コンピュータ・トーナメント

　R.アクセルロッドは，繰り返しのあるジレンマ・ゲームで自分の利益をあげるための最良の戦略を明らかにするために，ゲーム理論の専門家たちに呼びかけて，戦略プログラムを募集した。14人の専門家が作成したプログラムに「ランダム戦略」（協力と裏切りがでたらめに50％ずつ）を加えた15の戦略プログラムが，自分自身との対戦を含む総当たり戦に参加した。それぞれの対戦は200回繰り返して行われた。これらの戦略の中に

図1 囚人のジレンマの利得行列
(Axerlod, 1994)

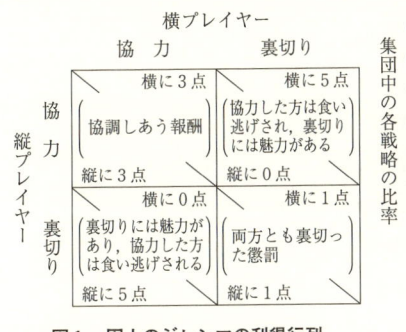

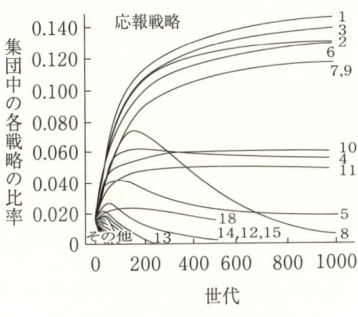

図2 生態学的シミュレーション
(Axerlod, 1994)

は，相手の戦略を見抜いたうえで自分の戦略を決めるという高度で複雑なプログラムも含まれていた。しかし，このトーナメントで最も高い成績をおさめた戦略は，応報戦略という最も単純なプログラムであった。応報戦略とは，初回は協力し，その後はすぐ前の回に相手が出した手を自分がとる戦略である。さらにアクセルロッドは，2回目のトーナメントを開催し，63の戦略プログラムを戦わせた。今回も最も優秀な成績をおさめたのは，最初の最も単純な応報戦略であった。2回のトーナメントを通して，応報戦略を含めて好成績をおさめた戦略に共通した特徴は，自分からは進んで裏切らないという「上品さ」であった。それに反して，相手の協力につけいる「汚い」戦略はよい成績をおさめられなかった。

❖生態学的シミュレーション

アクセルロッドは，様々な戦略が混在する集団の中でどの戦略が繁栄し，どの戦略が衰退していくかを調べようとして，別のコンピュータ・シミュレーションを行った。ジレンマ・ゲームを繰り返し行っていく中で，高い得点をあげた戦略は増加し（子孫を増やす），低い得点に終わった戦略は減少する（淘汰される）という進化アルゴリズムを用いた。このシミュレーションの結果は，多くの戦略が数世代で絶滅したのに対して，自分からは裏切らない上品な戦略は集団の中での比率を順調に高めていくことを示している（図2）。このことは，長期的な関係では，自らは裏切らず，お互いに協力しあう互恵主義的な戦略が最も利益をもたらすことを示している。アクセルロッドによるこれらの研究は，社会心理学の研究にコンピュータ・シミュレーションを用いるきっかけとなった。

> **28 表情認知の文化間比較実験**——言葉によらないコミュニケーションの中でも表情は多くを語るものである。しかし、顔面に表される感情表出は普遍的なものであろうか、それとも文化に特有なものであろうか。

❖表情の普遍性と文化特定性

　C. ダーウィンが、主要な表情は動物から人間まで連続的に変化していく進化の産物であり、生得的で普遍的なものであると主張して以来、何人もの研究者が、表情は言葉と同じように学習されるものであり、それぞれの文化に特有のものであると反論している。表情の文化特定性を例証した研究は、異なる文化に所属する人が、同じ表情の写真や図から、異なる感情を解釈することを示している。しかし、これらの研究でも、ある文化の大多数がある感情と判断した表情を、別の文化の大多数がまったく別の感情と判断することはなかった。さらに、これらの研究は、表情の表出ではなく、表情の解釈に焦点をあてており、その解釈が、表情自体ではなく、それぞれの文化に特有の感情誘発刺激と文脈（例えば、葬式で悲しむか喜ぶか）や表出ルール（例えば「悲しいときには笑いなさい」という規範）の違いを反映しているかもしれない。これらの考えは、主要で基本的な感情の表出は普遍的であり、その表出自体の解釈も普遍的であることを示している。

❖文化間比較研究

　P. エクマンらは、基本的な感情が普遍的に顔面に表出され、それが普遍的に解釈されることを例証する一連の研究を行った。基本的な感情とは、幸福、悲しみ、怒り、恐怖、驚き、嫌悪である。彼らは、3000枚もの表情写真から、それぞれ特定の感情を表すための顔筋のすべての動きがそろっている写真を選び出した。その結果14人の人物を写した30枚の写真が選ばれた。日本、ブラジル、チリ、アルゼンチン、アメリカの被験者に、これらの写真を見せて、その表情が表している感情を選ばせた。表1は、それぞれの文化と感情ごとに、エクマンらが想定していた感情を正しく回答した人の比率である。どの文化でも同じように、特定の顔筋の動きのパターンは、ある特定の感情を表していると判断されていたのである。

　エクマンらは、この実験が対象にした5つの文化がすべて文字社会であ

表1　5つの文化の被験者による感情の判断 (Ekman & Friesen, 1971)

	日本	ブラジル	チリ	アルゼンチン	アメリカ
幸福	87	97	90	94	97
恐怖	71	77	78	68	88
驚き	87	82	88	93	91
怒り	63	82	76	72	69
嫌悪	82	86	85	79	82
悲しみ	74	82	90	85	73

表2　ニューギニアのフォア文化の被験者による感情の判断 (Ekman & Friesen, 1971)

話で描かれた感情	エクマンらが想定していた表情を選んだ人の比率	
	大人	子ども
幸福	92	92
悲しみ	79	81
怒り	84	90
嫌悪	81	85
驚き	68	98

り，メディアの発達や人的交流によってお互いの文化の表情について知識をもっていた可能性を否定できないと考え，これらの文字文化からできるだけ視覚的に隔離された前文字文化を対象にして，その文化でも，西洋や東洋の文字文化圏と同じように，ある表情をある特定の感情概念に対応させることができるかどうかを検討した。エクマンらは，ニューギニアの南東高地のフォア言語文化集団の人々を対象に選んだ。これらの人々は，この実験の実施の12年前までは孤立した新石器時代の文化であった。これらの人々のうち，映画も見たことがなく，英語もピジン語も知らず，西洋人居住地に住んだことがなく，白人のために働いたことのない大人と子どもが被験者として選ばれた。彼らは，通訳を通して，ある感情を表す話（例えば，「この人は友だちがきてうれしい」「この人は子どもが死んで悲しい」）を聞かされ，その感情を表す表情を数枚の写真の中から選んだ。表2は，文字文化と同じようにエクマンらが想定した表情を選んだ被験者の比率である。西洋文化から孤立した前文字文化でも，白人が表出した特定の顔筋の運動パターンは，西洋文化と同じ感情概念で判断されたのである。

> **29 状況サンプリング実験**——人々は集合的に社会・文化を形作っていくと同時に、一人一人の個人はその社会・文化に適応していく中で、その社会・文化に特有の自己のとらえ方が表れてくる。

❖自己高揚と自己批判

アメリカ人は自己高揚的で,日本人は自己批判的と言われることがある。アメリカ人は自尊心を高めるような判断や行動を,日本人は自尊心を低めるような判断や行動をするのである。例えば,アメリカ人は自分の成功は自分の能力によるとみなすが,失敗は努力不足や自分以外の他のせいにしがちである。これに対して,自己批判的な日本人は,自分の成功は努力や自分以外の他の何かのおかげであり,失敗は自分の能力不足と考えがちである。アメリカ人は成功によって,日本人は失敗によって自己を定義しているのである。

❖心理的プロセスと集合的プロセス

北山忍らは,アメリカと日本の間でのこのような文化差が,それぞれの文化の中の個人の心理的プロセスが集合的プロセスへ適応した結果と考えた。アメリカ文化はその長い歴史の中で自己高揚的な反応を誘発するような社会的状況を集合的に形成してきた。その文化の中で育ち,その社会的状況に適応しようとする個々のアメリカ人は,自己高揚をもたらす情報に注意を向け,それを取り入れるという認知的・感情的習慣を発達させてきた。そしてこの習慣がさらに,最初の自己高揚的な社会的状況を強化していくのである。一方,日本文化は自己批判的反応を誘発するように歴史的に形成され,その文化に適応しようとする個々の日本人は自己批判的な心理的プロセスを成立させ,この心理的プロセスが自己批判的な文化を促進してきたのである。

❖状況サンプリング法

それぞれの文化の中で歴史的に変化する社会的状況と発達的に変化する個人との関係は,心理学的手法で直接検討することが困難である。そこで北山らは状況サンプリング法を考案し,それぞれの文化の社会的状況の特徴とそれぞれの文化の中の個人の心理的プロセスとの密接な対応関係を明

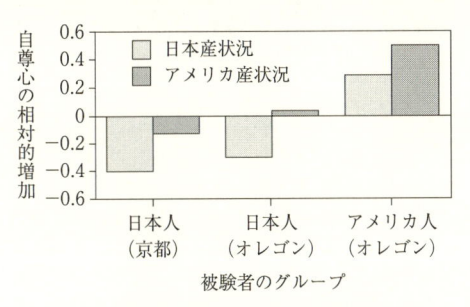

図　3つの被験者集団ごとの状況別相対的自尊心
（北山・唐澤, 1995）

らかにすることによって，循環的な歴史的・発達的プロセスを傍証しようとした。

　北山らは，最初に，日本人大学生とアメリカ人大学生に，自尊心を高揚させる状況（成功状況：成績で優をとる，マラソンで抜くなど）とそれを低下させる状況（失敗状況：恋人にふられる，人に怪我を負わせるなど）をできるだけ多く書き出させ，その中からランダムに，日本人の成功状況と失敗状況，アメリカ人の成功状況と失敗状況をそれぞれ100ずつ選択した。彼らは，次に，別の日本在住の日本人学生，アメリカ在住の日本人学生，アメリカ在住のアメリカ人学生に400の状況を示し，それぞれの状況で，自尊心が影響を受けるか，受ける場合には，自尊心は高まるのか低まるのか，そしてその程度はどのくらいかを回答させた。

　図は縦軸に，成功状況で自尊心が高揚する程度から失敗状況で自尊心が低下する程度を引いた値をとった自己高揚指数である。実験の参加者は全員同じ数のプラスとマイナスの状況を判断したにもかかわらず，その結果アメリカ人の自尊心は高まっている（自己高揚傾向）のに対して，日本人の自尊心は低まっていた（自己卑下傾向）。さらに，アメリカ産の状況は，アメリカ人が判断する場合にも日本人が判断する場合にも，日本産の状況に比べ，自尊心を向上させる傾向が強いことが示された。つまり，アメリカ人が日常的に直面する状況は自尊心を向上させやすい状況であり，逆に，日本人が日常的に直面する状況は自尊心を低下させやすい状況だという結果である。このことは，日本人とアメリカ人の違いが，個々人の日本人とアメリカ人の心の違いにあるだけではなく，彼らが作っている日常状況の中にも存在していることを示している。

参考文献

北山忍・唐澤真弓 1995 自己――文化心理学的視座 実験社会心理学研究,35(2),133-163.

Adorno, T. W., Frenkel-Brunswick, E., Levinson, D. T., & Sanford, R. N. 1950 *The authoritarian personality*. Harper. 田中義久他(訳) 1980 権威主義的パーソナリティ 青木書店

Ajzen, I., & Fishbein, M. 1977 Attitude-behavior relations: A theoretical analysis and review of empirical research. *Psychological Bulletin*, 84, 888-918.

Anderson, N. H. 1965 Averaging versus adding as a stimulus-combination rule in impression formation. *Journal of Experimental Psychology*, 70, 394-400.

Asch, S. E. 1946 Forming impressions of personality. *Journal of Abnormal and Social Psychology*, 41, 258-290.

Asch, S. E. 1951 Effects of group pressure upon the modification and distortion of judgments. In H. Guetzkow (Ed.), *Groups, leadership and men*. Carnegie Press.

Asch, S. E. 1955 Opinions and social pressure. *Scientific American*, 193(5), 31-35.

Axelrod, R. 1984 *The evolution of cooperation*. Basic Books. 松田裕之(訳) 1998 つきあい方の科学――バクテリアから国際関係まで ミネルヴァ書房

Bandura, A. 1965 Influence of models' reinforcement contingencies on the acquisition of imitative responses. *Journal of Personality and Social Psychology*, 1, 589-595.

Bandura, A. 1973 *Aggression: A social learning analysis*. Prentice-Hall.

Bandura, A., Ross, D., & Ross, S. A. 1963a Imitation of film-mediated aggressive models. *Journal of Abnormal and Social Psychology*, 66, 3-11.

Bandura, A., Ross, D., & Ross, S. A. 1963b Vicarious reinforcement and imitative learning. *Journal of Abnormal and Social Psychology*, 67, 601-607

Bem, D. J. 1967 Self-perception: An alternative interpretation of cognitive dissonance phenomena. *Psychological Review*, 74, 183-200.

Cialdini, R. B., Vincent, J. E., Lewis, S. K., Katalan, J., Wheeler, D., & Darby, B. L. 1975 Reciprocal concession procedure for inducing compliance: The door-in-the-face technique. *Journal of Personality and Social Psychology*, 31, 206-215.

Cialdini, R. B., Cacioppo, J. T., Bassett, R., & Miller, J. A. 1978 Low-ball procedure for producing compliance: Commitment then cost. *Journal of Personality and Social Psychology*, 36, 463-476.

Corey, S. M. 1937 Professed attitudes and actual behavior. *Journal of Educational Psychology*, 28, 271-280.

Cottrell, N. B. 1972 Social facilitation. In C. G. McClintock (Ed.), *Experimental social psychology*. Holt.

Crosby, F. 1976 A model of egoistical relative deprivation. *Psychological Review*,

83, 85-113.

Darley, J. M., & Latené, B. 1968 Bystander interventions in emergencies: Diffusion of responsibility. *Journal of Personality and Social Psychology*, 8, 377-383.

Dutton, D. G., & Aron, A. P. 1974 Some evidence for hightened sexual attraction under conditions of high anxiety. *Journal of Personality and Social Psychology*, 30, 510-517.

Ekman, P., & Friesen, W. V. 1971 Constants across cultures in the face and emotion. *Journal of Personality and Social Psychology*, 17(2), 124-129.

Ekman, P. 1973 *Darwin and facial expression: A century of research in review*. Academic Press.

Festinger, L., & Carlsmith, J. M. 1959 Cognitive consequences of forced compliance. *Journal of Abnormal and Social Psychology*, 58, 203-210.

Freedman, L., & Fraser, S. C. 1966 Compliance without pressure: The foot-in-the-door technique. *Journal of Personality and Social Psychology*, 4, 195-202.

Fromm, E. 1941 *Escape from freedom*. Rinehart. 日高六郎（訳）1965 自由からの逃走 東京創元社

Haney, C., Banks, C., & Zimbardo, P. G. 1973 Interpersonal dynamics in a simulated prison. *International Journal of Criminology and Penology*, 1, 69-97.

Hogg, M. A., & Abrams, D. 1988 *Social identifications: A social psychology of intergroup relations and group processes*. Routledge.

Hunt, P. J., & Hillery, J. M. 1973 Social facilitation in a coaction setting: An examination of the effects over learning trials. *Journal of Experimental Social Psychology*, 9, 563-571.

Jones, E. E., & Harris, V. A. 1967 The attribution of attitudes. *Journal of Experimental Social Psychology*, 3, 1-24.

Kitayama, S., Markus, H. R., Matsumoto, H., & Norasakkunkit, V. 1997 Individual and collective processes in the construction of the self: Self-enhancement in the United States and self-criticism in Japan. *Journal of Personality and Social Psychology*, 72(6), 1245-1267.

Kogan, N., & Wallach, M. 1964 *Risk taking: A study in cognition and perception*. Holt, Rinehart and Winston.

Lamm, H., & Myers, D. G. 1978 Group-induced polarization of attitudes and behavior. *Advances in Experimental Social Psychology*, 11, 145-195.

LaPiere, R. T. 1934 Attitudes vs. actions. *Social Forces*, 13, 230-237.

Latené, B., & Darley, J. M. 1970 *The unresponsive bystander: Why doesn't he help?* Appleton Century Crofts. 竹村研一・杉崎和子（訳）1977 冷淡な傍観者——思いやりの社会心理学 ブレーン出版

Marks, G. 1984 Thinking one's abilities are unique and one's opinions are common. *Personality and Social Psychology Bulletin*, 10, 203-208.

Milgram, S. 1974 *Obedience to Authority: An experimental view*. Harper and Row.
岸田秀（訳） 1980 服従の心理——アイヒマン実験 河出書房新社

Moscovici, S., & Zavalloni, M. 1969 The group as a polarizer of attitudes. *Journal of Personality and Social Psychology*, 12, 125-135.

Myers, D. G., & Lamm, H. 1976 The group polarizing phenomenon. *Psychological Bulletin*, 83, 602-627.

Roethlisberger, F. J. 1941 *Management and morale*. Harvard University Press.
野田一夫・川村欣也（訳） 1954 経営と勤労意欲 ダイヤモンド社

Roethlisberger, F. J., & Dickson, W. J. 1939 *Management and the worker: An account of a research program conducted by the Western Electric Company, Hawthorne Works, Chicago*. Harvard Univeristy Press.

Ross, L. 1977 The intuitive psychologist and his shortcomings: distortions in the attribution process. In L. Berkowitz (Ed.), *Advances in experimental social psychology*, Vol.10. Academic Press. 173-220.

Ross, L., Greene, D., & House, P. 1977 The "false consensus effect": An egocentric bias in social perception and attribution processes. *Journal of Experimental Social Psychology*, 13, 279-301.

Runciman, W. G. 1966 *Relative deprivation and social justice*. University of California Press.

Sanders, G. S. 1981 Driven by distraction: An integrative review of social facilitation theory and research. *Journal of Experimental Social Psychology*, 17, 227-251.

Schachter, S., & Singer, J. E. 1962 Cognitive, social and physiological determinants of emotional state. *Psychological Review*, 69, 379-399.

Sherif, M., Harvey, O. J., White, B. J., Hood, W. R., & Sherif, C. W. 1961 *Intergroup conflict and corporation: The Robber's Cave experiment*. University of Oklahoma Book Exchange.

Sherif, M., & Sherif, C. W. 1969 *Social psychology*. Harper and Row.

Stouffer, S. A., Suchman, E. A., DeVinney, L. D., Star, S. A., & Williams, R. M. Jr. 1949 *The American soldier: Adjustment during army life*, Vol.1. Princeton Univeristy Press.

Tajfel, H. 1969 Cognitive aspects of prejudice. *Journal of Social Issues*, 25, 79-97.

Tajfel, H., & Wilks, A. L. 1963 Classification and quantitative judgement. *British Journal of Psychology*, 54, 101-114.

Tajfel, H., Billig, M. G., Bundy, R. P., & Flament, C. 1971 Social categorization and intergroup behaviour. *European Journal of Social Psychology*, 1, 149-178.

Triplett, N. 1898 The dynamogenic factors in pacemaking and competition. *American Journal of Psychology*, 9, 507-533.

Valins, S. 1966 Cognitive effects of false heart-rate feedback. *Journal of Personality and Social Psychology*, 4, 400-408.

Wallach, M. A., Kogan, N., & Bem, D. J.　1962　Group influence on individual risk taking. *Journal of Abnormal and Social Psychology*, 65, 75-86.

Wicker, A. W.　1969　Attitudes versus actions: The relationship between verbal and overt behavioral responses to attitude objects. *Journal of Social Issues*, 25, 41-78.

Zajonc, R. B.　1965　Social facilitation. *Science*, 149, 269-274.

Zimbardo, P. G., Haney, C., Banks, W. C., & Jaffe, D.　1977　The psychology of imprisonment: Privation, power and pathology. In J. C. Brigham & L. S. Wrightman (Eds.), *Contemporary issues in social psychology*, 3rd ed. Cole Publishing Company.

3章▶社会心理学の隣人たち

この章では，社会心理学と隣接する学問分野について取り上げ，隣接科学と社会心理学との関係について解説する。

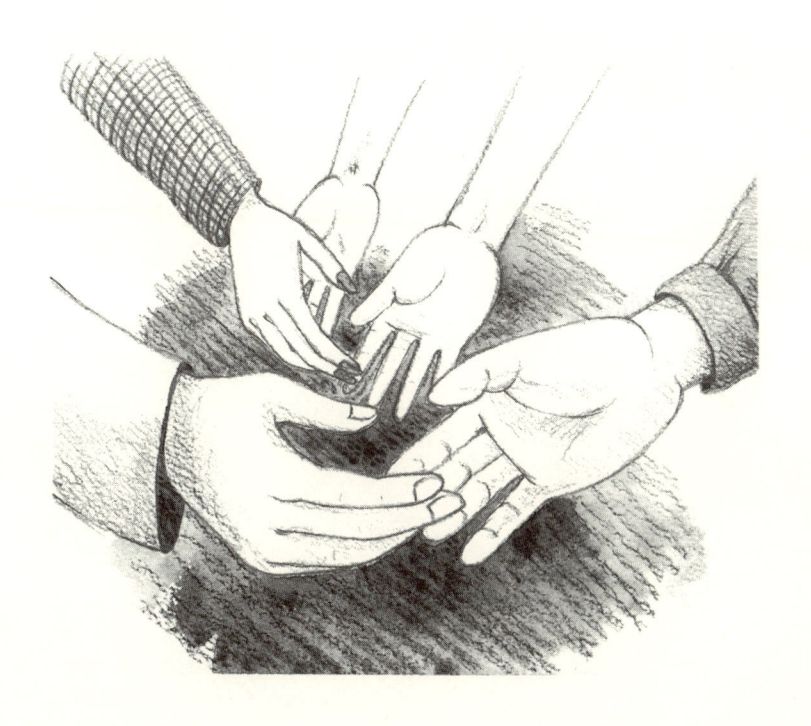

> **30 心理学の仲間たち** ——心理学は多くの分野に分かれているが，ここでは，心理学の分野の中でも社会心理学と特に関係の深い分野について紹介する。

❖**心理学の分野**

　社会心理学が心理学の一分野であるかどうかについては *1*「心理学か社会科学か」で取り上げたが，ここでは，心理学の一分野として考えた社会心理学が，心理学の他の分野とどのような関係にあるのかを説明する。心理学の分野は広範であり，社会心理学はそのそれぞれの分野と何らかの関連をもっているが，ここでは社会心理学と特に深くかかわっている産業・組織心理学，性格心理学，臨床心理学，教育心理学などとの関連について説明する。社会心理学との関係が一番深い認知心理学との関係については，*31* で説明する。

❖**産業・組織心理学**

　社会心理学は孤立した個人の心のはたらきではなく，社会的存在としての，つまり他の人たちとの関係の中ではじめて意味をもつ，あるいは他の人たちとの関係を考慮することではじめて理解できるようになる心のはたらきを，その研究対象としている。この社会心理学の研究対象を，さらに産業組織の中での人間の心のはたらきや行動に焦点を合わせて研究しているのが，産業心理学とか組織心理学と呼ばれる研究分野である。社会心理学との間では，特にリーダーシップの研究，職場の人間関係についての研究，消費者の意識や行動についての研究，集団内での意思決定過程の研究などに関して大きく重なっている。*14* で紹介されているホーソン実験は，産業心理学の出発点ともいえる研究である。

❖**性格（人格）心理学**

　心理学について本格的に勉強したことのある人は別として，ふつうの人が心理学についてもっているイメージといえば，心理テストを受けたりすることで自分の性格や適性を判断してくれるというイメージか，心の悩みに立ち向かう手助けをしてくれるというイメージだろう。このイメージに一番近いのが，ここで紹介する性格（人格）心理学と，次に紹介する臨床

心理学である。性格心理学とは，性格検査のための様々な方法を開発するなど個人の性格を測定し記述するための道具や枠組みを作ったり，また性格の個人差が生まれる原因を調べる学問である。社会心理学では第2次世界大戦後しばらくの間，ナチズムやファシズムの心理的な基盤を生み出したとされる権威主義的性格をはじめとする，社会的性格（ある社会の人々に一般的な性格）の研究がさかんに行われた。現在の社会心理学においては社会的性格の研究に対する関心は薄れているが，人々の性格と社会環境との関係は社会心理学の重要なテーマとして存在している。

❖臨床心理学

臨床心理学は，ひとことでいえば心の悩みや障害を解決することを目的とする心理学である。精神分析療法，クライエント中心療法，ゲシュタルト療法，交流分析，また日本特有の心理療法としての森田療法，内観法なども含めきわめて多岐にわたる療法が林立しており，その内容をひとことでまとめるのは困難である。1960年代頃までは，社会心理学の中でも精神分析学の理論が正当な科学的理論として受け入れられ，社会心理学の発展に一定の役割を果たしていたが，それ以降は精神分析学を科学的心理学の理論として受け入れる社会心理学者はほとんどいなくなった。ただし現在では，社会心理学と臨床心理学の境界領域を扱う臨床社会心理学や，地域全体での住民の心理的健康の維持を目的とするコミュニティ心理学が発達し，社会心理学と臨床心理学の間の交流は活発になっている。

❖教育心理学

社会心理学の重要な研究対象に，集団場面での人々の行動を扱うグループ・ダイナミックスの研究がある（➡ *39*）。教育の場である学校や学級は，職場とともに，グループ・ダイナミックスの様々なはたらきが顕著に現れる場であり，したがって学校や学級における生徒たちの心のはたらきや行動を理解するにあたって社会心理学が果たすべき役割は大きい。また生徒のいじめや非行，逸脱行動，心の悩みなど，臨床心理学や教育心理学と共同で対処すべき問題も多く存在している。

> **31 認知科学と認知心理学**——心理学は認知科学としての様相をますます強めつつある。認知科学は,社会心理学の中では認知社会心理学への動きとして強い影響を及ぼしている。

❖**認知科学と認知心理学**

　認知科学とは,ひとことでいえば心のはたらき(知覚,思考,記憶,理解,学習,運動など)を科学的に研究する学問であり,心理学,神経科学,コンピュータ科学,人工知能研究,言語学,哲学,社会学など,自然科学や工学から心理学,社会科学,さらには哲学までも含む広範な学問分野の研究成果を積極的に取り入れ,心のはたらき(あるいは「知」)の総合的な理解を目指している。心理学では 1960 年代までは,心はあいまいで科学的研究には適さないため,心ではなく行動を心理学の研究対象とすべきだとする行動主義心理学が中心的な考え方であったが,1970 年代以降は,心のはたらきを情報処理の過程として理解しようとする認知心理学が中心的な位置を占めるようになっている。

❖**社会心理学における認知研究**

　社会心理学においても,1960 年代の認知的不協和の研究や 1970 年代の原因帰属の研究に代表されるように,早くから認知研究はさかんに行われてきた(➡ 5 章)。社会心理学においてこれらの初期の認知研究が行われていた当時は,認知心理学が心理学全体の中でそれほど大きな力をもつに至っておらず,認知心理学の理論や研究が社会心理学における認知研究に直接に影響を与えたわけではない。これに対して認知心理学が心理学の中心に踊り出た 1980 年代以降には,認知心理学で生み出され用いられている理論や概念,あるいは研究方法が,社会心理学における認知研究に直接に影響を与えるようになっている。5 章で紹介するスキーマやスクリプト(➡ **45**)などの概念,あるいはカテゴリー化の作用についての理論(➡ **46**)などがその代表である。これらの研究は社会心理学の中では「社会的認知」の研究と呼ばれ,今後の発展が期待されている。

❖**第 2 次認知革命と社会心理学の役割**

　先に紹介した行動主義心理学から認知心理学への転換は,心理学におけ

る第1次認知革命と呼ばれているが,その特徴は人間の心のはたらきを「頭の中での記号操作」としてとらえる点にある。これに対して1980年代の後半以降になると,人間の認知活動を理解するためには一人一人の頭の中での記号処理の過程を理解するだけでは不十分であることが明らかにされ,人間の認知活動のかなりの部分が他者や人工物を含む環境との相互作用を通して行われていることが理解されるようになった。この新しい理解は,第2次認知革命と呼ばれる,人間を「孤立した情報処理マシン」として理解するのではなく,他者や人工物とたえず相互作用を行いながら問題を解決していく存在として理解する,認知の根本的な社会性ないし文化性を強調するアプローチを生み出した。それでは,他者との相互作用の研究を担ってきた社会心理学は,この第2次認知革命で中心的な役割を果たすスターとなったのだろうか。残念ながらその答えはノーである。認知の根本的な社会性が重要視されるようになりながら,社会心理学が第2次認知革命のスターになれなかった理由は,社会心理学における従来の認知研究が,頭の中での記号操作を重視する第1世代の認知心理学の理論や概念にとらわれ,認知活動そのものの社会性に注目してこなかったからである。

❖心の社会性：文化と進化

　これに対して,社会心理学の中で最近,心の性質そのものの社会性に着目する2つのアプローチが注目を浴び始めている。1つは上述の第2次認知革命が生み出した文化心理学のアプローチであり,もう1つは進化心理学のアプローチである。文化心理学の観点からは,これまで社会心理学で明らかにされ,普遍的であると考えられてきたいくつかの心の性質が,実は特定の文化の中でのみ意味をもつ,したがって特定の文化の中でだけ存在していることが明らかにされている。また,進化論的観点からは,心の性質そのものが,適応すべき社会環境の性質に応じて生み出され維持されていることを明らかにしつつある。これらのアプローチは,社会心理学の最も重要なテーマである「心の社会性」に真正面から取り組むアプローチであり,今後の認知研究に対する社会心理学独自の貢献を生み出す可能性を秘めているといえる。

> **32 日本の生んだ社会心理学：社会意識論**——1960年代の日本の社会心理学は，社会意識論という独自の社会心理学を生み出した。しかし現在では，その影響は消えうせてしまっている。どうしてなのだろう。

❖ 社会意識論

　1960年代の日本が生み出したユニークな社会心理学である社会意識論は，E. フロムなどの新フロイト派が主張した社会的性格の考え方と，マルクス主義のイデオロギー論とを結びつけた理論を用いて，イデオロギー，社会意識，社会心理などの，特定の社会や集団あるいは社会階層に受け入れられている信念体系の社会的基盤を明らかにすることを目的としていた。同時に，これらの体系化された（イデオロギー）あるいはあいまいな（社会心理）信念体系を特定の社会集団に属する人々が受け入れることで，どのようなマクロな現象（階級間の対立や葛藤，社会制度の形成や変動など）が生み出されるかについても議論されていた。この社会意識論は，新しい民主主義社会を作り出すために日本人はどのように自分たちの心と社会を作り変えなくてはならないかという，戦後の日本が直面した切実な問題に対する答えを求めて，日本人の社会心理学者たちが研究結果や理論と格闘した結果として生み出されたものである。

❖ 大衆社会の社会意識

　社会意識論は，一方では，戦後の高度経済成長およびテレビをはじめとするマスコミの急成長とともに出現した「大衆社会」に直面した人々の意識を理解し分析しようとする大衆社会論と，もう一方では，資本と労働との対立に関するマルクス主義的な理解と，「存在が意識を規定する」とするマルクス主義的なイデオロギー論に基づいて「中間層」や労働者の意識を理解しようとする，狭い意味での社会意識論と結びついていた。そしてさらには，人類学で発展した「文化とパーソナリティ理論」を土台にした日本人のパーソナリティについての研究とも密接に関連していた。この意味で社会意識論は，経済成長とともに世界の檜舞台に登場しつつあった日本人が，観客としての世界の人々の観点から自らの姿をとらえなおそうとした国民的な「自己確認」行動の1つの表れとしてとらえることもできる

だろう。

❖**日本独自の社会心理学**

　社会意識論が日本的であったのは，それが日本的な対象——例えば集団主義や甘えなどの日本人に特有だとされる社会心理学的な現象——を扱っていたからではない。また，日本文化の中から生み出された概念や論理を用いるという意味で，理論が特に日本的であったわけでもない。それにもかかわらず社会意識論が日本的であったのは，マクロな現象の説明を主たる目的とする社会意識論が，社会心理学の一部として研究者にも一般にも広く受け入れられていたからである。つまり，1960年代に我々が日本的な社会心理学を手にしていたということは，日本の社会心理学者だけが，マクロな関心を社会心理学の中でもっていたということを意味している。多くの社会意識研究者は，日本社会を民主的な社会に作り変えるためには何が必要なのかというマクロな問題意識をもち，そのための1つの道具として社会心理学を使おうとしていた。

❖**マイクロ・マクロ理論としての社会意識論**

　社会意識論がめざしていたのは，心と社会との相互規定関係を分析するためのマイクロ・マクロ理論である。しかし，今から振り返ると，社会意識論が，マイクロとマクロの関係を分析するための適切な理論的道具を欠いていたことがよくわかる。当時は，精神分析学に社会的な視点を持ち込もうとした新フロイト派の精神分析学が，そのための理論的な道具を与えてくれるだろうという期待が存在していた。しかし，いくら社会的な観点を導入しても，精神分析学はマイクロ・マクロ理論の基礎理論としては，きわめて不十分なものであった。それは，精神分析学が実証研究に向かないからという理由だけではなく，そこでの「社会」が，内面化（＝社会化）によって心の中に取り込まれた「小さな社会」という意味しかもたなかったからである。同一化，内面化，社会化として心と環境の関係をとらえる限り，心は「小さな社会」としての意味しかもたなくなると同時に，社会は心に取込み可能なかたちへと矮小化されてしまう。これが，精神分析学とマルクス主義の凋落とともに，マイクロ・マクロ理論としての社会意識論が消え去ってしまった一番大きな理由だと考えられる。

33　心と文化：文化心理学と交差文化心理学 ——心と社会との関係を扱う社会心理学は，心と文化との関係を扱う文化心理学や交差文化心理学とどうかかわっているのだろうか。

❖心と文化

社会心理学は，心理学の他の分野と同様，アメリカをはじめとする西欧の心理学者を中心に発展してきた。そのため，西欧の文化の中では一般的な心のはたらきが，そのまま人間一般にとって普遍的な心のはたらきだと考える，西欧中心の考え方に陥る可能性が強く存在してきた。この西欧中心主義に対する反省として，交差文化心理学と文化心理学という2つの研究分野が生み出され，いくつかの側面から西欧中心的な心理学に対する修正が加えられてきた。

❖交差文化心理学・異文化間心理学・比較文化心理学

交差文化心理学も異文化間心理学も比較文化心理学も，いずれも cross-cultural 心理学の翻訳であり，西欧の心理学者によって発見された様々な心の性質が，他の文化に属する人々の間でも同様なかたちで存在しているかどうかを調べることで，すべての人間にとって普遍的な心の性質とは何か，そして特定の文化に属する人たちの間でだけ見られる心の性質は何かを明らかにすることを目的とした心理学の一分野である。例えば，日本人のほとんどの人にとっては，実は同じ長さの2本の直線を比べると，(B) の直線の方が (A) の直線よりも長く見える。これはミュラー‐リヤーの錯視と呼ばれる現象なのだが，このような普遍的に思われる錯視現象でさえ，直線の柱や角が環境の中に存在していないアフリカの部族では見られないことが，交差文化心理学の研究で明らかにされている。

視覚のような人間にとって基本的と思われる機能でさえ文化の影響を大きく受けていることから考えても，社会心理学が扱っている社会環境の中ではじめて意味をもつような心のはたらきが，より密接に文化の影響を受けていることは容易に想像できる。例えば，*21* で紹介されているリスキー・シフト現象（個人の決定よりも集団での決定の方がリスクの大きな結論が選ばれやすい）に関して，大胆な決定が賞賛されるアメリカではリスキ

(A) ←——————————→

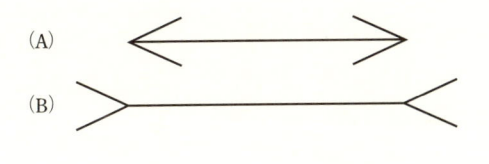

(B) →——————————←

図　ミュラー‐リヤーの錯視

ー・シフトが発生しやすいが，保守的で用心深い決定が賞賛される文化では，逆に集団での決定の方が個人の決定よりも用心深い結論が選ばれやすいことが，交差文化心理学の研究によって明らかにされている。

❖ **文化心理学**

　交差文化心理学の研究は20世紀の初頭から始まり，現在に至るまで比較的長い歴史と伝統をもっている。これに対して，*31*「認知科学と認知心理学」で紹介した第2次認知革命とともに生まれた新しい分野に，文化心理学がある。文化心理学においては，人間の心の性質そのものが文化と表裏一体の関係にあり，文化のコンテキストから取出し可能な抽象的な心の性質は存在しないとされている。例えば，文化心理学の中心的理論家の一人である北山忍の表現を使えば，「人の主体を作り上げている様々な心のプロセスは，人が社会的，集合的場にかかわることで作り上げられる」北山（1998, p. 6）。この主張に従えば，文化と心とは単一の文化・心複合体の異なった側面ないし表れとして理解されることになる。北山はH.マーカスと共同で自己についての研究を行い，個人の自己を他者から独立の主体として見る「相互独立的自己観」が一般化している西欧文化においてと，他者との相互関係の中に個人の存在を見る「相互協調的自己観」が一般化している日本文化においてでは，認知や感情などの心の様々な側面で異なった性質が文化の一部として生み出されることを明らかにした。例えばアメリカ人は自分が他者よりも優れていることを確認し強調する自己高揚傾向をもっているが，日本人はその逆の自己批判的傾向をもっている。これらの異なった心のはたらきを日本人とアメリカ人が示すのは，それらが異なった心・文化複合体を構成しているからだとされている。

> **34 人類学**——社会心理学は人類学からの影響を繰り返し受けてきた。人類学は科学としての社会心理学に対して,現実から遊離しないための「重石」の役割を果たし続けるだろう。

❖ 文化とパーソナリティ

33 で紹介した交差文化心理学は,1940年代から50年代にかけて,人類学における文化とパーソナリティ学派からの強い影響を受けることになった。人類学における文化とパーソナリティ研究は,交差文化心理学を越えて,社会心理学に対しても大きな影響を与えている。文化とパーソナリティ研究は,幼児期の体験が成人後のパーソナリティに与える影響を強調する精神分析学の影響の下に,特定の文化で用いられている育児形態が,その文化で育った人々に共通のパーソナリティを生み出すという観点から,両者の間の関係を示す人類学的データの収集を行った。日本文化研究の古典中の古典ともいえる R.F. ベネディクトの『菊と刀』(➡ **83**)は,戦後の日本において社会心理学が普及する過程で大きな影響力をもち,日本特有の社会心理学である社会意識論(➡ **32**)の1つのきっかけを提供している。また文化とパーソナリティに関する代表的な研究としては,M. ミードによる文化型の研究が挙げられる。その後,精神分析学の影響が人類学においても社会心理学においても消滅するにつれて,育児形態を媒介として個人のパーソナリティと文化の型との関連を分析する文化とパーソナリティ研究は行われなくなったが,その後の交差文化心理学や文化心理学の発展を通して,現在でも社会心理学に大きな影響を残しているといえるだろう。

❖ エミックとエティック

人類学ではエミックとエティックという,一般の人には耳慣れない言葉が重要な意味をもっている。この2つの言葉は,現在では人類学を越えて,社会心理学を含む社会科学・人間科学の多くの分野で同様に重要な意味をもつに至っている。簡単にいえばエミックとは現象や行動の意味を当事者の観点から理解しようとするアプローチであり,エティックとは普遍的な理論の観点から,つまり当事者の外部の視点からそれらの現象や行動を理

解しようとするアプローチである。例えば，西欧文化の中で暮らしている人たちの心のはたらきや性質を前提として生み出された理論を，西欧以外の文化で暮らしている人たちを理解するためにそのまま適用するのが，典型的なエティックのアプローチである。アメリカのある化学会社が，どんな温度でもきれいに洗えることをうたい文句に，「全温度」洗剤を日本で売り出したところまったく売上が伸びなかったという例が，このエティックのアプローチが直面する可能性のある問題を明確に示している。ほとんどすべての家庭に温水用ボイラーが普及し，洗濯も温水と冷水を使い分けてするのが普通のアメリカでは，どの温度でもきれいに洗える洗剤は（温度に応じて違う洗剤を使わなくてすむので）便利だが，冷水しか洗濯に使わないのが普通の日本ではまったく意味がない。このように，1つの文化を前提として作られた「理論」を使って別の文化で暮らす人々の心や行動，あるいは制度や儀礼などを理解しようとすると，このアメリカの化学会社がおちいったのと同じような誤りに陥ってしまう。

　しかし，当事者の観点から特定の現象や行動の意味を理解しようとするエミックのアプローチを強調しすぎると，今度は別の誤りに陥ってしまう。例えば正高信男はボリビアのアイマラ族での育児習慣を調べ，幼児をぐるぐる巻きにして育てるスウォドリングを行っている家族と行っていない家族を比較することで，スウォドリングの実践が出産間隔を短くする役割を果たしていることを明らかにした。しかしスウォドリングを実践しているアイマラ族の人々にはこの役割に気づいている者はおらず，なぜスウォドリングをするのかという問いに対して，幼児の姿勢を正しくするためだと答えている。このことは，スウォドリングの実践の意味について，どれほどアイマラ族自身の観点からその意味が理解できたとしても，その理解に限界があることを示している。スウォドリングの実践が出産間隔を短縮する役割を果たすことに気づくためには，進化生物学で発展した生物の繁殖戦略についての理論から出発するエティックなアプローチが必要とされる。このように，エティックとエミックのアプローチはいずれも単独で用いられるときに大きな限界をもつ。両者をうまく組み合わせて用いる必要がある。

> **35 新しいパートナー**——進化心理学と実験経済学および行動経済学は，これからの社会心理学の発展に大きな影響を与える，新しいパートナーとなるだろう。

❖**進化心理学**

　進化心理学とは，人間の心の性質を，身体の性質と同じように，進化の結果として理解しようとするアプローチである。人間はシマウマやチータのように速く走ることができるわけでも，トラやライオンのように強力な牙や爪をもっているわけでもない。にもかかわらず人間が今日の繁栄を築くことができたのは，集団で様々な課題に取り組み解決することに成功してきたからである。集団で協力し合いながら，同時に機会があれば仲間を出し抜き，仲間から一方的に利用されたりしないようにする——進化心理学者は，これらの社会的交換課題こそが，異性から魅力的な配偶者とみなされるための性選択の課題とともに，人間の脳と心の進化にとって最も重要な適応課題だったと考えている。集団の中で社会的交換課題をうまく解決するためには，集団の中の個体を識別し，それぞれの個体が自分に対してどのような関係にあるかを理解し，また他の個体間の関係も理解した上で，喧嘩が起こったときに誰の味方になるか，どのような事態のときに誰を助けるかなど，複雑な認知活動が必要となる。R.I.M.ダンバーは，霊長類の集団サイズと脳の大きさとの間に密接な関係があることを明らかにし，集団内での社会的交換課題が人間を含む大型類人猿の脳の進化にとって最も重要な淘汰圧として働いたという「社会脳仮説」を提唱している。社会心理学で扱う認知や感情，あるいは動機づけなどの性質を理解するためには，進化心理学的な観点が必要となる。

❖**実験経済学**

　これまで伝統的に，集団内および集団間の相互作用の研究は社会心理学がほぼ独占的に研究する対象であったが，1990年代以降になると，小集団を用いた実験研究が実験経済学者によって行われることが多くなった。実験経済学者が行う小集団実験には，市場を実験室に再現して経済理論やゲーム理論に基づく予測が実際の人々の行動と一致するかどうかを調べる

実験と，他者と相互依存関係にある個人がどのような行動原理に基づいて行動するかを調べる実験がある。前者の実験は社会心理学における小集団実験とあまり大きく重ならないが，後者の実験は社会心理学における実験とほとんど同じ研究対象を扱っている場合が多い。例えば囚人のジレンマや社会的ジレンマの実験研究や，小集団場面での信頼の研究などにおいては，社会心理学者と実験経済学者が同じ研究対象について同じような方法を使って研究している。実験の位置づけや理論と実験との関係についての理解に関して，社会心理学者と実験経済学者との間には違いが存在しているが，今後，両者の間に協力関係が発展していく可能性がある。

❖行動経済学

通常の経済学は合理的人間像を前提として理論体系を築き上げている。経済学にとっての人間の合理性とは，自己利益の最大化を意味している。つまり経済学は，自分にとってより大きな利益をもたらす選択肢と，より小さな利益をもたらす選択肢を与えられると，人間は必ず前者の選択肢を選ぶという前提から出発している。行動経済学者は，心理学者や実験経済学者の実験結果を援用して，この経済学の基本的な前提からは説明できない行動を経済活動の分野においても人々は実際にとっていることを指摘し，人間の非合理性を考慮に入れた経済学の必要性を主張している。例えば行動経済学者のR.フランクは，感情のはたらきを経済学の理論の中に取り入れるべきだと主張している。行動経済学者が取り上げている非合理的な経済行動には，すでに自分のものとして持っている品物の価値が，他人の持っている品物の価値よりも大きく思えるという「さずかり効果」や，将来の意思決定に際して期待利益に影響しない場合でも，すでに行ってしまった投資を無視することができないという「サンク費用現象」，選択をポジティブな枠組みで提示する場合とネガティブな枠組みで提示する場合では，論理的にはまったく同じはずの選択であるにもかかわらず選ばれる選択肢が異なってくるという「フレーム効果」など，社会心理学者が意思決定ヒューリスティックと呼ぶ現象が多く含まれている。このように社会心理学と共通の問題を扱う行動経済学は，社会心理学と社会科学との新しい接点を提供してくれる可能性がある。

参考文献

北山忍　1998　自己と感情——文化心理学による問いかけ　共立出版
長谷川寿一・長谷川真理子　2000　進化と人間行動　東京大学出版会
ベネディクト，R.F.　長谷川松治（訳）　1967　菊と刀——日本文化の型　社会思想社
山岸俊男　1998　信頼の構造——心と社会の進化ゲーム　東京大学出版会

4章▶社会心理学のあゆみ

この章では，社会心理学がどのように発展したかを，社会心理学に大きな影響を与えた人物を中心として学ぶ。

> **36 社会心理学の黎明：独・仏・英の4人の先駆者**——集団，社会，民族の問題に対して心理学的に考察した先駆者たち。ドイツのヴント，フランスのタルドとル・ボン，イギリスのマクドゥーガル。特にヴントは近代心理学設立者として名高い。

人間行動やその社会生活を扱う学問は，決して新しいものではない。しかし19世紀の中葉以降にその形を整えたという歴史的事実もまた重要である。実証主義的な傾向や進化論思想の進展が，社会心理学を1つの学問として形成する素地となっていたとも言えるのである。ここではそのような時代的背景のもと，近代社会心理学的研究の端緒を作った4人の生涯と研究を見てみたい。ここで紹介する4人の理論や研究は，現代の社会心理学の理論や研究と直接につながりは小さいが，科学的な学問分野としての社会心理学の方向性を指し示したという点で重要な役割を果たしている。

❖ヴントとその学風

W. ヴント（1832-1920）は，南ドイツ・バーデンに生まれ，チュービンゲン大学などで医学を修める。1856年にハイデルブルグ大学の生理学の私講師となり，チュービンゲン大学の哲学教授を経てライプツィヒ大学の哲学教授となる（1875）。ライプツィヒ大学において心理学実験室を整備し（1879），心理学研究を行う学生を教育するシステムを作ったことが，近代心理学の父という称号を彼のもとにもたらした。『生理学的心理学綱要』（1874）という主著の題名に現れているように，彼の研究スタイルは感覚生理学的な技法を用いつつ内観によって意識の研究を行うというものであった。だが，彼は人間の精神の問題は個人的なものに留まるとは考えず，世界中の様々な民族の言語，神話，宗教，芸術，制度などを研究することが重要だとも考えていた。彼の晩年の20年間は『民族心理学』（1900-1920）の執筆に費やされることになり，神話主義的な民族精神の記述とは異なる民族心理学を打ち立てたが，個人差などを考慮しなかったこともあって，彼の学説の後世への影響は限定的なものであった。

❖ル・ボン，タルドとその学風

G. ル・ボン（1841-1931）はフランスの精神医学者J. M. シャルコーのヒ

ステリー概念や、イタリアの犯罪学者S.シゲーレの群衆犯罪の研究に影響を受けながら、集団や群衆の研究を行った。群衆（集団）は単なる個々人の集合ではなく、群衆心とでも呼べる状態にあると彼は主張し、群衆を偶発的なものと組織的なものに分けることを提唱したり、集団指導者の類型を提唱したりし、彼の学説の影響は大きいものであった。同じくフランスのJ.G.タルド（1843-1904）は模倣という概念の検討を通じて心理学主義的な社会学を構築したことでも知られている。彼は社会について知る学問は個人個人の心的相互作用を知る必要があると考えており、そういった点が心理学主義的社会学と呼ばれるゆえんである。『模倣の法則』(1890)は現在でも言及される古典的名著である。また、『世論と群衆』(1901) を著し、群衆と公衆とを分けることを提唱した。

❖ **マクドゥーガルとその学風**

W.マクドゥーガル（1871-1942）は生理学や人類学など幅広い分野で教育を受け、心理学についてはゲッチンゲン大学でG.E.ミューラーの指導を受けた。イギリスではF.ゴールトンの「メンタルテスト」やC.E.スピアマンの「因子分析」研究の協力者でもあった。『社会心理学入門』(1908) において本能論的な人間行動の議論を行い、それを社会心理学に活かそうと試みた。動物と異なり理性的な存在だと考えられていた人間の行動を本能で説明する背景には、明らかにC.ダーウィンの進化論の考え方が見てとれるし、進化論がなければありえない考え方であるといえる。

人間と社会との関係を本能や欲求という概念で結びつけるのが本能論的社会心理学の基本である。本能は基本的に個人内要因であるから、集合心のような考え方とは一線を画していたといえる。だが、彼の学説は本能の定義があいまいであることなどから広く批判を受けることになった。その後彼が発表した『集団心』(1920) においては、集団や社会は個人の生活の総和ではない、それ以上のものであるとし、集合的精神の実在を仮定するなど、社会的精神実在論の傾向をもつようになっていった。

> ***37 ミードと自己理論***——主意主義的な社会学,社会的行動主義という立場に立って,最小の社会たる人と人との関係について検討し,社会学,心理学の掛け橋となり大きな影響を残したミードを中心に,自己理論について検討する。

❖ミードの生涯と学風

G. H. ミード (1863-1931) は,心理学者であるとともに哲学者であった。思想史家でもあり社会心理学者でもあったが,その後世への影響は心理学よりもむしろ社会学に対してより大きい。ミードはマサチューセッツで生まれ,大学卒業後に小学校教員などをするが,ハーバード大学に戻って学業を続けた。その後ベルリン大学で生理心理学を学ぶが,博士号取得に至る前にミシガン大学哲学部の教授となった。主任教授の J. デューイ,経済学博士号を取得したばかりの C. H. クーリーと出会うことによって議論を深め,役割取得の問題や精神の起源の問題を検討することになる。1894年にデューイと共に新設のシカゴ大学に移り,プラグマティズムの哲学を推進した。知識は実行の手段的なものであり,観念などは実行のために必要であるにすぎない。したがって行為のために利益のあるものこそが手段なのだとするのがプラグマティズム的な考えである。

ミードの説は「社会的行動主義」と呼ばれるが,それは J. B. ワトソンの行動主義とは根本的なところが異なっていた。すなわち,ワトソンは意識や精神を考慮に値しないものとして扱ったが,ミードにとっては基本的に精神こそが研究の中心であったし,人間の経験を神経や筋肉の働きにのみ還元するようなことは「過度な単純化」にすぎないと批判していたのである。

もちろん,ミードの考えは,人間の精神をその行動および行動の文脈から理解するという意味では行動主義と呼んで差し支えない。ただし,行動を実験室などで抽象的に取り扱うのではなく,常に社会的行動という単位を考察の対象にしていた。

❖自己理論

彼は自己過程を意識行為の過程ととらえたうえで,社会的関係の関係項

として存在する自己を「me」，規定された状況における反応としての私を「I」として概念化している。

この「Iとme」という考え方は，心理学において早くから自己の役割について検討していたW. ジェームズ (1842-1910) に由来する。ジェームズは「知っている自己」をIとして，「知られている自己」をmeとして概念化していたのである。このうち「知られている自己」についてジェームズは「経験的自己」として概念化し，「物質的自己」「精神的自己」「社会的自己」の3つに分けている。そして，社会的自己については個人が他人から受ける認識から発達するものであるので，様々な社会的自己が存在しうると指摘している（➡ 55）。同じように，見られる自己について概念化したのがクーリー (1864-1929) であり，鏡に映った自己という概念を提唱した。ただし，ミードがジェームズやクーリーと異なったのは，個人の発達過程の中に自己の問題をおいたうえで，詳細な記述を試みたところにある。さらに，「ごっこ遊び」やゲームなどの中で特定の他者の役割や「一般化された他者」(generalized other) の役割を取得する過程の分析を行い，社会的自己を人々がおかれている社会関係との関係から理解する道を拓いたという点で，その後の社会学的社会心理学の中心的となった象徴的相互作用学派の発展をもたらした。

なお，ミードは大学時代にジェームズ家に住み込みで子どもたちの家庭教師をしながら大学に通っていたという逸話がある。

ミードは著作を書かなかったが，その思想は様々なジャンルに影響を及ぼした。死後に出された『精神・自我・社会』(1934) をまとめたのは，彼の弟子にして著名な記号学者C. W. モリスである。

❖ ミードの影響

前述のようにミードの影響は心理学界というよりは社会学界に対してより大きなものであった。それは，実験可能な現象を扱いたいというW. ヴント以来の心理学的なパラダイムから，ミードの研究プログラムがはずれていたからだと思われる。一方，社会学の世界では役割理論，準拠集団論，自我論，ラベリング理論，エスノメソドロジーなどといった諸領域の発展に対して大きな影響を与えている。

> **38 人間観の変革：フロイトとワトソン，スキナー**──ヴントによる「意識を対象とする心理学」に対するアンチテーゼとなった精神分析学と行動主義。

　近代心理学の祖 W. ヴントによる要素主義的な心理学は様々な側面から批判を受けることになった。心理学における批判は，部分は行動の総和ではないとするゲシュタルト心理学の主張，意識とは直接に関係しない行動があり得ることを明らかにし，無意識という概念を提唱した精神分析学の主張，意識ではなく行動こそが心理学の研究対象だとした行動主義の主張，がその主なものである。精神分析は S. フロイトによって創始され，無意識を重視した。行動主義は J. B. ワトソンによって提唱され，B. F. スキナーの説が著名である。

❖ **精神分析学とフロイト**

　フロイト (1856-1939) は，オーストリア・フライベルグに生まれた。ウィーン大学で医学を学び博士号を得る (1881)。臨床医として生活の糧を得るも，フランスの J. M. シャルコーのもとに留学しヒステリー，催眠の研究を行う。夢の潜在的な意味に注目することを提唱した『夢判断』(1900) が大きな反響を呼び，学者として確固たる地位を作り始め，A. アドラー，C. G. ユング，といった弟子たちと共に精神分析学を体系化することになる。

　治療法としての精神分析学は，自由連想法を用いて，無意識のコンプレックスを明らかにするところに特徴がある。また，その基礎を支える理論はおのずと発達理論，性格理論へと発展することになった。ヒステリーの原因が「魔女性」や「子宮」によるのではなく，幼児期の体験，特に性的な体験にあると考えたことは，単に精神医学における新しい学説として重要なだけではない。またフロイトは『集団心理学と自我の分析』(1921) において集団成員間の結びつきや成員とリーダーの関係も性的エネルギーに基づいているゆえに維持されるという考え方を提出している。彼の理論は汎性欲説と称されるほど性のエネルギーを重視している，人間形成の段階において幼児期を重視している，という限界はあるものの，基本的には

生後の社会環境，中でも対人関係が人間の発達を形作っていくという考え方であり，それ以前の人間観とは異なる革命的な転換であるとさえいえよう。

❖行動主義：ワトソンとスキナー

　ワトソン（1878-1958）は，南カロライナに生まれ，シカゴ大学で心理学をJ.R.エンジェルから，生理学をH.ドナルドソンから，神経学をJ.ロイブから学び，博士号を得る。心理学は人間行動を扱う自然科学の一分科であるとして意識などは研究対象として扱うべきではないとする主張は，アメリカの若い心理学者を中心に歓迎され，1915年にはアメリカ心理学会会長となる。個人的事情から学界を離れ広告業界に転じたため，彼の学説は行動主義の主張に留まったが，その後，E.C.トールマン，C.L.ハル，スキナーたちによる新行動主義が心理学の主流を占める素地を作ったのである。トールマンやハルの行動主義的理論は歴史的な意義しかもっていないため，以下ではスキナーについて紹介する。スキナー（1904-1990）はペンシルバニアで生まれた。1931年にハーバード大学で博士号を取得。彼は行動をレスポンデント行動とオペラント行動とに分け，後者のメカニズムについて主に検討した。レスポンデント行動を受け身的（反射的）行動，オペラント行動を自発的行動として理解するなら，スキナーは人を含む有機体の自発行動と環境（刺激）との関係を理解しようとしていたということができる。スキナーは自らの行動主義理論に基づく理想的な環境・社会を『心理学的ユートピア（ウォールデンII）』(1948) という小説として発表し（スキナーは元々英文学専攻であった）この本はベストセラーにもなった。1979年に来日した際に慶應大学で「罰なき社会」という講演を行っていることからもわかるとおり，スキナーは人々にとって理想的な環境とはどのようなものかを常に意識していたが，あまりに人工的・理想主義的として批判される面もあった。行動主義は個人にのみ焦点を当てているように見えるが，個人と環境の相互作用について検討しているのであるから，社会心理学的な面をもっているといえ，集団行動を個人の立場から検討する研究を引き起こした。また，自分自身ではなく他者の行動とその結果を観察することによっても学習が成立するという，社会的学習（観察学習）の発見と理論化は，模倣概念を発展させることにもなった。

> **39 レヴィンとグループ・ダイナミックス**——ゲシュタルト心理学の創設に加わり、日常生活や児童心理に関する実証的研究の道を拓いたレヴィン。偏見・差別のアクション・リサーチ研究や集団力学の研究を行う。「よい理論ほど実践的なものはない」という言葉は有名。

❖レヴィンの生涯

K. レヴィン（1890-1947）は要求水準，分化，時間的展望，認知構造，飽和，生活空間，集団決定，変容実験，アクション・リサーチ，グループ・ダイナミックス，感受性訓練，といった概念や研究方法の産みの親であり，日常生活の問題を積極的に心理学に取り入れたという点で真に革命的な人物であり，社会心理学にとっては最も重要な人物の一人である。彼の研究生活史は，ドイツ時代，アメリカ・アイオワ大学時代，アメリカ・マサチューセッツ工科大学（以下 MIT と略）時代，に分けることができる。

❖ゲシュタルト心理学

第1期。レヴィンはドイツのマギルノ（現在はポーランド領）に生まれ，1916年にベルリン大学で博士学位を取得し，21年には私講師となる。同大学では，M. ウェルトハイマー，W. ケーラーらが中心となってゲシュタルト心理学が勃興しており，レヴィンも学派の一員であった。第1次世界大戦には一兵卒として参加，戦傷を負うが，体験を「戦場の景観」として論文発表した。ゲシュタルト心理学はそれまでの要素還元的意識心理学への1つのアンチテーゼであり，要素に還元されない全体的知覚の問題を扱っていたが，レヴィンは問題を知覚領域のみに限定せず，性格の研究や生活における緊張や要求の問題を科学的に扱うことが正当なことであることを主張し，そのために工夫をこらした実験研究を多数行った。生活空間については数学の一分野であるトポロジーを援用することで図式化を推進した。その当時，日本から留学していた佐久間 鼎，小野島右左雄のチューター役を引き受けてもいた。1933年，アメリカ・スタンフォード大に招かれてアメリカへ行くがその帰国途上で日本に立ち寄る。この時期の重要な業績としては，当時の弟子・仲間たちと行った未完了事態における記憶の問題（ツァイガルニク効果），葛藤についての概念化などがある。映画

を用いた事例研究を取り入れた方法論的な貢献も忘れてはならない。

　第2期。ドイツでヒトラーが政権を掌握すると，レヴィンはユダヤ人への迫害を避けてアメリカに亡命。1933年にはコーネル大学家政学部に籍をおき，次いで1935年にアイオワ大学・児童福祉研究所に移ってからは集団過程に興味を移行して研究を行った。彼のまわりには彼を慕って集まってきた研究者集団が形成された。D. カートライト，A. ザンダー，L. フェスティンガー，R. R. シアーズ，などがこの時期（以降）の共同研究者である。文化人類学者 M. ミードとも食行動に関する共同研究を行った。

　この時期にはグループ・ダイナミックス（集団力学）の名を冠した初めての研究を行い，それが次の時期の活動へとつながる。

❖グループ・ダイナミックス研究の展開

　第3期。1943年，MITのグループ・ダイナミックス研究センターを創設し移籍したレヴィンは，これまで以上に社会問題への関与を強めていく。特に，反ユダヤ主義，黒人差別といった偏見・差別問題の解消を行うために様々な研究を行い，どのような手段をとれば有効な効果が得られるのかということについて，非凡なアイディアに基づく地道な実証データを積み上げていった。地域問題を解決したり，産業界で活躍するために中心となる人々を訓練するための方法を工夫して感受性訓練（Tグループ）を作り上げたりしたのもこの時期のことである。

　この時期の共同研究者には，H. H. ケリー，J. W. ティボウなどがいる。レヴィンの関心は広く，また，新しい考えを取り入れ，独自の概念を生成することにもたけていた。それまでかえりみられていなかった現象，社会問題に対して，適切な研究計画を工夫する力もあったため，E. C. トールマンなどの実験心理学者からも敬意を払われていた。そして，何より自分を含めた多くの人たちのアイディアを育てることにたけていた。討論に参加した共同研究者たち，はレヴィンとの討論を楽しみながら研究を発展させていったのである。レヴィンは単一の考えを学派という形で形成しなかったものの，その影響力という意味では社会心理学で最も偉大な人物の一人だとされる。彼の薫陶を受けた社会心理学者の業績を見たときに，そのことはおのずと明らかになるであろう。

> **40 オルポートきょうだい：集団心の否定・偏見研究**——集団心の存在を否定し，個人の行動研究に基づく社会心理学の建設に貢献した兄のフロイド。アメリカでの大きな社会問題である偏見や差別に取り組んだ弟のゴードン。オルポートきょうだいの影響は今日でも大きい。

❖兄：フロイド・オルポートとその研究

　H. フロイド・オルポート（1890-1978）。イギリス系の父親とドイツ系の母親との間の第2子として誕生。弟のゴードンは第4子である。1931年にハーバード大学で博士号を取得。社会的促進に関する実験的研究を行った。ちなみに，実験社会心理学の最初の研究は社会的促進を扱ったN. トリプレットによる釣り糸巻きに関する競争的事態の影響に関する研究（1897）であるといわれている。

　兄のフロイドは，集団心は個人に還元しえないという考え方が集団錯誤に他ならないと批判し，社会心理学は個人心理学の一部であるとした。彼は個人の意識を重視したという意味ではワトソン流の行動主義とは一線を画していたといえるが，意識が個人の神経の機能に基づいており，神経が（集団ではなく）個人に備わっている以上，群衆の興奮状態のような集団心は個々人の行動および意識の中に存在すると主張したのである。こうした考えは科学としての心理学を標榜する社会心理学者たちに支持され，大きな潮流となっていった。しかし，そのような科学主義とは異なる心理学のあり方を模索したのが，彼の弟だったのである。

❖弟：ゴードン・オルポートの生涯と性格心理学研究

　W. ゴードン・オルポート（1897-1967）。1922年にハーバード大学で博士号を取得。その後ドイツに留学し，ゲシュタルト心理学に触れるとともにW. シュテルンの研究室にも出入りすることになる。その後ダートマス大学で教鞭をとった後に，ハーバード大学社会心理学講座担当者となる。一般にこの時期のゴードンの業績で最も注目されるのは『パーソナリティ——その心理学的解釈』（1937）であり，さらには性格の特性論の研究である。彼は，性格や自己の問題が心理学の方法論的な問題から扱われないことに疑義を呈し，様々な可能性を模索した。測定可能な部分のみを取り

上げるのではなく，様々な手法による研究の必要性を説いた。『個人的記録の利用法』(1942) において質的なデータの価値，有用性を示したのもそのような流れの中の仕事である。また，法則というものが個人の行動や人生についても打ち立てることができるとも主張していた。

彼が採用した性格の定義は「パーソナリティは，個人の内部で，環境へのその人特有な適応を決定するような，精神物理学的体系の力動的機構である」というものであり，しばしば折衷的だとされている。彼はこの性格の定義の上に立って，あくまでも性格特性は仮説的構成概念であるとしていた。このような折衷的な考えへの批判は大きかったが，このような定義によって性格や自己意識についての定量的研究が発展したことも事実である。

❖ゴードンの社会心理学的研究

これらの研究に加えて，ゴードン・オルポートは，社会的価値の研究やラジオについての研究も行っている。第2次世界大戦中は，学生の指導を通じて戦時流言を無くすための研究にもかかわり，その成果は L. ポストマンと共著の『流言の心理学』(1947) として結実した。流言に関する実験を行った彼らは，流言には平準化，極端化（強調），同化，という3つのプロセスがあることを明らかにした。そして，流言の流布量Rを「重大さ」iと「あいまいさ」aの積として定式化したが，この定式「R〜i×a」は，50年以上たった後でも決して色あせることのない優れた現象記述的な定式化と認められている。

なお，この書は流言の本ではあるが，目撃証言のあいまいさについての実験報告も掲載されているし，そこで注目されているのは偏見の問題でもある。すなわち，白人と黒人がケンカをしている場面の絵を後に想起した場合，ナイフを持っていたのは（たとえ絵の中でナイフを持っていたのが白人だとしても）黒人だったのではないかとされやすいことを実験的に示したのである。『偏見の性質』(1954) もまた，偏見研究の古典として不動の位置を占めている。

> **41　日本の社会心理学1：戦前期まで**——社会学や心理学という学問が導入された明治期以降，社会心理学という分野がどのように日本で発展してきたのだろうか。展開の中心人物は心理学者の元良勇次郎とその弟子にあたる桑田芳蔵であった。

❖日本への近代心理学の導入と元良勇次郎

明治維新後，日本は西欧諸国に倣った高等教育制度を整え，1877（明治10）年に東京大学の成立を見るに至る。この時，心理学に関する科目も教えられたが，専任の教員がいたわけでもないし，心理学の研究体制が整っていたわけでもない。

日本で最初に「社会心理学」という名称を用いたのは，日本における最初の自立した心理学者・元良勇次郎（1858-1912）である。元良はアメリカに留学した際，近代心理学の父・W. ヴントの弟子にあたるG. S. ホールに師事し，精神物理学的研究の方法論に習熟するとともに社会学的な博士論文を書き上げた。日本に帰国してから，元良は「社会学の範囲及び性質」という論文において，社会心理学は「社会現象から精神の性質」について考察するものであるから，社会学の一分野に入ると規定した。1890（明治23）年に発行した『心理学』はわが国で最初のオリジナルな心理学の書であるが，その中で元良は「社会的感覚」という章を設けている。

その当時の社会学は心理学主義社会学の全盛期であり，今日の社会心理学的な問題も積極的に扱っていた。その典型的な例としては群衆の問題があげられる。1906（明治39）年には徳谷豊之助が『社会心理学』を発刊している。1908（明治41）年には谷本富著『群集心理の新研究』が刊行されており，1909（明治42）年にはG. ル・ボン著『群衆心理学』が翻訳されている。1908年には樋口秀雄著『社会心理の研究』も刊行されているが，この1908（明治41）年こそ，W. マクドゥーガル著『社会心理学入門』，E. A. ロス著『社会心理学』がそれぞれアメリカで刊行され，社会心理学誕生の年とでもいうべき年である。だが，「社会心理学」を標榜する書は日本の方がアメリカよりも早かったともいえるのである。徳谷も樋口もその在学中に元良勇次郎の心理学の講義を受けていた。

元良の影響は心理学界全般に及ぶが、社会心理学的な展開に絞って述べれば以下のようになる。

❖**戦前期日本における社会心理学の展開**

後に東大教授となる桑田芳蔵（1882-1967）はドイツに留学しヴントに師事する（1910〜12）。ヴントが民族心理学に関する一連の著作を出版している時のことであり、それを吸収した桑田は帰国後も民族心理学の研究に力を尽くした。『霊魂信仰と祖先崇拝』（1916）が主著であるが、その後は民族間の心性の比較なども行った。なお、民族心理学は日本が領土を広げ他民族と交流（支配）するようになると、その研究領域を広げることになる。1943（昭和18）年に発行された『民族の心理学』は、その1つの到達点であったが、戦後の学界からは忘れ去られた存在となる。

1913（大正2）年には大和道一が『社会心理学』を、1915年にはキリスト者として著名な賀川豊彦が『貧民心理の研究』を刊行している。賀川の著はフィールドワーク的なものであった。

上野陽一が産業能率を提唱して工場などで工員の待遇を改善しつつ業績をあげる方法について研究を行い、実地指導していたのも特筆に値する。

1923（大正12）年におきた関東大震災においては、地震後の流言ならびに在日朝鮮人虐殺が大きな問題となり、群衆や流言に関する関心・研究を引き起こした。大正時代には、犯罪者の心理や民族性・国民性の研究も大きな関心をもたれた。当時の新しい娯楽であった映画が青少年に及ぼす悪影響の研究なども行われていた。現代におけるテレビゲームの影響研究に通じるものがある。戦時中には、民族の差を明らかにするような民族心理学がもてはやされた。敗戦色が濃くなると海軍の研究所で流言（の取締り）についての研究が行われていた。

社会という語自体が社会主義を連想させるとして忌避されていた時代であるから、社会心理学という分野が明示的に存在したわけではない。だが、そうした内容の研究は着実に行われていたと言うことは可能であろう。そして、いつの時代でも社会心理学は、その時々の世相や大きな出来事と密接に関連していたともいえるのである。

> **42 日本の社会心理学2：戦後**——第2次世界大戦後の日本の心理学界にはアメリカの影響が強くなった。戦後初期には様々な著作や研究がなされ，学会も組織され，最近では国際学術誌や国際学会で活躍する社会心理学者も少なくない。

❖戦後日本と社会心理学

　第2次世界大戦で敗れた日本は，すべての面でアメリカの影響下に置かれることになり，学問状況も同様であった。ことに戦前の精神主義的教育から科学的教育への転換が図られたことは，心理学にも大きな影響を与えた。

　連合国軍最高司令官総司令部（GHQ/SCAP）の特別参謀部の1つとして設置された民間情報局（CIE）は，独自の図書館を開設し，さらに東大その他の図書館にアメリカの書籍を寄贈した。また，教育指導者講習会（IFEL）を数次にわたって開催し，その中でグループ・ダイナミックス（集団力学）という学問が伝えられたことは，日本の心理学界に大きな影響を与えた。グループ・ダイナミックスとは，K.レヴィン（➡ *39* ）の創始した学問であり，教育を科学的かつ民主的なものに変えていこうとする占領軍の意向にマッチしたために，教育現場に導入されることになったのであるが，それまでのドイツの全体主義的心理学になじんでいた心理学者にとっては大きな驚きをもって迎えられたのである。

　1949（昭和24）年に行われたIFELの閉会式の前日に，鰺坂二夫，三隅二不二らにより「グループ・ダイナミックス学会」が設立されたのは，そのような流れの中でのことであり，教育現場を1つの社会と見立てた社会心理学的な研究が日本に根づく源となった。

　一方，戦時中からアメリカに留学していた南博が『社会心理学』(1957)において精神力動的な社会心理学を紹介したことも大きな反響を呼んだ。この著書は学界内だけではなく広く一般の人々にも歓迎されベストセラーとなり，心理学ブームを巻き起こしたのである。

　このようにして立ち上がった日本の社会心理学であるが，時あたかもアメリカ実験社会心理学の黄金時代であり，その斬新な研究や成果は日本の

社会心理学者たちを魅了した。しかし、アメリカの影響を大きく受けた日本の社会心理学は、ある意味でその咀嚼に大きなエネルギーをさかざるを得なくなったという側面もあった。認知的不協和理論で知られる L. フェスティンガーが来日したときには、「どうして日本に特有な社会現象をテーマにしないのか？」という苦言を呈されるという事態にもなった。フェスティンガー自身は「アメリカでアメリカ人向けに考えられた実験事態をそのまま翻訳したような形で追試しても何もならないという考えをもっていた」のであるが、日本の社会心理学者は翻訳的な研究をして「本家」の社会心理学者に見てもらうことが半ば目的になってしまっていたのである。このような動向は「ニュールック心理学」「援助行動」などにも当てはまったという指摘がある。

❖諸学会と今後の展開

さて、量的な発展をとげた日本の社会心理学界には、いくつかの専門学会が形成されるようになった。日本グループ・ダイナミックス学会（1949年設立）と日本社会心理学会（1960年設立）である。これらの学会は年1回の大会を行うほか、学術誌の公刊や公開シンポジウムの開催などを行っている。学術誌としては前者が『実験社会心理学研究』を、後者が『社会心理学研究』をそれぞれ発行している。最近、日本グループ・ダイナミックス学会が、アジア社会心理学会と共同で『*Asian Journal of Social Psychology*』の刊行を開始していることも特筆すべきことである（1998年〜）。今後はアジアから広がっていく社会心理学も隆盛になることが期待されている。

現在の日本の社会心理学界は大きな変革期にあるといえる。単なる翻訳研究ではない研究を世界的な舞台で発表する社会心理学者、日本に特徴的な現象に取り組む社会心理学者が、それぞれ増加してきているのである。国際学術誌の論文査読者に選ばれる日本人社会心理学者が増えてきていることにもこの分野の発展が見て取れる。

大きな発展をとげる過程にあるのが、現在の日本の社会心理学の状況だといえよう。

参考文献

カープ, F. B. 大橋英寿 (監訳) 1987 社会心理学の源流と展開 到草書房
佐藤達哉・溝口元 (編) 1997 通史 日本の心理学 北大路書房
佐原六郎 1987 社会心理学——その史的展開 慶応通信

5章▶冷めた心と熱い心：認知，感情，動機づけ

この章では，社会環境に適応する人間の認知，感情，動機づけの特徴について学ぶ。

> **43 こびとの靴屋：認知モジュールと意識**——人の情報処理システムの中には，自動的に特定の作業をこなす認知モジュールがある。

❖自分の中の無意識の自分

 心理学が人間というものを解明しようとし始めたとき，まず着目されたのは人の意識的経験であった。現代においても素朴に考えれば，人の心とは，すなわちその意識的経験であり，意識という心のシステムを解明することこそが人間の特徴を知ることだと考えがちである。ところが，人がどのように外界を認識するか，どうやって様々な問題を解決するかを心理学が探究しているうちに，その解明が詳細なものになればなるほど，研究は意識外の領域に踏み込んでしまっていた。

 「見る」ということは頭の中に映像を感じることという素朴な直感を乗り越えて，視覚の神経情報処理システムがいかに「見え」（外界の刺激の統合）を実現させているか急速に解明が進んでいくようになった。例えば，文字の中に含まれる角（かど）の部分に反応する細胞があることがわかったとしても，それは意識的経験からは届かない「人間の機能」である。人間の仕組みを詳しく解き明かすことは必然的に様々な人間の機能の解明へと至り，それが人間自身にとって意識されていることかどうかは，いつの間にか議論の外になってしまったのである。そして，それは人間を知るひとつの道筋としては正しいことであった。人が入力情報を処理していく過程（認知過程）の多くは意識外の過程であり，認知科学の発展は，人の中に横たわる，膨大でまた非常に精巧な無意識的処理機構の存在を示すことになった。

 人の意識というレベルからいえば，自分の知らない間に自分の中の専門職人たちがせっせと働いているようなものである。

❖頭の中のこびと!?

 心理的機構をたとえによって理解しようとするとき，視覚的情報を再構成して頭の中のスクリーンのようなもので見たり，記憶をどこかから取り出したりなどという。それではいったい「誰が」頭の中でそのような作業を行っているか，その中央処理機構（かりにそういうものがあれば）そのものの謎こそが，知的情報処理の重要な謎であるという，意識主体の入れ子

問題が生じてしまう。このような議論を脳の中にこびとがいるようなことから「こびとの理論」というが，頭の中にこびとがいて，記憶の掲示板を眺めたり，箱からものを取り出したりしているわけではないのは当然である。また，すべての情報が集中する中央司令塔のような機構を脳内に仮定するのもこびとを頭の中につくる考え方であり，注意の振り向けや意識のスポットをあてるなどが司令塔によって運営されているという生理的証拠は現在見当たらない。

　脳の中では，いろいろな仕事を分担して請け負うそれぞれ1セットになっている機構がたくさんあり，これらが同時並行的に働いているものと考えられるようになった。特に入力情報の処理については，はっきりした一連の専門的処理機構があり，このような処理のメカニズムをモジュールと呼んでいる。モジュールの働きは意識のアクセス外のことであり，いってみれば知らないところでせっせと働いているのであるから，グリム童話にあるような，靴屋のおじいさんが寝ている間にすてきな靴を作り上げてくれていたこびとのような機構が頭の中にたくさんあると考えることができる。つまり，頭の中にいるのは，擬似的な人間のような司令を行う「こびと」ではなく，一連の処理システムとして実体化されるような「こびと」だということである。

❖並列分散処理

　このようなこびとのモジュールは特定の出力を提供する，あまり融通の利かないシステムであるので，高次の情報へとどんどん総合されていくに従って，もっと柔軟なシステムを仮定する必要が求められてくる。相互作用することが重要であるようなシステムでは，無数のモジュールの集合体を考えるだけではうまく機能しないだろう。だからといって中央集権的に司令するのではなく，多数の処理単位が常に情報を交換しながら，特定の結果に収束していくようなシステムを考えた方が当てはまりがよいだろう。そのようなシステムの方が，部分的なエラーに対して重大な影響を被りにくいし，近似的なものでも適切な出力を素早く提供することができるのではないだろうか。このような考え方を並列分散処理という。近年では，このような考え方から多くの研究が進められてきている。

> **44 サルだってもっている?:心の理論**——行動の背景には心がある。心の状態を推測することで他者の行動を予測したり,説明したりしている。この能力の獲得は進化的にきわめて重要なことではなかったか。

❖他者の心

　他者との相互作用は社会心理学の最も重要な話題の1つである。それでは,他者と相互作用するにあたって,基本的に重要なことは何であろうか。物を扱うのと人間同士のコミュニケーションでは何が違うのだろうか。もちろん,言葉が介在するということがある。しかし,コミュニケーションは身振りや表情,視線など非言語的なチャネルを通じても交される。ある種の動物同士でもコミュニケーションは成立しており,互いに情報をやりとりするというだけなら下等な動物でも生物として組み込まれたプログラムに従って,情報の伝達がなされている。

　人間同士の場合,複雑なやりとりを可能にしている重要な基盤は,相手の心を推測するという能力である。私たちは,相手も心をもっており,様々な意図や感情のもとで行為を行っていることを知っている。この大前提のもとに,他者に対して様々な働きかけをしているわけである。

　それでは,このようなことはまったく人間特有のことであろうか。また,人は生まれながらにして自分とは別の他者存在に気づき,他者にも自分と同様の「心」があることをわかっているのだろうか。そうでないとしたら,いつ頃から他者が自分と違う状況にあれば,違う考えや信念を抱いているはずだなどということがわかるようになるのだろうか。他者に心があることがわかることは,翻って,自分自身もまた他者と独立した心をもっていることを理解しているということにもなろう。

　自己および他者の目的・意図・知識・信念・思考・疑念・推測・振り・好みなどの内容が理解できるのであれば,その動物または人間は「心の理論」をもつと子安増生は,D.プレマックを引きながら説明している。他者の心については直接観察することはできないので,私たちが考えている他者の心の状態は推測でしかない。しかし私たちはそのような推測に基づいて,他者の考え,行動について仮説を構成し,予測を行う。このような

ことから，私たちが抱くこれらの推論の枠組みを「心の理論」と呼んでいるのである。

❖霊長類の心理学的研究

霊長類の研究からは，彼らは，集団内の各個体同士の関係や地位を理解し，それを利用して戦術的に自己の利益を得る行為をとることもできることが示されている。チンパンジーは，道具の使用の仕方を子どもに教えたり，捕食者などに対する警戒音を偽りで発したりする。しかしながら，これらも相手の行動についての推測や利益を得る結果の推測さえなされれば，相手の内的状態の推測を伴わなくても可能とも考えられるので，心を推測している完全な証拠とはいい難い。しかし，様々な観察事例から相手がどう理解するかの推測なしにはなされにくい行動が行われている例も見られるので，特に大型類人猿では，他者の心について何らかの推測がなされている可能性が十分ある。少なくとも，他者の視点から物事がどのように見えているかという知覚の推測はなされているようである。

❖ヒトの発達研究

これらの心の理論は，人間の幼児でどれくらい他者のもつ信念などを推測できるかという問題で，J. パーナーらの考案した誤った信念課題などに基づいて多くの研究がなされている。例えば，子どもが知らない間に母親がチョコレートを別の場所に動かし，戻ってきた子どもはどこにチョコレートがあると思っているかを推測させるのであるが，被験児も知っている事実をその子どもは知らないわけで，誤った信念をもっているのだということを正しく推測できなければ正答できない。このような課題は4歳以上で徐々にできるようになるといわれているが，3歳くらいでも他者の行動について，信念や願望からなる推論の枠組みを用いているという議論もある。また，そのような理性的，論理的な他者理解ではなく，心 = mind の翻訳という枠組みを越えた他者の心情理解という点では，3歳未満でも他者の内面の理解や操作が行われていると考えられることから，より広い観点から他者の内的状態の推測を研究していくべきであるとする議論がある。このような自他理解は社会心理学にとって重要な基本的問題であり，比較心理学，発達心理学とも連携して，研究を深めていく必要があるだろう。

> **45 ものを見る：スキーマとスクリプト**——外界の刺激を取り入れるとき，人はまっさらな心で見ているわけではない。すでにもっている知識は何を見るか，何を信じるかを左右することがある。

❖スキーマ：知識のセット

　人の社会的世界の理解の仕方を知ることは社会心理学にとっても重要なテーマである。人は感覚的にとらえられる外界の刺激を受けて，それに対する理解や感情，行動的反応を示すわけであるが，その過程は受動的な刺激－反応の一方向的連鎖で進むものではない。人が刺激に接する際には，あらかじめ記憶内にもっている知識があり，それを動員することで主体側が積極的に外界の刺激にかかわりつつ理解が進められていくのである。このような理解の基盤を提供する知識のひとかたまりをスキーマと呼んでいる。例えば詳細な自動車スキーマをもっている人であれば，窓の外を走っている自動車をさっと見ても，どのメーカーが作った何という自動車かがわかるだろう。話の筋書きが大体決まったパターンをもつ時代劇もはじめて見れば新鮮だし，スキーマをもっていれば展開が予測できたりする。何もかも出会うたびに知らない状態で新しく経験するのであれば，私たちの日常生活はとうてい成立しない。およその料理の作り方を知っているからこそ，省略の多い料理解説書を見ても，それに従って作ることができるし，新しいことも類似の事態の知識を動員することでよりスムースに対処することが可能である。

　しかし，このことはまた，不適切なスキーマを働かせてしまうことで誤解を生んだり，理解を歪めてしまったりする基盤ともなる。「はやくなおさないといけない」という簡単な一文も，病気スキーマを働かせて読めば，病気を治すことになり，電気製品のスキーマが働いていれば修理の意味に，原稿執筆スキーマの下では改稿，修正という意味にとれる。同じストーリーを読んでも，泥棒スキーマを働かせた場合と不動産スキーマを働かせた場合とでは，読み手の記憶に残る事項も一方では貴重品のある場所，他方では雨漏りなど違いが生じる。さらには，血液型が性格と関係するという誤った知識を友達の行動の観察に適用すると，自分のもつスキーマに合致

した部分だけを強調して選択的に記憶するという歪んだ理解をもたらしかねない。スキーマの働きを知ることは、自分が経験をまっさらのありのままには受け取っていないかもしれない、異なる受取り方があるかもしれないという警告に対して自己を自覚的に開いておくことにもつながるものである。

❖スクリプト

　スキーマの中でも特に一連の系列的行動、シナリオについての知識をスクリプトという。スクリプトの中には登場人物、道具、事象が生じる系列などが含まれる。例えば、ファーストフード店では、レジ係を兼ねた販売員、調理人、客がいて、トレイ、ハンバーガーやチキンなどの食べ物、コーラなどの飲料、ナプキン、番号のついた待ち札、テーブル、イスなどがあり、最初に注文を尋ねられて、その際に店内飲食か持ち帰りかを尋ねられ、精算の後、調理人が用意した食べ物を販売員が客に引き渡して、客は自由に席を選んで飲食し、店を退出するというシナリオがほぼ共有されている。詳細なスクリプトをもっていればスムースに相互交渉は進展していくが、チキンナゲットのソースについてのスキーマを欠いていたり、調理が完了するまでは、とりあえず待ち札をもって席で待機しているなどのスクリプトをもっていなければ戸惑うことになる。また、スクリプトからはずれた「店員に丁寧にあいさつして店を出る」などの行為をとると目立った行動として記憶されやすい。

　人は多くのスクリプトをもち、当該場面では自動的にそれらを起動させるので、詳細な思考を介在させなくても行為を実行させていくことができる。スクリプトに従った習慣的な行動を無自覚的に行っていると、風呂の中でふと気づいたときに洗髪したかどうかを忘れて、髪が濡れていることを確かめてみたりすることが生じる。このようにスクリプトに導かれる行動の場合、それが始動する条件や、終了、中断の条件を探索することが重要であり、また、いかに一連の行動が束ねられて無自覚的な実行が可能になるか、そのメカニズムを探ることは社会的行動の理解に有用であると思われる。

> **46　ものを分類する：ステレオタイプ**——あてにならない信念（血液型と性格の結びつきや男らしさ，女らしさなど）。社会の中にはステレオタイプが満ち満ちている。

❖カテゴリー化

　外界のものを認知してそれが何であるか知るということはすなわち，それを分類，カテゴリー分けするということである。これをカテゴリー化という。砂場に落ちているものがスコップだと名前がわからなくても，幼児が砂場で遊ぶのに用いるものと正しくカテゴリー化すれば，それを食事の時に用いようとはしない。さらに，スコップという詳細なカテゴリーを獲得できれば類似物について安定した正しい使用が行われやすいであろう。このようなカテゴリー化はスコップはいかにも砂を掘ったり，すくったりしやすそうなものであるという外界側の特徴と，人間の行う行動レパートリーとの組み合わさり方に支えられている。事物をカテゴリー化していく作業は世界の理解にとってきわめて基本的なものであり，人は幾多の経験の中から無数のカテゴリーを獲得していくわけで，このようなカテゴリー化が可能であるように人の認知システムは作られているのである。

❖人の分類

　この認知システムは人に対しても働くものであって，めだった外見によって，性別や年齢，人種などがカテゴリー化されることになる。人をカテゴリー化することが現代社会において人類の適応上，どれほどの意味があるかはっきりしないが，生物の進化上では，生殖の効率的な達成，仲間集団とよそ者との弁別などに役立ったものと推測できる。ところが，平等と基本的人権を共通の理念として達成しようと願う現代世界では，人をカテゴリー化，分類することそれ自体が差別を生じる基盤になりかねないという困難な問題を引き起こしている。何らの感情的反応のない純粋な区別というものが成立しにくいので，区別に伴って個人の反応が，そのカテゴリーに結びつく情報として刻まれていくのである。ある文化，社会の中でそのメンバーに特に広く共有されている，人についてのカテゴリーがステレオタイプである。

❖ ステレオタイプ化

　ステレオタイプにはポジティブなものもネガティブなものもあるとG. W. オルポートは述べているが、彼の指摘するとおり、特に問題となるのは、ネガティブな印象を伴うステレオタイプである。人のステレオタイプは、個々の経験の積重ね以外に、まとまった知識として情報が得られることで、ステレオタイプが形成、強化されていく場合がある。このような場合、自分自身がそのようなステレオタイプ的信念を信じていなくても、知識としてステレオタイプ情報は獲得されていくので、当該集団のメンバーと遭遇すると往々にしてステレオタイプ情報は記憶システム内で活性化することになる。これは知識のあり方自体が変わらないとある程度不可避的であるため、現代社会での人間関係上、より問題になるのは、眼前の人に対して、ステレオタイプがあてはまるものだと、ステレオタイプ的性質を付与してしまうことであろう。このステレオタイプの付与をステレオタイプ化という。したがって、ステレオタイプ化は、合理的な理由もなく、ステレオタイプにまつわる情報をそのメンバーにもあてはまるものと過剰適用してしまう単純化された認知であるといえる。またステレオタイプ化は個人の中で、比較的自動的、無意識的に生じるものであるため、その効果が隠れたものになりやすく、この点に自覚的になることが求められる。

　現代では、偏見や差別が社会的に好ましくないものであるという考えがかなり行き渡っているために、自覚的かつ明示的にステレオタイプ化を行うのではない場合が多くなっているだろう。本人の意識では「女性だから……」と考えているわけではないと語っても、ステレオタイプ化がなされた影響が現れ、それが相手にとって不利になる限り、修正が迫られるということがあるのだとよく知っておくことは重要である。特にステレオタイプを信じている場合、ステレオタイプにあてはまる情報がより着目され、強調され、記憶されやすいという働きをもつ。実際に現れていない情報についてもステレオタイプ的な情報で埋めて、それが事実であると思い込む作用も見られる。ステレオタイプをどのように安全なものとして飼い慣らし、その発動を制御するか、ステレオタイプ化のメカニズムを検討することからひとつの解決の手がかりが得られるのではないだろうか。

47 ものを決める：アルゴリズムとヒューリスティックス──
私たちはどのように日々問題解決をしているのだろうか。論理的，科学的な思考方法を必ずしも人は得意としていないようだ。

❖問題解決のアルゴリズム

　私たちの日常は様々なことの決定の連続である。昼食に何を食べるか，どのCDやビデオを買うか，借りるか，いつ友達と遊びに行くかということから，結婚相手の選択，子どもをもつかどうか，仕事を続けるかどうかなど簡単なことから重大なことまで，様々な選択，決定，解決がなされるべき問題が横たわっている。このような問題について常に「正しい解決の仕方」があるだろうか。従来，心理学では正しい解決が必ず導かれるような解決方法の手順があるのではないか，それを明確にすることが有用であるとして，問題解決の手続きの研究がなされてきた。

　それは限られた問題解決の事態では有効であったし，また，コンピュータなど機械に問題解決をさせようという場合には，解決の手順を用意することが必要であったため，解決手続きの研究がさかんになされた。一定の手続きに従えば必ず問題が解決されるというこのような手続きをアルゴリズムと呼ぶ。コンピュータの計算などはこのようなアルゴリズムに基づいて順序だって逐次的，系列的に行われるのが普通である。私たちが3桁の数の筆算を行う場合もこのようなアルゴリズムに従って計算しているし，例えば，宿題をパソコン室で行う必要が生じた場合，まず，今，自分の居場所の最寄りの教室に行ってみて，もし満席であれば，隣の部屋に行ってみる，そこでも満室であれば，別の建物の普段もっとすいているパソコン室に行ってみる，などの行動もアルゴリズムとして実行できる手順である。このような場合は，解決が必ず得られるわけで，アルゴリズムに従うことは効率的なことである。

❖簡易的な発見法：ヒューリスティックス

　しかし，次のような場合はどうであろうか。ある町でおいしいレストランを見つけるには，おいしいという基準さえ明確に立てられれば，順番にすべての店に入って食事をしてみて，基準を越える店に出会うまで続けて

いけば必ず発見されるだろう（あるいは1軒もおいしい店がないことがわかる）。ところが，往々にして，このような手続きは実行に手間がかかり，効率的でないことがある。そこで，町の中で昼時に人が行列を作っている店に入って食べてみるという方略をとれば，より簡単においしい店に出会えるかもしれない。このような簡略的な発見法をヒューリスティックスという。ヒューリスティックスは必ずしも常に正解が導かれるわけではないが，手間を省いて効率的におよそ正解に行き着けるような方略である。私たちは日常生活の中では，あまり熟慮的に精緻なアルゴリズムに基づいた推論を行うよりも，いくつかのヒューリスティックスに頼って解決しようとすることが多いようである。目標から1つずつ前の状態にさかのぼっていく「後ろ向き解決法」や現在の状態と最終状態の差を縮めるステップを繰り返し踏んでいく「差減少法」，下位目標に分解して解決手段を考えていく「手段―目的分析」などがある。

D. カーネマンとA. トヴァースキーは，人がヒューリスティックスに頼った推論を行うと誤答になるような問いを用意して，人がよく用いる様々なヒューリスティックスを浮き彫りにした。例えば，男女同数であるが，女性の方が有名人が多いリストを被験者に読み聞かせると，女性の数の方が多かったように記憶する。これは，想起しやすい，あるいは，思いつきやすい事例が多い方が，生起確率や頻度を高く見積もるという利用可能性のヒューリスティックスが用いられている。また，論理的には，女女女男男男の順に子どもが生まれるのも，女男男女男女の順で生まれるのも同確率であるが，後者の見かけのランダムさによって，よりもっともらしく，ありそうなことのように思えるため，後者の確率を高く見積もってしまうような判断は，代表性のヒューリスティックスが用いられている。

ほかに事象の想像しやすさによって嬉しさや残念さなどの感情反応が異なってくるというシミュレーション・ヒューリスティックスなどがある。このように従来考えられていたよりも人はアルゴリズム的に問題解決や判断を行うのではなく，かなりヒューリスティックスに依存した思考方略をとっているのだということが知られるようになったのである。

> **48 まわりを変える，自分が変わる：認知的不協和，認知的一貫性**——自分自身の中，あるいは自分と他者との間で考えが一致していないのは不快な状態である。斉合性，一貫性を保つために態度変化が生じたりする。

❖態度の斉合性理論

　人がどのようなときに，いかに態度変化するかは，古くから社会心理学の関心であった。ある態度や意見に人が変化していくとき，それは必ずしも，意見の内容だけを十分検討して，独自の判断を下しているとは限らない。F. ハイダーや T. M. ニューカムは他者との関係を視野に入れた態度のバランス理論を提唱している。バランス理論では，ある態度対象に対してポジティブであるか，ネガティブであるかを，自分と別の他者の態度との関係のバランスから着目する（図）。賛成，好きなどのポジティブな態度をプラス，反対，嫌いなどのネガティブな態度をマイナスの記号で表すと，図の矢印の3つの符号の積がプラスの場合，バランス状態，マイナスの場合は非バランス状態となる。

　例えば，自分と友達のAさんが良好な関係にあり，自分がサッカー観戦が好きで，友達のAさんもサッカーを観るのが好きであれば，バランス状態となって問題がないが，Aさんがサッカーが嫌いならばどうだろうか。3つの符号の積はマイナスとなり非バランス状態となる。非バランス状態は人にとって不快で緊張を生じるので，人はその緊張を低減させてバランス状態を回復しようとする。このときにバランス状態に移行する3つのやり方がある。1つ目は，自分もサッカー嫌いになるということで自分が態度変化する。2つ目は，Aさんを説得してサッカーの面白さをわかってもらうことで，友達の態度変化を引き起こす。3つ目は，考えの合わない友達との関係を解消して疎遠になるということである。現実にはコストが少なく変化が生じやすい部分で変化を引き起こすことになる。

❖認知的不協和理論

　バランス理論は，二者関係以上で適用される理論であるが，1人の人間の個人内でもこのような認知の斉合性は問題となり得る。L. フェスティ

```
    X              X              X              X
 + ↗ ↖ +        - ↗ ↖ -        + ↗ ↖ -        - ↗ ↖ +
  P → O          P → O          P → O          P → O
    +              +              -              -
```

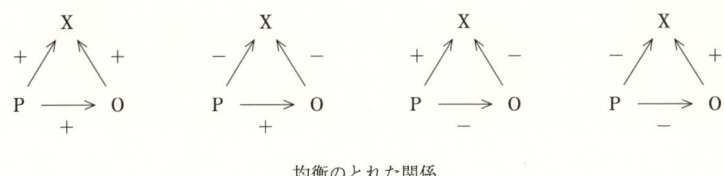

均衡のとれた関係

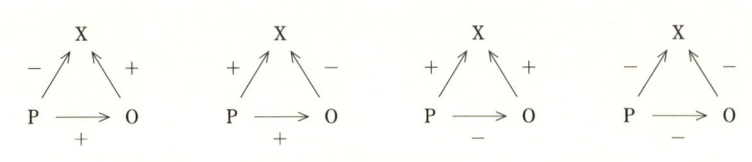

```
    X              X              X              X
 - ↗ ↖ +        + ↗ ↖ -        + ↗ ↖ +        - ↗ ↖ -
  P → O          P → O          P → O          P → O
    +              +              -              -
```

不均衡な関係

図 バランス理論による均衡と不均衡の関係(Heider, 1958)

ンガーが唱えた認知的不協和理論では,自分の2つの考えや行動が矛盾する場合に認知的な不協和が生じ,人はそれを解消しようと,態度変化を生じたりする(➡ *22*)。人は認知的一貫性を自己に求めるとともに,他者からも一貫していると思われたい。この一貫性の欲求のために,態度と実際の行動が矛盾を来したりした場合(厳密には行動の認知),より変化させやすい自己の態度(認知)をしばしば変化させる。迷った末に買った商品にいくらか気に入らない点が出てきても,「よいと思って買った」という行動は消せないので,それと不協和になる「やはりこの商品はよくない」という認知は受け入れがたい。そこで,買った商品の長所を強調して「この商品はやはりよい」という認知をもつようになるという。多額の参加費,入会費を払った「自己啓発セミナー」で行っていることに疑問を感じても「やはり正しいはずだ」と思い込んだりするのもこのメカニズムによって説明できる。

ただ,このような矛盾しない自己像を保ちたい欲求や規範には文化差があり,西洋に比べて東洋においては,認知的一貫性の欲求はより弱いので,認知的不協和による態度変化が日本などでは欧米よりも生じにくいのではないかという議論も見られる。

> **49 どうしてなんだろう？：原因帰属**——ある行動を観察してもそれが状況のせいで生じたのか，その人の内的な性質のため生じたのかわからないことがある。わかったつもりになっているのは単に認知的な歪みかもしれない。

❖属性の帰属

　私たちは他者の行動からある種の「性格」などを推論する。街で相手の人をひどく罵っている人を見かけたら，その人のことを攻撃的で，怒りっぽい人だと思ったりする。電車の中で老人に席を譲る青年を見たら，親切な人だと思うかもしれない。しかし，怒っていた人は相手の人から詐欺まがいのひどいことをされた後かもしれないし，席を譲った青年は隣の彼女に良いところを見せたかっただけかもしれない。

　このように人がある行動をとる原因は，その行動が生じた「状況」という外的な要因とその人自身の性格や態度，能力といった内的な「属性」の2つの要因が考えられる。他者の行動から「どうしてその行動が生じたのか」原因を考えるこのような推論を「帰属」と呼ぶ。

　結婚式の披露宴で行儀よく食事していても，普段から行儀のよい人とは限らない。状況がその望ましい行動を生じさせる促進的な働きをもつ場合は，その行動からその人の属性は推定しにくい。むしろ，状況が望んでいないような行動，例えば，厳粛な式の中で羽目をはずした行動をとるなどが見られた方が，その人自身の内的属性が推定されやすい。

❖ケリーの帰属理論

　電車の中で騒いでいた子どもをどなりつけた男の人がいたとき，子どもがひどく騒いでいたのか（対象が原因），男の人が怒りっぽい，あるいは子ども嫌いだという属性をもっていたのか（その人が原因），たまたまその日機嫌が悪かった，あるいは車内が込んでいて蒸し暑かったから（時・様態が原因）かは，高校生やおとなのおしゃべりなどでも怒るか〈弁別性〉，他の乗客はどうだったか〈合意性〉，別の場面でも子どもが騒げばいつもその男の人はどなりつけるか〈一貫性〉の3つを検討しなければならない。これをH. H. ケリーは立方体に模して論じている（図）。

5章　冷めた心と熱い心：認知，感情，動機づけ

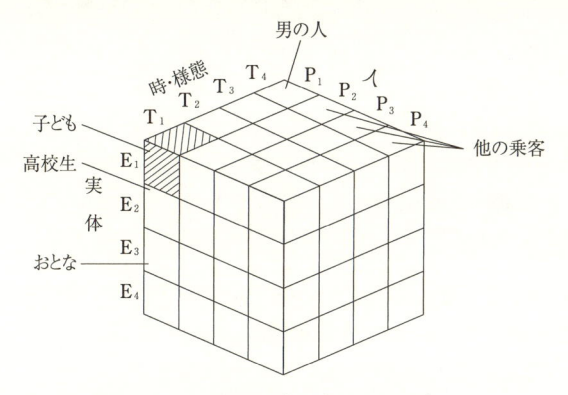

図 ケリーの立方体モデル (Kelley, 1973)

❖帰属のバイアス

　初期の帰属理論では，上記のように人は論理的な推論を下すものであるという人間像に基づいて理論が立てられていたが，近年人は様々な偏り（バイアス）をもって推論を行っていることが指摘されている。

　例えば，成功・失敗の原因帰属の図式では，内的な原因と外的な原因が考えられるが，成功した場合は自分の能力によっていると内的な原因を考え，失敗した場合は運が悪かった，あるいは他者のせいであるという具合に外的な原因をあてはめるというふうに，自己に有利な帰属を行う傾向があるといわれる（自己奉仕的バイアス）。また，他者の行動の観察から内的・外的原因を考える場合は，内的属性に帰属しやすいのに対して，自己の行動の原因としては状況などの外的帰属をしやすいという，行為者－観察者間バイアスが指摘されている。

　さらに，現在では，内的・外的帰属は平行して行われるのではなく，まず，他者の行動の観察から無条件に内的属性の推論がなされて，その後，状況の要因が勘案可能であった場合に，外的帰属がなされるように修正されたり，内的帰属が割り引かれたりするという帰属の段階的なモデルが提唱されている。さらに，このような帰属や推論過程において，どの部分が特に無自覚的，自動的になされるかが問題となっているが，状況要因の勘案が相対的に認知的努力がより必要とされるという見解ではほぼ一致が見られている。しかしながら，他者の行動の帰属，自己の行動の帰属による違い，また，文化的な差異によって内的帰属を行う程度が異なるのではないかという主張も見られる。

49 どうしてなんだろう？：原因帰属

50 自分の心は他人の心:自己知覚——自分が何を行ったかという行動の自己観察から自分の意見,好みなどの態度が推測されうる。

❖自己知覚

　私たちは他者の行動を観察することから,その人がどういう考えをもっているか,その人の好き嫌いなどの態度を推測することができる。それでは,自分自身の態度は行動以前にはじめから決まっているのだろうか。大学生にクラシックが好きかロックが好きかなど音楽の好みを尋ねれば,即座に自分の音楽に対する態度を語ることができるだろう。しかし,どうしてそうなったかを考えてみると,小さい頃から,クラシックを聴くと寝てしまうとか,ダンスミュージックを聴くとついついからだが動くなどの経験を経て,自分はクラシックよりもダンスミュージックが好きなのだと確信をもつようになったということもあるのではないだろうか。自分の中でもはっきりしないあいまいな態度を知るには,他者を観察するのと同じように自分の行動を観察することによって,自己の態度を知るという過程があるのではないか。これが D. J. ベムの提唱した自己知覚理論である。

　22 に紹介されている認知的不協和の実験について,ベムは異なる解釈を下した。ある作業に従事した後,次の被験者に「この作業は面白かった」と語ることで,20 ドルをもらった人がいれば,報酬のために実験者の要請どおりのことを行っただけであるから,その人がほんとうに作業が面白かったかどうかはわからない。ところが,1 ドルの報酬で「面白かった」と語った人がいたら,そのような少額の報酬で虚偽を語るとも思えないので,実際に面白かったのではないかと推測できるだろう。ベムは,被験者自身がこれを自分にあてはめて,少額の報酬をもらって,「面白かった」と語った自分は,その行動から考えて,実際に作業を面白く感じているのだと自己の態度を推測したのだと主張した。

❖不十分な正当化と十分すぎる正当化

　ただ,この認知的不協和の実験のように,報酬が少ないという「不十分な正当化」条件では,行動と自己の態度が一致するのが,認知的不協和の解消のためなのか,行動から自己の態度が自己知覚的に推測されたのか,

いずれかは明らかにならない。

そこで，M. R. レッパーらは子どもに絵を描かせる際に報酬を与えるかどうかで，もともと好きな作業に報酬を加えるという「十分すぎる正当化」条件の下で実験を行った（→ 53）。報酬をもらって絵を描く子どもは，報酬があるので，本当に絵を描くことが好きかどうか推定できない。しかし，報酬なしで絵を描いている子どもは，絵を描くことが好きだから描いていると推測できるだろう。これを自己知覚として自分にあてはめれば，報酬なしの場合の方が，自分で「絵を描くのが好きだ」とはっきり感じられることになる。実際に，報酬をもらわなかった子どもの方が，その後，より関心をもって絵を描くことに時間を費やしたという。

絵を描くという自分が好きなことを行うことと，報酬をもらうことには認知的不協和は生じないので，このような結果は自己知覚の観点からでないと説明できないという主張がなされた。

❖態度以外の自己知覚

痛みの知覚などもあいまいなものである。ベムとその共同研究者たちが行った実験では，2種類の電気ショックが与えられ，それぞれのショックの際にはそれを示す色の異なるランプが点灯するようになっていた。被験者は一方のショックに対してはすぐにボタンを押してショックを避けるように，一方のショックに対してはショックを我慢してボタンを押さないように誘導された。その結果，実際には両者は同じショックであったにもかかわらず，避けたショックの方がより不快なものであったという評定が得られた。自分が回避行動をとっていたという自己知覚がショックの主観的評価に影響を与えたわけである。

また，電気ショックに対して痛がる演技をするように教示された群と，動揺せずにリラックスしているように教示された群が設けられた。その後の別の電気ショックを受けるセッションにおいて，教示を受けなかった統制群に比べて，痛がった群はショックへの耐性が低く，痛がらなかった群は耐性が高いことが示された。このように自分の実際の振舞いが自分の感じ方に影響を及ぼす証拠は多くあるが，その行為が自分自身の自由な選択の結果とられた行動である場合に，この効果はより強くなるようである。

> **_51_ 泣くから悲しい？：感情喚起**──クールな認知過程の分析だけでは人の心理過程は十分解明できない。感情を取り入れたホットな認知に着目することで、心の研究はこれまでの壁を突破できるのではないか。

「悲しいから泣くのではなく，泣くから悲しいのである」。このW.ジェームズの指摘は今もって感情を考える場合に重要な示唆を与えてくれる。身体的変化が感情経験に先立つというジェームズの主張は，感情経験というもののあいまいさ，危うさを示している。感情を意識的に感じているという「感情経験」は主観的な経験であり，人の中に感情が生じているというできごとの一側面だけを指し示しているにすぎないことに注意する必要がある。感情は，身体的変化とその自己認知，そして，外的刺激の認知と状況の認知が合成した一種の複合状態である。どのような主観的な感情経験が生じるかは，社会文化的にいくらか変動する部分もある。

このように厳密にとらえにくい感情は，理性への信仰とあいまって，従来，いくぶん非科学的なものとして扱われる傾向があった。感情的という言葉は，理性的という言葉の対極をなすものと見なされ，人間の理知的な機能の研究の中では，感情は夾雑物と見られてもいた。感情は進化過程における名残りであり，理性だけの生物の方がより完全な存在であると考えるような研究者もいた。

❖適応的な感情

しかし，近年，感情に対する理解は急速に変化し，感情はむしろ人の思考，判断，行動を支える重要な基盤であり，進化的にも感情は，人の適応を促進するシステムであることが認識されてきた。複雑な外界の状況下にあって，人が今，何を優先的に行うべきであるか注意の焦点を定める働きを感情は果たしている。何かの作業中であっても人の適応にとって重要な事態が起これば，思考の流れに割込みをかけて，優先的に対処しなければならない問題に注意を振り向けさせる。

また，日常の生活の中では厳密に理知的に判断しなくてもよい問題が数多くある，それらの問題に対して効率よく対処して，さらにそこに精神的満足を見出せるような仕掛けも感情は用意している。例えば，おいしいレ

ストランで昼食をとりたいと思ったとき，近所の各レストランの料理の旨みの成分を測定したり，多くの人の反応を知るために調査データを収集するのはナンセンスだろう。これまでの経験と照合して，何となくよさそうに思えるレストランに入ってしまえばよい。いったん食事をすれば，他の可能性の方がよかったなどとあまり考えたりしない（➡ *22* 認知的不協和を参照）。むしろ，後悔するのはあれこれ認知的に迷ったりして，直感的感情に従わなかったときが多い。

また評価的感情は事物や事象の分類などに役立ち，記憶の明確さを高める働きをもつ。記憶システムからどのような情報を想起するか方向づける機能もある。このような思考，認知への貢献も人間の外界への適応を助けているのである。

感情の重要な構成要素である，身体－生理的変化が一意的にある感情経験に対応するのか，また，特に強い対応をもつような基本的な感情の種類があるのかどうかについては現在も議論が続いている。生理的変化だけを特定しても状況の理性的理解と不可分に結びついた主観的感情経験は十分予測できないかもしれない。また，主観的感情経験それ自体が，生理的変化を方向づける場合もあろう。例えば，実験でパソコンの前に座らされた心理学科の学生である被験者が緊張してからだが固くなって，ドキドキしていても，「これは自分にとって勉強にもなるよい事態だ」と考え，また実験者への心証を気にして，「あなたは今どんな感じがしていますか」という質問に対して，「楽しい」と答えることがある。そもそも実際に自分が何を感じているかはきちんと言語的報告ができないかもしれない。しかし，このような事態の認知と「楽しく」感じるべきだという思込み，そして故意につくった笑顔から影響を受けて，身体反応も徐々にリラックスしていくかもしれない。人間の情報処理過程のメカニズムの探究の中では，意識が副産物のようなものであると，意識を重視しない見方もあるが，感情経験を含めた主観的な意識が次の行動へと人をガイドしていく機能を果たし得ることは疑いないだろう。

感情と認知，行動との複雑な絡まりは今後も，社会心理学にとって興味のつきない，有望な研究領域といえよう。

> **52 表情は同じか？：感情表出**——表情研究に進化的観点を加える
> ことで，人にとっての表情の意味はより深く理解できるだろう。人の中に
> 定められたプログラムと文化が出会い，つむぎだされるものが表情である。

❖表情の適応的機能

　感情を構成する要素の中に，*51* であまり扱わなかった表情というものがある。感情を表出する表情も，人を含めた動物の適応に意味のある役割を果たしている。危険が迫っているとき，恐怖の表情を表すのは，同じ集団内の他のメンバーにとっても危険を知らせる信号として重要な役目を果たすものである。瞳孔が開いた驚きの表情をしている者がいれば，その視線を追跡して，どんな外的刺激がこの反応を生じさせているのか確かめようとするであろう。また，怒りや不快の表情を示すことは，他者に対して状況の悪化を警告する信号になるし，喜びや楽しみの表情は良好な人間関係を維持，促進する機能を果たす。

❖表情の共通性

　感情の生理的基盤が何種類か基本的に相互に弁別可能な単位としてとらえられるのではないかと考える立場からは，感情と不可分の身体的変化のひとつである表情にも基本的な表情があり，それが人類共通なのではないかとの関心から研究が行われてきた。*28* で紹介した一連の実験を通してP. エクマンは，幸福，驚き，恐怖，悲しみ，怒り，嫌悪の6つを挙げており，これらの表情を示す西洋人の写真を日本を含む5カ国の被験者に評定を求めて，ある程度の一致を見出している（図）。しかしながら，*28* の表1に示されているように一致の程度が十分でない表情もあり，また，あまり典型的でない表情の場合は誤答が多くなることも知られている。ある程度生理的に規定された基本的なパターンはあるのかもしれないが，それが例えば「驚き」という基本的な感情に対して，一対一対応のようにその表情があるのか，外界への刺激に対する注意喚起の増大というような要素が特定の表情の構成部分を動かしているのか明らかでない。いずれにしても，日常のコミュニケーションでやりとりされる微妙な表情となると，かなり文化・社会的に規定されている要素が大きくなる。また，実際の感情

| 幸福 | 怒り | 恐怖 |

図 エクマンが実験に使用した表情写真からの模写（Ekman, 1975）

とかかわりなく，社会の規範として，このような表情，感情がここでは表出されなければならないという社会的なシナリオとしての表出行動が観察される。

❖**表情の認知**

　人間の情報処理の中で視覚的情報のウェイトは高く，また，人間が直立歩行している関係からか，個体識別の重要な情報源としても人の顔に対する情報処理は細やかに発達してきたもののようである。その中でも表情は重要な情報を伝達する意味をもつので，個体発達の初期の頃からとりわけ人の注意を惹き，いわゆる「人の顔を読む」というスキルは人の社会的発達の重要な要素となっている。また，他者，とりわけ乳幼児にとっては重要な養育者のポジティブな表情は，自己のポジティブな表情とともにポジティブな感情を喚起し，ネガティブな表情は自己のネガティブな表情と感情を喚起するというように，人間の基本的関係性の中ではこのように表情が同期する仕組みは重要な鍵になっているようである。

　表情が情報を伝えることを知る人間は，一方で，時には表情を統制しようとし，真の感情を隠蔽するために表情をつくることもする。エクマンはこのような欺瞞の手がかりの認知について研究を行っているが，このためには，表情をもっと広く，非言語的コミュニケーションのひとつのチャネルととらえ，他のチャネル（身振りや姿勢など）でどのような情報が語られているか読むことが役立つことを示している。

52　表情は同じか？：感情表出

> **53 やる気が出るとき：内発的動機づけと学習性無力感** ——主体性や自己決定が奪われることはとても辛いことである。自発性は人にとってどのような意味をもつのだろうか。

❖学習とは

　人は自分から進んで学習するのか，まわりから追い立てられたり，導かれたりしなければ学習しないのか。「学習」という語を広くとらえて，生体が新たな認知様式，行動様式を獲得することと定義すれば，新しいスポーツができるようになるのも，人と上手に会話を交わせるようになるのもすべて「学習」の結果である。それでは，この「学習」はいかにして成立するのか。20世紀前半に盛んであった行動主義心理学は，報酬による強化によって学習が成立するとした。社会心理学や教育心理学の中でも，生理的基礎をもつような動因を重視し，空腹になって食欲などの動因が高まった場合と同様，高まった動因を低減するように人は行動するという図式化がなされた。これを動因低減理論と呼ぶが，1940～50年代に広まったこの理論から窺えるのは，人は動因に左右され，外的に獲得される他者からの承認などの報酬を求めて学習を行うとする受け身的人間観であった。「受け身的人間」をやる気にさせるには，賞罰などの外的な力が必要だということになる。このような動機づけを外発的動機づけという。

❖内発的動機づけ

　それに対して，内発的動機づけとは，「活動それ自体が目的で，その活動の遂行から得られる満足以外の報酬を期待せずに行う行動を支える動機づけ」である。内発的動機づけを重視する考え方では，人は（サルなどの動物も）好奇心をもち，主体的に環境と相互作用を行うことを楽しみ，活動を行うものであるという能動的な人間像が描かれる。特に1970年代以降のM. R. レッパーらの社会心理学的研究では，外的な報酬がかえって学習者の内発的な動機づけを奪うのだという主張がなされた。レッパーの子どもを用いた実験を紹介する。

　遊びの観察から比較的絵を描くことに関心をもつ子どもたちを選んで被験者とし，絵を描くことに報酬を与える群と報酬について何も言わないで

絵を描いてもらう群を設けた。数日後，同じ材料で絵を描く機会があった子どもたちがどれくらい絵を描いて遊んだか調べたところ，報酬のなかった群の子どもたちの方がより長く自発的に絵を描くことを行ったことがわかった。ここから自発的な意欲を大切にすることの重要性が唱えられた。

　人にとっては関心のあることに自ら取り組み，それを成し遂げることそのものが大きな楽しみである。そして活動の達成がさらなる意欲をまた生み出す。このような循環がうまく運ぶための重要な要因は，「自分はこれをうまく成し遂げることができる」という自己に対する確信である。これをセルフ・エフィカシー（自己効力感）という。「自分はいくらやってもだめだ」と思っていては自発的な取組みは生じにくい。また，「こういうぐあいに行えば必ずできるはずだ」というような，行動から一定の結果が生じるものだという期待をもっていることも重要である。逆に，自分はできるはずだという効力期待やこれをやれば達成できるはずだという結果期待が奪われた状況では，内発的な動機づけは枯れてしまう。ある行動が一定の結果に結びついているという認識を随伴性認知というが，例えば，この随伴性を奪ってしまうとどうなるであろうか。

❖学習性無力感

　内発的動機づけ研究と必ずしも同じ理論的延長上にはないが，M. E. P. セリグマンが示した学習性無力感研究はこの問いに答えるものである。セリグマンは，自分で回避，コントロール不可能な電気ショックが生じる状況下にイヌをおいて，自分の行動と不快の回避がどうしても結びつかない，すなわち，随伴性が学習できない経験を与えると，今度は自分の行動次第で不快が回避できるようなコントロール可能な状況にそのイヌをおいても，すっかり自発的な活動が萎えてしまったりすることを示した。

　この場合，自分の行動がある結果を生じるのに無力であるということを学習してしまったわけで，このような非随伴の認知が過度に一般化することで，どんなことに対しても自分は無力であるという無力・絶望感が身についてしまうことがあり，これが人の抑うつ感形成の仕組みと関係している可能性が指摘された。このようなメカニズムを研究することで，抑うつに陥らない，また，抑うつから立ち直る有効な方法が模索されている。

> **54 好き・嫌いから何が見える？：態度**——社会的態度研究は，社会心理学の重要トピックである。どのように意見が形成されるか，他者の影響，他者の態度を変化させる説得など関連する分野も広がっている。

❖態度の3要素

　態度には必ず対象となる態度対象が存在する。つまり，必ず何かに対する態度ということになる。ある意見に賛成であるとか反対であるとか，甘いものが好きとか嫌いとかである。このような態度を，認知，感情，行動の3要素でとらえることができる。認知成分は，ある意見に賛成や反対で表されるものであり，大学入試科目の減少に賛成，反対など比較的理性的な検討によって賛否が決まる。感情成分は，その態度対象が好きか，嫌いかという感情反応からなり，他者の好悪，音楽の好みなど日常的に見られる多くの態度の主要成分となっている。行動成分は，対象に対する接近，回避行動などで示され，例えば，頻繁に電話することが相手に対する好意的態度を示す場合などが挙げられるが，態度と行動との関係を研究する場合は，行動として外に現れているものは態度と区別して扱うことが多い。

❖態度の測定

　態度の測定方法については，質問紙による言語的記述に対する反応を測定する様々な尺度を構成する方法が考案された。L. L. サーストンの等現間隔法，R. リッカートの方法，L. ガットマンの尺度解析法などがある。多くの質問紙調査では，調査者の用意した記述に対する肯定/否定の態度を肯定/否定する程度を含めて回答させる簡易的リッカート法や，当初のC. E. オスグッド自身の目的とは離れてきているが，尺度項目の両極においた語と回答者の考えとが近い程度を回答するSD法がよく用いられている。しかし，研究目的や対象によっては，面接や行動観察，反応時間の測定，生理的指標を用いた測定など様々な測定方法がある。

❖態度と行動

　態度は個人の反応に影響を及ぼす精神的，神経的準備状態であるとされてきた。したがって，態度の測定から実際の行動が予測されることが期待されてきたわけであるが，態度から行動が十分予測できていないというこ

とが強く指摘され，問題となったことがあった。しかし，現在はどのようなときに予測力が高まるか，その状況要因，あるいは内的要因が検討されるようになった。

❖態度の接近可能性

態度と行動のつながりを考える上で，態度の強さに着目されることがしばしばあったが，この態度強度と密接に絡むと推測される態度の接近可能性の役割をR. H. ファジオらは強調している。強い態度はその人にとってよく確立した安定的な態度であり，このような態度は他者から尋ねられた際に，きわめて素早く意識内に回答が浮かぶものである。すでに確立した態度は記憶内に保持されているものと考えられるが，このように検索が素早くなされやすい状態を接近可能性が高いという。接近可能性が高い態度は実際の行動をよく予測することがファジオらによって示されている。接近可能性の高さは無意識的な認知過程の測定からも推測できるので，意識的な調整を受けない無意識的態度の測定に道を開き，表明がしにくいような差別的態度の測定などに利用されている。

❖態度の機能

態度を形成することがその個人にとってどのような意味をもっているのか，D. カッツは態度の果たす機能に着目し，以下の4つを挙げている。①知識機能：行動，判断などを行う際，常に新たに考えているわけにはいかない。ある程度態度を用意しておき，また保持しておくことで効率的に世界を理解することができる。そのような理解の枠組みを与えるのが知識機能である。②社会適応機能：他者と調和した態度を示すことはバランス理論に見られるように人間関係の維持に役立つものである。また，あらかじめ態度をもつことで行動が必要な場面において目的にかなった適切な行動を導きやすい。③自我防衛機能：自己を脅かすような対象に近づかない，葛藤を引き起こすような考えをもたず，自我を守るためにある態度をもっていることが役立つ場合がある。このため正しくないことを信じたりする場合もある。④価値表出機能：自己の態度を他者に表明することは自分を相手に理解してもらう手がかりになる。態度の表出は自分が好むもの，信じるものを表現し，自己を示したいという欲求を充足させるものである。

参考文献

蘭千壽他（編）　1991　帰属過程の心理学　ナカニシヤ出版
エクマン，P.・フリーセン，W. V.　工藤力（訳編）　1987　表情分析入門——表情に隠された意味をさぐる　誠信書房　（原書1975年）
エクマン，P.　工藤力（訳編）　1992　暴かれる嘘——虚偽を見破る対人学　誠信書房
遠藤利彦　1996　喜怒哀楽の起源——情動の進化論・文化論　岩波書店
クラインク，C. L.　島津一夫（監訳）　1984　自己知覚——自覚の心理学　誠信書房
子安増生（編）　1997　特集：心の理論　心理学評論，40(1).
サガード，P.　松原仁（監訳）　1999　マインド——認知科学入門　共立出版
土田昭司・竹村和久（編）　1996　感情と行動・認知・生理——感情の社会心理学　誠信書房
日本行動科学学会（編）　1997　動機づけの基礎と実際——行動の理解と制御をめざして　川島書店
ハイダー，F.　大橋正夫（訳）　1978　対人関係の心理学　誠信書房　（原書1958年）
フェスティンガー，L.　末永俊郎（監訳）　1965　認知的不協和の理論　誠信書房
フランク，R. H.　山岸俊男（監訳）　1995　オデッセウスの鎖——適応プログラムとしての感情　サイエンス社
松沢哲郎　1996　「心の理論」を考える　発達，66, 67-74.
宮田加久子　1991　無気力のメカニズム——その予防と克服のために　誠信書房
吉川左紀子・益谷真・中村真（編）　1993　顔と心——顔の心理学入門　サイエンス社
Kelley, H. H.　1973　The processes of causal attribution. *American Psychologist*, 28, 107-128.

6章▶私の心と私の姿

この章では，私たち自身にとって最も関心のある自己について，社会心理学の立場から学ぶ。

> **55　2つの私**——普通に暮らしている人なら誰でも,「私」の存在を意識し実感している。ジェームズ以来,知る自分 (I) と知られる自分 (me) とに区分して,「私」の問題が研究されている。

❖ I と me

　外界や他人から区別された「私」「自分自身」を意識することは,通常,普遍的な現象である。その心理学的分析の祖である W. ジェームズは,「私が何かを考えている時には,同時にいつも私自身を……多少なりとも意識している。また意識しているのも他ならぬ私である。したがって私の自己全体はいわば二重であって,一部は被知者であり一部は知者であり,一部は客体であり一部は主体である……」と述べている。自己の認識を,意識する知者（主体）と意識される被知者（客体）との 2 つに区分する彼の立場は,社会心理学における自己 (self) 研究の基本的枠組みとなっている。

　ジェームズは,主体としての自己を主我 (I),それによって知られる客体としての自己を客我 (me) と呼んだが,彼が心理学的研究の対象としてことに重視したのは後者である。自己の問題は,発達心理学や臨床心理学などでも主要な位置を占め,それぞれ力点は異なるが,社会心理学ではジェームズの流れを汲み,客我が研究の主な対象となっている。したがって,自己という概念がそのまま客我を指して用いられることが多い。

❖ 自己の構造と機能

　ジェームズは,自己はいかなる内容から構成されているかについて,①物質的自己（自分の身体,家族,財産など）,②社会的自己（周囲の他者が自分にもつ印象）,③精神的自己（内的な意識や能力,特性など）の 3 つに分類している（表）。また,自己認識に関してどのような衝動や行動が生じるか,自己認識がどのような感情や情緒を引き起こすか,などについても論じている。

　このように,自己の認識は人間の心理や行動に様々な影響を与える。L. バーコウィッツは,社会心理学における自己研究の基本的視点は,①自己概念の構造の問題,②自己の動機づけ機能の問題,の 2 つに大別できると

表 ジェームズによる自己の理解 (ジェームズ, 1992)

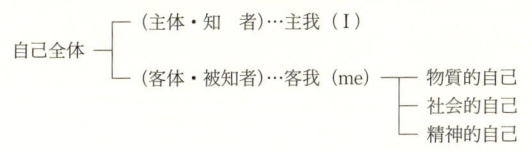

```
自己全体 ─┬─ (主体・知 者)…主我 (I)
         └─ (客体・被知者)…客我 (me) ─┬─ 物質的自己
                                      ├─ 社会的自己
                                      └─ 精神的自己
```

している。前者は，ジェームズの自己の3分類をはじめとして，自己はどう構成され，その性質はどのようなものであるかを明らかにしようとする。自分自身についてのあらゆる自己知識，自分の全体統合的な姿をとらえた自己概念，自己に関する情報処理装置としてのセルフ・スキーマ，などの概念を中心とした研究がこれに当たる。後者は，自分への肯定的感情を保つ，自己概念の安定をはかる，他者に対して好印象を与えようとするなどの，自己が動機となる諸行動を扱う研究である。

❖**自己と社会的適応**

客体としての「私」を認識できることは，他の動物とは異なる人間の最も重要な特質の1つである。鏡に映った自分自身の姿を自分だと認知できることは，少なくとも身体的な自己を認識できる証左であり，自己認識の基礎といえる。しかし，鏡映像の自己認知は，チンパンジーなど一部の高等猿類を除いた動物にはできないことが示されている。

人間の場合でも，2歳未満の幼児では不可能であり，痴呆老人も鏡に映った自身の姿を自分と認知するのに困難があるという。また，精神分裂病患者の鏡映像認知が歪んだものであることを示した実験もある。これらのことは，人間が社会に適応し正常な生活を送る上で，自分を客体として認識できることが不可欠であることを意味している。自己認識と適応との間に密接な関連があることは否定できない。

他方，親や仲間から遠ざけられ，孤立して育ったチンパンジーも鏡映像の自己認知ができないという知見があり，自己の認識が可能になるには，社会的接触が不可欠であることを示唆している。自己認識の内容にせよ，自己がもたらす動機にせよ，他者とのかかわりなしには成立し得ない。自己にかかわる諸現象は，基本的に社会的な性質を帯びているといえよう。

> **56 自分を見る**——自己認識は行動に様々な影響を与える。自分自身に注意を払い意識しているか，自分自身をどのようにとらえているかが，個人の行動を大きく左右することが指摘されている。

❖自己覚知

　S.デュバルとR.ウィックランドは，自分自身への注意が増大した状況を自己覚知状態と呼び，鏡に映った自分の姿を見たり，録音された自分の声を聞くことが，その状態をもたらすとした。自己覚知の状態では，理想の自己像や行動の基準が意識される。現実の自己はそれに合致せず不快感が生じるため，基準に近づこうとする努力や行動，あるいは，自己覚知をもたらす状況を回避する傾向のいずれかが生じる，というのが彼らの議論の骨子である。これを発展させ，C.カーヴァーとM.シャイアーは，理想の基準に合う行動ができるかどうかの判断（結果予期）が重要であるという説を展開している。できそうだという判断（＋）なら基準に合わせようとする行動が生じ，できそうもないと判断（－）したら回避が生じるのである（図）。

❖自己モニタリング

　自己覚知の状態は，刺激や環境のような状況要因によってもたらされるだけではない。N.フェニグスタインやA.H.バスらは，自己を特に意識しやすい性格特性をもつ個人があることを指摘している。そのような特性を自己意識というが，フェニグスタインはそれを測定する尺度を作成している。その結果によれば，自己意識は，①自分の感情や性格など内的側面を意識する私的自己意識，②容姿や行動など他者から見られる外的側面を意識しやすい公的自己意識，の2つに区別されることが見出されている。

　自己を対象として意識する傾向は，対人場面ではどのように作用するのであろうか。M.スナイダーは，自分の行動や他者に与えている印象を自分で観察して，それを統制しようとすることを自己モニタリングと呼び，その程度には個人差があるとする理論を提唱している。自己モニタリングの傾向が強い人は，自分の行動を観察・調整する手掛かりとして，他者の行動に着目しそれを利用しがちである。そのような人は，自己呈示に対す

る関心が強い，自分を取りまく状況の変化に応じて行動も変化することが多い，社会的状況や役割によって自己を規定し，自己概念が現実対応的である，などの特徴をもつという。

❖ **自己効力感**

自分に対してどのような認識をもっているかが，行動に大きく影響することはいうまでもない。A. バンデューラの社会的学習理論の中心的概念に，自己効力感がある。こ

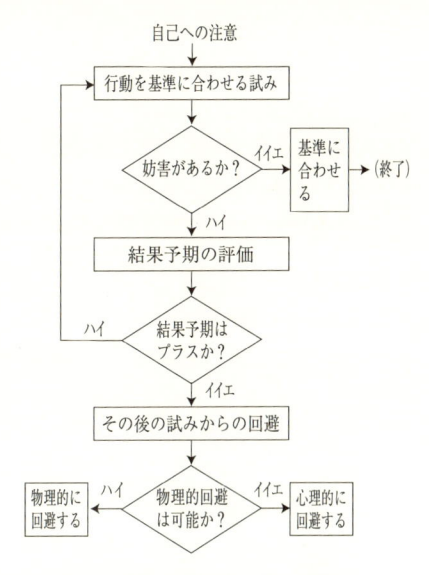

図　カーヴァーとシャイアーの理論
(Carver & Scheier, 1981)

れは，ある特定の行為を行う際に一定水準の成績をあげる能力を自分がもつという判断あるいは確信である。それが形成される情報源として，①行動の達成（実際の成功経験など），②代理経験（モデルとなる他者の観察など），③言語的説得（暗示や勧告など），④生理的状態（不安や恐怖など），の4つをバンデューラは指摘している。問題に際会したとき，どのような行動をとるか，どれくらいその行動を続け努力を費やすかなどが，自己効力感によって影響を受けるのである。

特定場面に限らず，環境に対して効果的に働きかける一般的能力についての自己認識が，S. ハーターが唱える認知されたコンピテンス（有能感）の概念である。彼女によれば，コンピテンスがどのような側面から構成されるかは発達段階により異なる。例えば，幼児期では知的能力，運動能力，仲間からの受容，母親からの受容，の4側面からなるが，思春期には8つの側面に分化し変化する。そして，それぞれの側面が自分にとってどれくらい重要であるかの評価と，その側面の能力をどれくらいもっているかの評価との比によって，コンピテンスの認知は決定される。自己効力感やコンピテンスの概念は，自尊感情にも関連している。

56　自分を見る

> **57 自分を見せる**——人は認識した自分自身を他者に表出しようとする。その行為は,「ありのままの姿」を見せようとする自己開示と, 他者によい印象を与え, 何らかの利益を得ようとする自己呈示とに区分される。

❖自己過程

自己をめぐる様々な現象とその一連の心理過程を, 中村陽吉は自己過程と呼び, それは①自己への注目, ②自己の把握, ③自己の評価, ④自己の表出, の4つの位相に区分できるという, 明快な枠組みを提唱している。すなわち, 自分自身に注意を払い, 自分自身の姿を知り, その姿を評価するという, 各段階を経て自己が認識されると, それを他者に対して示すという位相が続くというのである。これらの位相が実際にこの順序で生じるか, これらが個人内の過程のみに止まるか, などの問題については議論の余地があろう。しかし, 自分自身の姿を他人にあらいざらいさらけ出そうとしたり, 逆に都合の悪いところはつくろって良い印象を他者に与えようとしたりする, 日常生活の中での他者に自分の姿を見せようとする行為が, 自己の認識に深くかかわっていることは確かであろう。

❖自己開示

特定の他者に対して, 自分自身に関する情報を言語を介して伝える行為が自己開示である。それも, 何の意図もなしに, 自分のありのままの姿を伝えることを指す。しかし, 自分自身の姿を本人が正確に認識していない, あるいは, 相手が意図を誤認する可能性などの問題もある。したがって, 一定の意図のもとに必ずしも正確ではない自分の姿を示す自己呈示と, 厳密に区分することは難しい。相手に何らかの影響を与えることの重要性を考え, 最も重要性が低い場合が自己開示であるとする見解もある。

自己開示の概念を臨床心理学から社会心理学に導入したS. ジェラードは, 自己開示を行う程度には個人差があるとして, 自己開示測定尺度を開発している。これは, 自己開示の個人内での過程に着目したものであるが, 自己開示の個人差と精神的健康あるいは性格特性との関連について必ずしも明確な結論は得られていない。近年, 外傷体験を自己開示することは心理的にも身体的にも有益であることが, J. ペネベーカーらによって実験的

表 自己呈示行動の分類 (Tedeschi & Norman, 1985)

	戦術的	戦略的
防衛的	弁護 正当化 セルフ・ハンディキャッピング 謝罪 社会志向的行動	アルコール依存 薬物乱用 恐怖症 心気症 精神病 学習性無力感
主張的	取り入り 威嚇 自己宣伝 示範 哀訴 賞賛付与 価値高揚	魅力 尊敬 威信 地位 信憑性 信頼性

に明らかにされつつある。他方，自己開示をコミュニケーションの一側面としてとらえ，対人関係の中での自己開示に着目した研究も多い。その中で，自己開示の受け手は相手の開示した情報と同じ程度の情報を開示する，自己開示の返報性の現象があることが知られている。

❖ **自己呈示**

他者からの好意的な評価や，社会的承認，物質的報酬などの利益を得ようとする意図のもとに，自分に関する情報を他者に伝えるのが自己呈示である。この場合，言語的なコミュニケーションだけでなく，ノンバーバル・コミュニケーションも含む。これは，相手によい印象を与えようとする試みでもあるので，印象操作とも呼ばれる。他者から好意的な評価を得ることは自分への肯定的評価をもたらすから，自己呈示は自尊感情の維持や高揚の機能ももっている。

自己呈示のための行動は，様々な形態をとる。J. テダスキーらは，特定の対人場面で一時的に行われるものか（戦術的），それとも長期にわたってある印象を他者に与えようとするものか（戦略的），および，他者に悪い印象を与えそうな場合にそれを防ぐためのものか（防衛的），あるいは特定の印象を与えるために積極的に行われるか（主張的），の組合せによる4種に自己呈示行動を分類し，それぞれに含まれる多様な行動をあげている（表）。このような観点に立つと，精神病などの不適応や，社会的に好ましい特性をもつことなども，自己呈示の側面を含むことがわかる。

> **58 自分を広げる**——自己認識にとって，他者の存在は無視できない。他者の眼に映る自分の姿の想像，自分と他者との比較，自分の属する集団との一体化，などの要因が自己認識を規定している。

❖自己と他者

　自己の認識は個人の心的作用である。しかし，それは個人内部に閉ざされたものではなく，すぐれて社会的な性質をもつ。個人の自己は，周囲の他者や集団を介して，社会へとつながっているからである。

　他者の眼には，自分の姿や性格がどのように映っているかを想像することを通じて，自己認識が成立すると説いたのはC.クーリーである。あたかも他者が鏡となって感知された自分の姿は，鏡映的自己と呼ばれる。一般化された他者の立場から見た自分の姿を取り入れて，自己認識が形成されることはG.H.ミードも論じている。L.フェスティンガーの社会的比較過程理論も，周囲の他者との比較を通じて自己評価がなされるとともに，自己高揚が図られることを指摘している。さらに，他者の感情や行動様式などを自分の中に取り入れる同一視も自己の認識に影響を及ぼすことは，S.フロイトやA.バンデューラなどの理論家が説くところである。これらの理論はすべて，自己認識にとって周囲の他者は欠くことができないことを示している。

❖社会的アイデンティティ

　自己の社会的性質を重視した考え方に，H.タジフェルの社会的アイデンティティ理論がある。社会的アイデンティティとは，自分がある集団に属しているという知識から生じる自己概念の側面であり，他者とは異なる自分の特性に基づく個人的アイデンティティとは区分される。自分は日本人だというような，所属集団の面からとらえた自己認識といえよう。社会的アイデンティティは所属する集団の成員であることへの評価や感情を含んでおり，誰もが肯定的な評価や感情を求めるため，自分の属する集団（内集団）と属さない集団（外集団）とを比較し，内集団を外集団より優位に位置づけようとする。そのため，社会的競争や内集団ひいきなどの現象が生まれる。

しかし，それでも自分の属する集団から好ましい社会的アイデンティティが得られないと，例えば転職するなどの，所属集団を変更しようとする努力が生じる。これが社会的移行である。さらに，問題となる集団がある種の社会的階層や性別などの場合，個人の努力のみでは社会的移行が不可能なため，既存の集団間構造そのものを打破しようとする社会変動が生じるとタジフェルはいう。

個人的アイデンティティ
（自己と内集団成員との間に知覚される差異が最大化したとき）

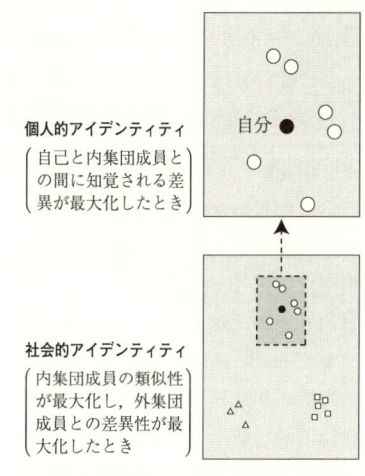

社会的アイデンティティ
（内集団成員の類似性が最大化し，外集団成員との差異性が最大化したとき）

図　自己カテゴリー化（池上・遠藤，1998）

❖ 自己カテゴリー化

内集団と外集団の区分が生じるのは，自分の周囲の他者を，行為や信念に基づき類似した者同士にまとめて認知する，社会的カテゴリー化に基づく。カテゴリー化は，環境を秩序だてて認知するために必要な過程であるが，それがどう行われるかによって，社会的アイデンティティと個人的アイデンティティのいずれが強く意識されるかが異なる，という自己カテゴリー化理論を J. C. ターナーは唱えている。

彼によれば，自分と他者の類似性を比較検討した結果，自分と似た他者との間に内集団というカテゴリー，差異の大きい他者は外集団というカテゴリーが形成されると，社会的アイデンティティの側面から自分を認識する。そのような場合には，内集団成員としての特徴が自分には大いにあると認知する自己ステレオタイプ化が生じる。しかし，内集団の成員と自分との間の差異を強く感じ，自分個人対他者というカテゴリーが形成された場合には，個人的アイデンティティの側面から自分をとらえる（図）。このように，自己カテゴリー化理論では，社会的アイデンティティと個人的アイデンティティの関係が動態的に把握されている。

58　自分を広げる

> **59 自分を守る**——自分に対する肯定的な評価を保ち，満足感を得たいと思うのは多くの人の常である。それが不可能になりそうなとき，人は自己防衛に走る。下方比較やセルフ・ハンディキャッピングはその例である。

❖自尊感情

自己の心理学的研究の嚆矢であるW. ジェームズが論究した多方面にわたる自己の側面の1つに，自尊感情がある。彼によれば，自己に対する感情には満足と不満足とがあり，それは自分のもつさまざまな願望のうち，どれだけが成功したかの割合によって決定される。爾来，自尊感情の概念をめぐっては多くの見解があるが，自分自身に対して満足し，肯定的に見る程度を指すとする見方が一般的である。自分への肯定的評価を保てず自尊感情が脅威にさらされたとき，あるいは脅威を受けそうだと予想したときには，不安が生じ，自己防衛のための種々の反応が起こる。また，自尊感情の程度は適応と関連することも指摘されている。

従来の伝統的な見解では，自分でとらえた自分の姿を評価する，個人内の過程が自尊感情であるとされてきた。また，パーソナリティ特性と類似した，持続的な個人的特性であるというとらえ方も一般的であった。しかし，最近，自尊感情は個人内過程であるよりも，自分と周囲の他者との関係がどれくらい適切であるかの感覚に基づく，という社会性あるいは関係性を協調した理解がM. リアリーやJ. グリーンバークらによって示されている。

❖下方比較

自尊感情が脅威にさらされると，自分より不運な他者と比較することで主観的な安定感を得ようとする，というのがT. A. ウィルスが提唱する下方比較理論である。下方比較には，現存する不運な者と比較するに止まらず，不運な者を想像して比較したり，他者を自分より惨めな状態にした上で比較する，という形態もある。そのため，他者への非難や中傷，自分の否定的特性の他者への投影，特定個人や集団への偏見，社会的弱者や小集団成員への攻撃行動，他者の不運や弱点に関する皮肉やユーモア，などの社会的行動が下方比較から生じる，とウィルスは説く。

表　セルフ・ハンディキャッピングの分類（安藤, 1994）

	獲 得 的	主 張 的
内　的	薬物・アルコール飲用 努力の抑制	テスト不安 対人不安 身体的不調の訴え 抑 う つ
外　的	不利な遂行条件の選択 困難な目標の選択	課題の困難さの主張 劣悪な遂行条件の主張

　下方比較の実証例として，乳癌などの疾病の患者は，他の患者に比べて自分の状態をよく認識する傾向がある。しかし，自分より病状の悪い者との下方比較は，肯定的結果（自分の優越性の認識）と同時に否定的結果（病気が今より悪くなる恐れ）ももたらす。同様に，自分より良い者との上方比較も，肯定的結果（今より良くなる希望）と否定的結果（劣等性の認識）を生む。下方比較と上方比較のそれぞれが，どちらの結果を引き起こすかには種々の要因が作用するが，その1つに比較をする人の自尊感情があり，高い自尊感情をもつ人はいずれの比較でも肯定的結果に着目する傾向があることを，S.E. テイラーらは指摘している。

❖セルフ・ハンディキャッピング

　自分が不利な状況にあることを他者に伝えたり，不利な障害をあらかじめ作り出したりすることを，セルフ・ハンディキャッピングという。これは，自分が他者から評価されるが，高い評価を受ける確信がもてない場合，自尊感情が脅かされることへの対処といえる。例えば，試験の前に故意に痛飲した場合，落第しても他者の眼には飲酒のゆえと映り自分の実力は露呈されず，自尊感情の低下が防止される。逆に合格すれば身体不調に打ち勝つ高能力の持ち主であるという評価が得られ，自尊感情は高揚する。

　セルフ・ハンディキャッピングは自己呈示とも密接に関連する。他者からの評価が自尊感情の低下や高揚にかかわり，それを維持しようとしているからである。自己呈示方略としてのセルフ・ハンディキャッピングには多様な形態があるが，R. アーキンらは，これを①不利な状況を自分の内部に求めるか外部に求めるかと，②それを自ら作り出すか（獲得的），口に出すか（主張的），の2つの次元からなる4種類に分類している（表）。

参考文献

安藤清志　1994　見せる自分/見せない自分　サイエンス社
安藤清志・押見輝男（編）　1998　自己の社会心理　誠信書房
池上知子・遠藤由美　1998　グラフィック社会心理学　サイエンス社
遠藤辰雄・井上祥治・蘭千壽（編）　1992　セルフ・エスティームの心理学　ナカニシヤ出版
押見輝男　1992　自分を見つめる自分　サイエンス社
梶田叡一（編）　1994　自己意識心理学への招待　有斐閣
ジェームズ，W.　今田寛（訳）　1992　心理学（上）　岩波書店
ターナー，J.C.　蘭千壽他（訳）　1995　社会集団の再発見　誠信書房
辻平治郎　1993　自己意識と他者意識　北大路書房
中村陽吉（編）　1990　「自己過程」の社会心理学　東京大学出版会
バンデューラ，A.（編）　本明寛・野口京子（監訳）　1997　激動社会の中の自己効力　金子書房
ホッグ，M. A.・アブラムス，D.　吉森護・野村泰代（訳）　1995　社会的アイデンティティ理論　北大路書房
Arkin, R. M., & Baumgardner, A. H.　1985　Self-handicapping. In J. H. Harvey & G. Weary (Eds.), *Attribution: Basic and applications*. Academic Press.
Carver, C. S., & Sheier, M. F.　1981　*Attention and Self-regulation: A control theory approach to human behavior*. Springer Verlag.
Tedeschi, J. T., & Norman, N.　1985　Social power, self-presentation, and the self. In B. R. Schlenkcer (Ed.), *The self and social life*. McGraw-Hill.

7章▶他人とのつきあい

この章では，社会的存在としての人間が，他人とどのようにかかわり合っているのかを学ぶ。

> **_60_ 他人を知る：対人認知**——自分が出会う人たちが，どのような人なのかを理解することは，他者との人間関係を営むためには重要なことである。理解の過程には，個人の欲求や感情状態，情報処理の仕方が関連する。

❖パーソナリティの印象形成

　人は，ある人物に関するいくつかの言語的情報を与えられた場合，どのようにして全体的な印象を作り上げていくのであろうか。S.E.アッシュ (1946) は，7つの特性語のうち1つだけが異なる（暖かい―冷たい）2つのリストを読み上げ，被験者に全体的な印象を形成してもらったところ，まったく異なる印象が形成されることを明らかにした。彼はこの結果を，「暖かい」または「冷たい」という特性が，印象の全体構造を作り上げるときに，中心的な機能を果たすからだと解釈した（➡ _20_）。これに対し，N.H.アンダーソン (1965) は，アッシュと同じようにいくつかの特性語からなるリストを呈示し，それによって形成される人物の望ましさを被験者に評定させた。その結果，個々の特性語の望ましさの平均または加算的結合として全体的望ましさが説明できるとした。ただし，アッシュの人物像が多面的であるのに対し，望ましさの次元だけに限定した点は，物足りない。

　これら2つは，実験的に印象形成のモデルを考えたものであった。日常的なレベルでは，「心の広い」人だと聞けば，「親切な」，「正直な」といった特性語を勝手に付加したり，「色が白い」人を見れば，「おとなしい」，「内向的な」人だと思ってしまうのが常である。つまり，一般の人たちは，自らの経験や他から得た知識をもとに，パーソナリティの印象形成に関する素朴な信念体系をもっており，これを暗黙のパーソナリティ観と呼んでいる。「ドラえもん」に登場するのび太，スネ夫，ジャイアンの容貌とキャラクターは，子どもの素朴な信念体系の形成に影響している。

❖対人認知と情報処理

　暗黙のパーソナリティ観を情報処理的な視点から表すと図のようになる。社会的スキーマとは，人に関する情報を処理する際に活用している様々な

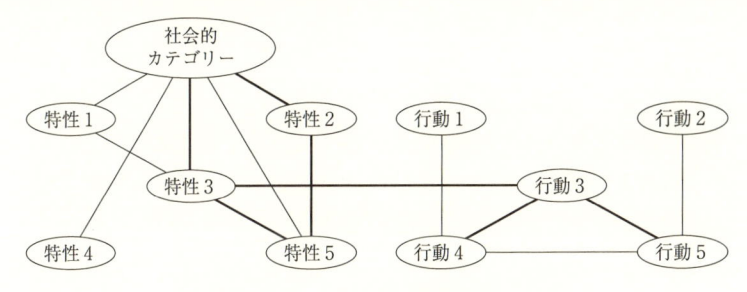

図 社会的スキーマのモデル例（Stephan, 1989）

知識の枠組みを意味する。図中のノードと呼ばれる個々の知識（特性・行動）は互いに結びついており，太線ほど強い結びつきを示す。このような社会的スキーマをもっていれば，「大学教師」というような社会的カテゴリーに関する情報を入手すると，「論理的」という特性や「自分の考えを主張する」といった行動を想起しやすい。すなわち，トップダウン型情報処理によって，その人物に関する性格判断や行動予測が容易になる。逆に，犯罪捜査のように，いくつかの行動が明らかになれば，ボトムアップ型情報処理によって，犯人像にたどりつくことも可能になる。いずれにしても，こうした社会的スキーマを利用することによって，人は対人認知を行っている。

❖対人認知の偏り

　社会的スキーマによる対人認知は，効率的である反面，ステレオタイプ的な見方を助長することにもなる。特定の社会的カテゴリーにネガティブな特性が強く結びついていることを偏見という。また，相手のパーソナリティを判断する際に，認知者側の感情状態が大きく影響することも知られている。自分の性格に関してポジティブ（ネガティブ）なフィードバックを受け，気分が良い（悪い）ときには，刺激人物のポジティブ（ネガティブ）なパーソナリティ特性情報を選択的に受け入れているという実験結果も明らかにされている。相手に対して好意的な感情をもっていると，相手の性格が実際以上に自分に類似しているように見えるという仮定された類似性傾向や，「あばたもえくぼ」のように，認識が感情に調和する傾向があることも知られている。さらに，事前に情報を与えて相手のパーソナリティに対する期待を形成させると，その期待に合致する行動を注目しやすくなる事実も検証されている。

61 他人と比べる：社会的比較 ——人は社会生活に適応するため，自分の意見や行動が正しいかどうか，自分の能力や感情状態が適切かどうかを判断する必要がある。その判断の基準は自分のまわりの人にある。

❖なぜ他人と比べるのか

　入社試験の面接時に，大半の学生がリクルートスーツを着用している姿は，お馴染みの光景である。彼らにとって，その服装が自分に似合うかどうかは問題ではなく，初めて経験する採用面接に臨んで，同じ状況に存在する人たちが自分と同じような服装をしているかどうかが問題なのである。L. フェスティンガー（1954）によれば，人は自分の意見や行動を評価するよう動機づけられており，客観的な妥当性の基準がなければ，自分のまわりの人たちと比較することによって，社会的リアリティを求めようとする。一方，能力に関しては，少し異なったメカニズムが働いている。人は自分の能力や成績を高めたいと動機づけられており，同時に自尊心も高めようとしている。したがって，自分の能力や成績に自信がある場合には，自分より優れた他者と比較することによって自分を向上させようとするが，自尊心が脅かされたりする（試験の点数が悪かったとき）と，自分より劣った他者と比較することによって防衛的に自尊心を保とうとする。

❖比べる他人は似ている人

　A大学の学生が，高校時代の友人であるB大学の学生たちから，定期試験の勉強などしなくても単位が取れることを聞いたとしても，A大学とB大学はレベルが違うとか，学部の性格が違うからだと考えれば，比較の対象にならない。定期試験のための適切な勉強量は，自分と同じ大学の同じ学部の人たちが基準になってくる。さらに，同じ学部の中でも，学問に高い価値づけをおいている人たちのグループに属しているのか，最低限の努力しか払わない人たちのグループに属しているかによって，妥当性の基準は異なってくる。意見や行動の一致は，類似した人たちの間で得られやすく，社会的リアリティを確証するために，比較の対象として選ばれやすい。特に能力に関しては，類似していない人たちと比較しても，安定した自己評価や正確な自己評価は期待できない。

❖自己評価維持モデル

A. テッサー (1988) は、①自分や他者の優れた成績、②課題の自己関連性、③他者との心理的近さ関係、という3つの要因を考えることによって、人が好ましい自己評価を維持するためにとる行動を包括的に説明するモデルを提唱している。学業成績を重視している高校生にとって、学業成績は自己関連性が強く、芸術やスポーツでの成績は自己関連性が弱いと考えられる。家族や友人は心理的距離が近く、ユニットとなるつながりのない人たちとは心理的距離が遠いので、成績の比較は起きにくい。上述の高校生にとって、自分の学業成績が優れていれば、友人の成績との比較過程が起き、自尊心は高められる。ところが、友人の学業成績の方が優れていると、同じように比較過程が起き、自尊心が低下する。その場合は、できるだけ友人を避けたり、自分より学業成績の劣る友人を作ろうとする。対照的に、友人が自己関連性の弱いピアノコンクールで優勝しても、比較過程は起きずに、反映過程が生起する。つまり、自分の友人の優勝を素直に喜び、自分自身の自尊心も高めている。このように、自己評価が低下しそうな状況では、それを最小限にくい止めるよう行動し、自己評価が高められるような状況では、積極的にそれを利用することによって、人は好ましい自己評価を維持している。

❖感情状態の社会的比較

社会的比較は、意見や能力だけでなく、自分の感情状態を明確に評価しようとする場合にも行われる。S. シャクター (1959) は、電気ショックを用いる実験への参加という設定で、苦痛の程度を教示することによって、高不安群と低不安群を構成した。被験者は、実験を開始するまでの間、1人で待ちたいか、他の人たちと一緒に待ちたいかを質問された。仮説は、「人は不安が高まれば、他の人と一緒にいたいという親和傾向が強まるであろう」というものであった。結果は、高不安群の方が、他の人と一緒に待ちたいと答える人数が多く、親和傾向と不安の高さの関係が検証された。この理由は、社会的比較の視点から説明できる。すなわち、高い不安が喚起される被験者は、同じ不安状態の人と一緒にいることによって、自分の感情状態を評価しようと動機づけられているからである。

62 他人を好きになる：対人魅力 ──他人に対して好意をもつきっかけは，容貌やファッションなどの外見的なものから，趣味や考え方の共通性，顔を合わせる機会が多いなどの偶然性によるものまで様々である。

❖美男・美女は人気もの

　身体的魅力が異なった男女の写真を被験者に見せ，その写真の人物の性格評定をさせると，一貫して身体的魅力に富んだ人の方が，社会的に望ましい性格特性をもつと評定される。また，コンピュータで適切な相手を選択したというふれこみで，ダンスパーティのペアを作成し，相手に対する好意度と今後のデート希望を面接で調査した研究がある。すると，男女とも自分の身体的魅力とはかかわりなく，相手の身体的魅力と好意度に強い正の相関が見られ，実際のデートの申込回数にも差が見られた。こうした身体的魅力の効果は，テレビのアニメ番組などで観察学習し始める幼稚園児から見られることを実証した研究もある。化粧を含むファッションに関心を寄せる子どもが増加しているのは，他者との出会いによる第一印象を，魅力的なものにしたいという気持ちの表れであろう。

❖毎日会うと好きになる

　隣り合って住む人やクラス替えで近くの席に座った人と親しくなるのは，自然なことである。毎日，同じ電車に乗り合わせている場合も相手に対して親しみがわいてくる。このことを実験的に証明したのが，R. B. ザイアンス（1968）である。彼は，大学生の卒業写真やトルコ語の単語などを，頻度を変えて被験者に呈示し，その後，各々の刺激に対する好意度調査をすると，接触頻度が高いものほど好まれる傾向があることを明らかにした。つまり，見慣れたものほど好まれるのである。これを単純接触による熟知性効果と呼んでいる。ただし，この効果は，最初に接触するときの感情が中立ないし肯定的な場合に限られることも知られている。黒人に対する人種偏見，お年寄りや障害者に対する偏見は，子どもの頃から頻繁に接触していれば，自然に防止できることが予測される。近接性や接触回数の効果を説明する考え方に社会的交換理論がある。この理論によれば，人は報酬からコストを引いた純益を最大にするよう行動する。報酬が変わらなけれ

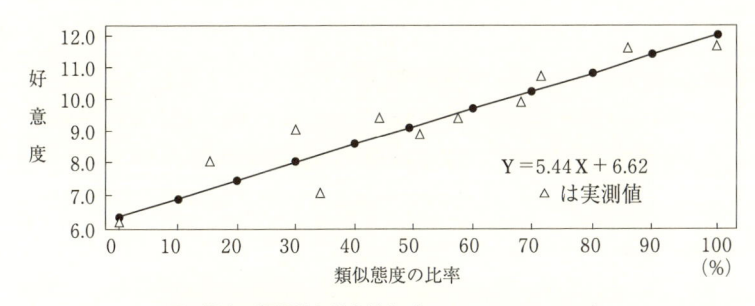

図 態度の類似性と対人魅力 (Byrne & Nelson, 1965)

$Y = 5.44X + 6.62$
△は実測値

ば，コストを下げることが純益を最大にする。近いということは，時間と労力の点でコストが少なくて済むし，多数回の接触は相手を知ることができ，余分な神経を使わなくて済むからである。遠距離恋愛が長続きしないのは，身近な代替候補者と比較して，相手が高い報酬をもたらしてくれればよいが，相対的にコストがかかりすぎるからである。

❖**似ていることは大事なこと**

様々なトピックスに対して自分がもっている態度を測定され，一定期間経過後，類似度の比率が異なっている仮想人物に対する対人判断（好意度とパートナーとしての魅力を含む）を求められると，類似性比率と対人魅力度との間に，図のような関係が示される。一方，T. M. ニューカム (1961) は，学生寮における親密化の過程を調査した。入寮前に，各学生がもつ社会的態度を測定しておき，16週間追跡調査をすると，はじめは同室や隣室の学生同士が親しくなるが，しだいに類似した態度をもつ学生同士が親密になっていくことを明らかにした。社会的な態度だけでなく，趣味の共通性や同程度の能力をもった人に対して魅力を感じることは多い。その理由は，いくつか考えられる。第1に，趣味が一致している人は，好きなことを一緒にできるという報酬をもたらしてくれる。第2に，意見の一致しやすい人は，自分の意見の正しさを確認でき，それによって自尊心も高まりやすい。第3に，重要なことで意見が一致しやすい人は，コミュニケーションが容易で誤解が少ない。性格の場合は，支配的な人と依存的な人の組合せのように，類似性よりも相補性が重要とする研究もあるが，ごく限られた役割関係でしか成立しないとされている。

62 他人を好きになる：対人魅力

> **63 他人とつきあう：関係の形成と崩壊**——たまたま出会った人たちが，対人関係を形成し，発展させ，維持もしくは解消させていく一連の過程には，様々な要因が関与しているが，社会的交換理論からの説明が多い。

❖関係の形成

対人関係が形成される過程を説明する考え方は，大きく分けて2つある。第1は，対人関係が親密化するかどうかは，出会いの初期に決まってしまうという初期分化説である。フィーリングが合いそうなどの対人判断に関する素朴な信念が強く働く場合である。さらに，うまくいきそうであると思ったり，自分から相手に対して関係形成の働きかけをしたりすると，自分に都合のよい側面しか見なかったり，相手に対する好意的な振舞いが相手からの好意的態度を引き出し，結果として親密な関係が形成されていくことになる。第2は，親密な関係になるかどうかは，時間経過に伴い徐々に変化していくという段階的分化説である。代表的な考え方の1つにフィルター理論がある。相手の社会的属性や価値観の類似性というフィルターによって関係を開始し，その後は自分の欲求を補ってくれるというフィルターを通して，関係を形成する相手を限定していくというものである。2つの考え方は，相互に矛盾するものではなく，それぞれの関係形成が行われやすい条件を明確にすることが必要である。

❖関係の発展

G.レヴィンジャーとD.J.スヌーク（1972）は，対人関係の発展段階を，接近，意識，親和，表面的な接触，愛着，相互性の6段階に分け，身体的魅力のような外見的特徴は，関係の初期段階においては重要であるが，レベルの進んだ段階になると，それに代わって，内面的な価値観や性格特性が重要になってくることを明らかにした。社会的浸透理論でも，二者関係が進展するにつれ，2人の間で交換される情報は，自己に関する表面的な情報から内面的な情報に変化することが指摘されている。対人関係の発展を3段階に分け，フィルター理論的に説明するものとしてSVR理論（図）がある。

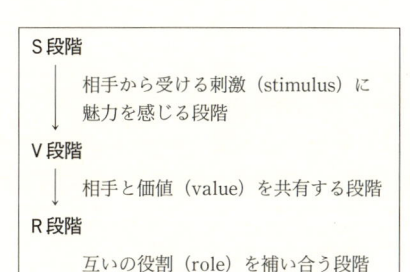

```
S段階
 ↓  相手から受ける刺激 (stimulus) に
    魅力を感じる段階
V段階
 ↓  相手と価値 (value) を共有する段階
R段階
    互いの役割 (role) を補い合う段階
```

図　SVR理論（Murstein, 1977）

❖**関係の崩壊**

　対等な二者関係を継続的に維持するためには，〈衡平性〉と〈互恵性〉の基本原則が必要である。衡平性とは，自分が相手との関係に対して投入しているもの（金銭・時間・努力など）と，その関係から得られるもの（物質的・精神的報酬）の比率が，相手と等価であると認知することである。自分の方が利得過剰や過小だと認知すれば，その調整に努めるが，衡平性が回復されなければ，関係は解消される。互恵性とは，自分が相手から報酬を受けたら，必ず相手に対してお返しをするという社会規範である。互恵性の規範が守られなければ，相手を信頼できなくなり，関係は崩壊する。

　ところで，親密で遠慮のない関係になれば，お互いの欲求がぶつかり合い，葛藤状態に陥りやすくなる。葛藤が生じたときに，当該の問題に対して建設的に対処する人と，逃避的あるいは攻撃的に対処する人では，関係の継続性に違いが生じる。関係の危機をもたらすような出来事（相手が約束した日の直前になって，変更を依頼してくる）に対し，相手の永続的な特性（不誠実な人）に原因を求めた場合は，状況的要因（転職したばかりで多忙）に原因を求めた場合よりも，関係の解消に向かいやすい。S. W. ダック（1982）は，対人関係が崩壊する過程の段階モデルを提唱している。最初は，関係に不満を感じ始め，多様な角度から関係を評価し，相手に対する満足度を高めようとしたり，相手の行動を調整しようとする「内的取組み段階」である。次は，相手に自分の不満や見解を直接述べ，関係を修復するか解消するかを決める「関係的段階」である。その次は，関係の解消を公表し，自分の面目を保つために行動する「社会的段階」である。最後は，自分の中で関係を清算し，合理化する「思い出の埋葬段階」である。

> ***64** 他人を説得する：説得的コミュニケーション*——説得を効果的に行うには，誰がメッセージを送るのか，メッセージ内容をどのように構成するのかだけでなく，受け手の情報処理の過程にも注目する必要がある。

❖送り手の効果

　同じメッセージ内容で説得しても，信憑性（専門的知識＋人間としての信頼性）の高い人の方が説得効果は高い。健康食品の効能を，大学教授が発表した場合と販売会社の社長が発表したのでは，前者の方が売れ行きに大きな影響力をもつ。送り手の魅力も重要である。中学生のツッパリ君に，魅力ある教師と魅力のない教師が，同じようにタバコの害を説いたとしても，効果はまったく異なるであろう。魅力のない教師の場合，かえって喫煙行動を助長させてしまう場合がある（ブーメラン効果）。送り手のもつ魅力が，なぜ受け手の態度変化をうながすのかについては，同一化の観点から説明される。すなわち，メッセージ内容の専門性による態度変化が，受け手の価値体系への内在化に基づくのに対し，送り手の魅力による態度変容は，受け手が送り手を同一視したいという欲求に基づいている。このほか，送り手の説得意図が受け手に察知されないときの方が，説得効果が大きくなることを実証した研究もある。くちコミによる商品の宣伝効果が，ときとして非常に大きな影響力を持つことは，このことと関連している。

❖メッセージ内容の構成

　恐怖や不安を引き起こす説得的コミュニケーションは，受け手が与えられた恐怖を容易に回避できるかどうかが，説得効果の適否を決めている。例えば，肺ガンの恐ろしさを訴えて喫煙を止めさせようとする場合，受け手が喫煙常習者でなければ，強い恐怖は有効である。しかし，喫煙常習者の場合は，すぐに恐怖を回避することは難しいので，説得的コミュニケーションを無視するような防衛的反応を生じさせる。また，受け手がコミュニケーションの唱導方向と同じ立場をとっていたり，内容に関する知識や情報量を少ししかもっていない場合には，送り手の主張と同一方向の要素だけをもった一面的コミュニケーションが有効である。その逆の場合には，

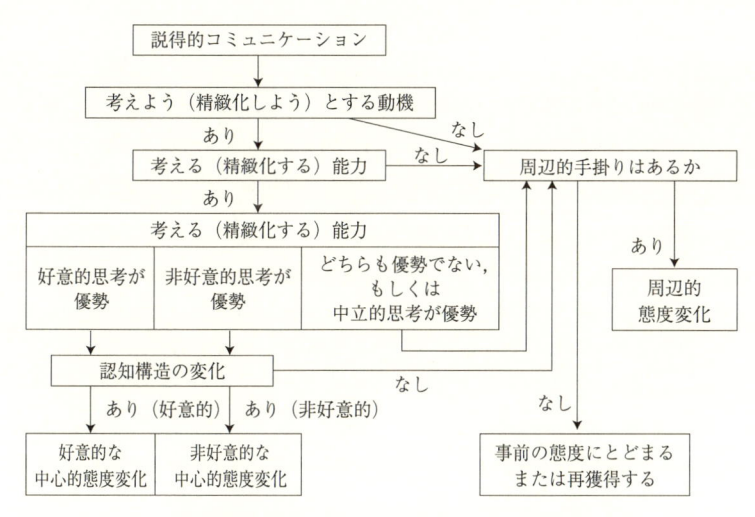

```
                    ┌─────────────────────────┐
                    │ 説得的コミュニケーション │
                    └─────────────────────────┘
                                 ↓
                    ┌─────────────────────────────┐
                    │ 考えよう（精緻化しよう）とする動機 │
                    └─────────────────────────────┘
                         あり          なし
                          ↓                       →
                    ┌─────────────────┐  なし
                    │ 考える（精緻化する）能力 │ ─────→ 周辺的手掛りはあるか
                    └─────────────────┘
                         あり
                          ↓
                    ┌──────────────────────────────────────┐
                    │       考える（精緻化する）能力        │
                    ├──────────┬──────────┬────────────────┤
                    │好意的思考が│非好意的思考が│どちらも優勢でない，│
                    │  優勢    │   優勢    │  もしくは    │
                    │          │          │中立的思考が優勢│
                    └──────────┴──────────┴────────────────┘
```

図　精緻化見込みモデル（Petty & Cacioppo, 1986）

反対要素も含んだ両面的コミュニケーションの方が，説得効果は大である。後者の場合には，コミュニケーションの内容が送り手の主張と異なる内容も含んでいることにより，受け手が，それを客観的で公正なものとして見なしやすいからである。このほか，最初から大きな要求を出すよりも，最初は小さな要求を出し，承諾してもらってから，大きな要求を出す方が受け入れられやすいことが知られている。街頭でアンケートに答えさせ，「当たったから商品を受け取りに来てください」と誘い出し，高額な契約をさせようとするアポイントメント商法は，これを悪用したものである。

❖受け手の情報処理過程

　R. E. ペティとJ. T. カシオッポ（1986）は，受け手の認知プロセスに注目し，精緻化見込みモデル（図）を提唱している。精緻化とは，送り手が主張した論拠に対して受け手が能動的に考え，情報処理することを指している。情報処理の動機づけが低かったり，動機づけは高くても情報処理能力が低い場合は，送り手の魅力や専門性，論拠の数といった周辺的手掛りによる態度変化が生じる。一方，動機づけも処理能力も高い場合は，メッセージ内容に対する認知的な情報処理が行われ，中心的な態度変化が生じる。こちらの態度変化は，持続的で安定しており，説得への抵抗も強い。

> **65 他人と交渉する：交渉と取引**——利害に基づく葛藤関係を，当事者同士が話合いによって，どのように解決していくかという過程には，威嚇や譲歩，第三者の介入，代表者の集団内地位などが関係している。

❖研究の特徴

　囚人のジレンマ（➡ **27**）に代表される実験ゲームは，社会的交換の様相を純粋かつ明確に説明できる研究法としては意義あるものである。しかし，方法論が抽象化されすぎており，葛藤関係にある当事者同士のコミュニケーションを用いた対人交渉過程が欠落してしまうとの批判がある。そこで，当事者同士が合意に至る過程で駆使する影響方略を，より現実場面に近い課題で研究しようとする人たちが現れた。交渉と取引の用語については，厳密な区別があるわけではなく，交渉の中でも経済的な合意を取引と呼んだり，インフォーマルに条件を呈示し合う場合を取引と呼ぶ研究者もいる。D. ドラックマン（1994）によれば，交渉研究で取り上げられている要因は，個人的交渉か代表者としての交渉か，対立点の数や対立の程度，交渉過程の可視性，時間的制約など多岐にわたっている。

❖威嚇と譲歩

　図は，交渉ゲームの代表的な課題である。被験者は，A社かB社のトラック運行係の役割を担わされ，利潤を最大にするよう教示される。利潤は，スタート地点から目的地まで行ったときの報酬から運行時間を差し引いたものである。両社とも最短時間でいけるメインルートを有しているが，路線のなかほどで合流しており，トラックが鉢合わせした場合，一方が1車線区間の端まで戻らなければ運行時間をロスしてしまう葛藤関係にある。迂回ルートを使用すれば，時間がかかりすぎて利潤は少ない。双方が交替で1車線区間を使用すれば，最も利潤はあげられる。さらに，威嚇要因として，両社のコントロール下にあるゲートが1つずつ設定されている。このゲートの使用を両社に許す2ゲート，A社だけに許す1ゲート，どちらにも許さない0ゲート条件の下で試行を繰り返すと，威嚇条件をもたない0ゲート条件で最も利潤が高くなり，2社が威嚇の条件をもつ場合は，1社だけがもつ場合より悪くなる。このことから，威嚇手段のない方が有効

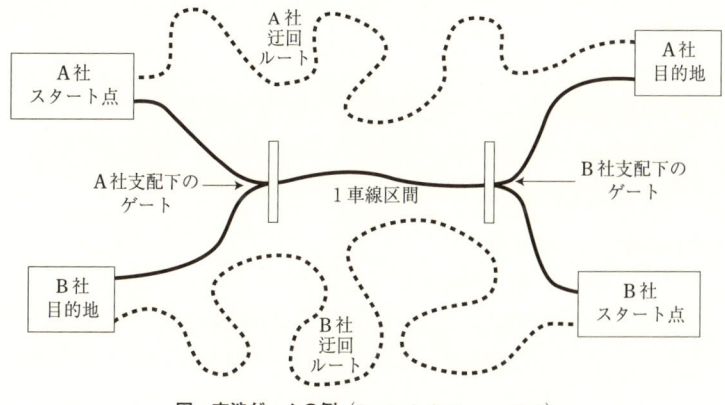

図 交渉ゲームの例 (Deutsch & Krauss, 1960)

な交渉を成立させることが可能であり，双方が威嚇手段をもつ場合は，交渉よりも報復合戦に陥る可能性を示している。これを解決するためには，双方が譲歩する互譲が必要になる。互譲効果をあげるには，こちらの互譲が相手の互譲に連動していることを示す必要があり，繰り返しのある囚人のジレンマ・ゲームの応報戦略にあたる。

❖**様々な影響方略**

　対立点が複数あるような場合，当事者間の利害を調和させ，単純に両者の妥協によって得られるものよりも，双方にとってより満足度の高い利益をもたらす合意を統合的解決と呼んでいる。そのためには，相手にとっては重要であるが，自分にとってはそれほど重要でない部分を譲歩し合うことが必要である。交渉の当事者同士の間に，共通した社会的アイデンティティ（同じ高校の出身者など）が顕在化した場合も，妥協が成立し，合意が達成されやすくなる。また，当事者同士の対立が深刻化し，交渉が決裂しそうな場合には，第三者の介入が有効である。離婚における調停員，アラブとイスラエルの交渉が，仲介役である第三国の調停によって進められるのは，そのような例と考えられる。交渉者が自分の属する集団の利益を代表している場合は，個人だけの利益を代表している場合よりも，妥協や譲歩をとりにくいことが知られている。つまり，交渉者は集団の他成員に対して，自分の面目をできるだけ保とうとする。集団内での支持基盤が弱かったり，地位が低い代表者ほどそうした傾向が強くなる。

65 他人と交渉する：交渉と取引

> **66 他人の身になる：共感性**——円滑な人間関係を作り出すためには，相手が感じている体験に対して，適切な感情移入のできる共感性が必要である。共感性は，向社会的行動や援助行動とも密接に関連する。

❖ 社会的スキルとの関連性

　社会的スキルは，対人場面において，効果的に相手に反応するために用いられる言語的，非言語的な行動である。具体的なスキルを適切に発揮するためには共感性が必要とされる。例えば，受験に失敗した友人を気づかう場合，「来年があるから」とか「A大学は受かっているよね」と声をかけることは，本当の意味で慰めになるか疑問である。友人の感情に配慮するとすれば，「悔しいね」と言って，あとは黙っている方が適切である。前者は，単に自分の気持ちを述べたものであり，後者は，相手の感情を自分の言葉として述べたものである。同じ状況が，教師－生徒で起きれば，教師は生徒の肩に手をかけ，軽く叩けば，「おまえの悔しい気持ちはよくわかる」という気持ちを十分伝えることになる。同様に，会話の中で相手が感情的な不満を訴えているのに，「あなたの言いたいことはわかる」といった論理的な理解だけを示すと，かえって信頼関係を損なうことになる。共感的に理解するとは，相手の「言いたいこと」ではなく「不満な気持ち」がわかるということを伝えなければならない。

❖ 援助行動との関連性

　援助行動が必要な状況におかれたとき，人は2つの異なった理由から援助を始めるとされている。1つは，苦境に陥っている人を観察することによって生じる不安や不快感を軽減するためである。つまり，自分本位の動機づけによって，援助行動に携わる場合である。もう1つは，苦境に陥っている人に対する共感的関心である。こちらは，他者を幸福にしてあげたいとする向社会的な動機づけが援助行動を引き起こしている。阪神・淡路大震災のときに多くのボランティアが駆けつけたが，初期の悲惨な状況が終わるとすぐにボランティアを止めてしまう人は自己本位の動機づけから，継続的な活動を続けた人たちは共感的関心から援助行動を始めたと考えることもできる。共感性の高い人たちは，援助を行わなかったときに生じる

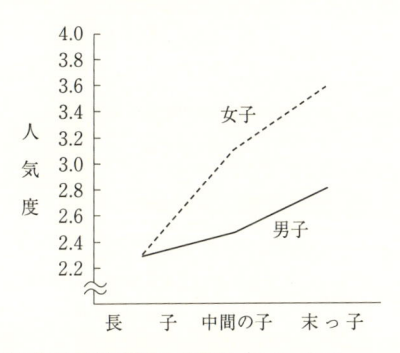

図　性別から見た出生順位と人気度（Miller & Maruyama, 1976）

コストや状況からの逃避が容易か困難かにかかわりなく，援助行動を生起させやすいことが実験的にも証明されている。

❖**他者視点との関連性**

共感性を発達させるためには，他者視点の取得が必要である。子どもが自己中心的な思考から脱し，他人の立場になって考えることができるようになるのは，具体的操作期（7〜12歳）になってからである。他者視点の取得とは，相手の立場からすると同じことも別の見方ができること，相手の考え方や感じ方は自分と異なることが理解されることである。いじめやストーカー行為は，自己中心的な論理で行われることが多く，共感性の欠如を示すものである。

❖**出生順位の影響**

長子が経験するはじめての人間関係は，自分より圧倒的に権力をもつ親との関係に限定される。これに対し，次子が経験する人間関係は，親だけではなく，自分より少し大きいだけの長子との関係も含まれる。長子は，次子との関係に親と自分との「タテ」関係を当てはめようとするが，次子は長子を自分と同類の「ヨコ」関係と見ようとする。この初期経験の差異が，その後の人間関係の見方を規定するとの考え方は，社会的図式説（E. ストットランドら，1971）と呼ばれている。長子は他の人との差異に注目するが，次子は類似性に注目し，その人の感情状態になりきる共感性に優れているとする考え方である。また，次子は長子からの支配的な振舞いに対処するため，社会的スキルを身につけやすい。次子は両者を備えることによって，仲間集団で人気が高いとする見解が出されている（図）。

参考文献

大坊郁夫・奥田秀宇（編）　1996　親密な対人関係の科学　誠信書房
菊池章夫・堀毛一也（編）　1994　社会的スキルの心理学　川島書店
末永俊郎（編）　1978　集団行動　東京大学出版会
高田利武　1992　他者と比べる自分　サイエンス社
長田雅喜（編）　1996　対人関係の社会心理学　福村出版
深田博己　1999　コミュニケーション心理学　北大路書房
松井豊（編）　1992　対人心理学の最前線　サイエンス社
諸井克英・中村雅彦・和田実　1999　親しさが伝わるコミュニケーション　金子書房
山本真理子・外山みどり（編）　1998　社会的認知　誠信書房
Anderson, N. H.　1965　Averaging versus adding as a stimulus-combination rule in impression formation. *Journal of Experimental Psychology*, 70, 394-400.
Asch, S. E.　1946　Forming impressions of personality. *Journal of Abnormal and Social Psychology*, 41, 258-290.
Druckman, D.　1994　Determinants of compromising behavior in negotiation: A meta-analysis. *Journal of Conflict Resolution*, 38, 507-556.
Duck, S. W.　1982　A topography of relationship disengagement and dissolution. In S. W. Duck (Ed.), *Personal relationships 4: Dissolving personal relationships*. Academic Press.
Festinger, L.　1954　A theory of social comparison processes. *Human Relations*, 7, 117-140.
Levinger, G., & Snoek, D. J.　1972　*Attraction in relationships: A new look at interpersonal attraction*. General Learning Press.
Newcomb, T. M.　1961　*The acquaintance process*. Holt.
Miller, N., & Maruyama, G.　1976　Ordinal position and peer popularity. *Journal of Personality and Social Psychology*, 33, 123-131.
Petty, R. E., & Cacioppo, J. T.　1986　The elaboration likelihood model of persuasion. *Advances in Experimental Social Psychology*, 61, 123-205.
Shachter, S.　1959　*The psychology of affiliation*. Stanford University Press.
Stotland, E.　1971　*Empathy and birth order*. University of Nebraska Press.
Tesser, A.　1988　Toward a self-evaluation maintenance model of social behavior. In L. Berkowitz (Ed.), *Advances in experimental social psychology*, Vol. 21, 181-227. Academic Press.
Zajonc, R. B.　1968　Attitudinal effects of mere exposure. *Journal of Personality and Social Psychology*, 9, 1-27.

8章▶集団の中の人間

この章では，人間が集団の中におかれることでどのように考え行動するか，そしてどのように集団を維持し変革するのかについて学ぶ。

> **67 価値観を共有する：集団規範** ——集団成員は，相互作用を続ける過程で，認知や判断，行動について「こうあるべきだ」という一定の基準や価値観を共有し，規範を形成する。規範は成員の心理と行動に強い影響を及ぼす。

集団規範とは，集団内の大多数の成員が共有する判断の枠組みや思考様式と定義される。具体的には，「かくなる状況では，こう判断し，このように行動すべきだ」というような認知，判断，行動のあり方について，成員が共有している判断基準であり，価値観である。

集団規範は，個々の成員の心理と言動というマイクロ・レベルの要素が，集団活動を経て，相互作用を積み重ねる中で創出していくマクロ・レベルの要素の代表的なものである。社風や学風，チーム・カラーのように，集団レベルの心理現象として記述される場合もあるが，集団そのものは心をもちえない。集団規範はマクロ・レベルの現象であるが，あくまでも個々の成員の心理過程に存在するものである。

❖集団規範の生成過程

M.シェリフは，集団規範が生成されていく過程について実験を行って検討した。彼は，実験参加者たちに対して，完全な暗闇にした実験室の中で，針の穴から漏れてくる光点を2秒間観察させ，何インチ動いたように見えたか回答を求めた。一緒に光点を見た実験参加者たちは，最初は，個々に異なる値を回答したが，この判断を繰り返し行っていくうちに，回答を1つの値に収斂させていったのである。収斂した判断に対する自信は，時間が経過して，個別に再度判断を求められても，揺らぐことは少なかった。最初は異なっていた互いの意見が1つにまとまったことで，その判断は集団規範となり，成員たちの心の中にしっかりと根づいたのである。

❖規範の測定

成員が共有している規範の特性は，どのようにすれば把握することができるだろうか。J.M.ジャクソンは，図に示すように，横軸に行動の程度（例えば「まじめに働く程度」）をとり，縦軸にそれぞれの行動程度に対する成員の評価の程度をとる2次元グラフを用いて，集団規範の存在を把握す

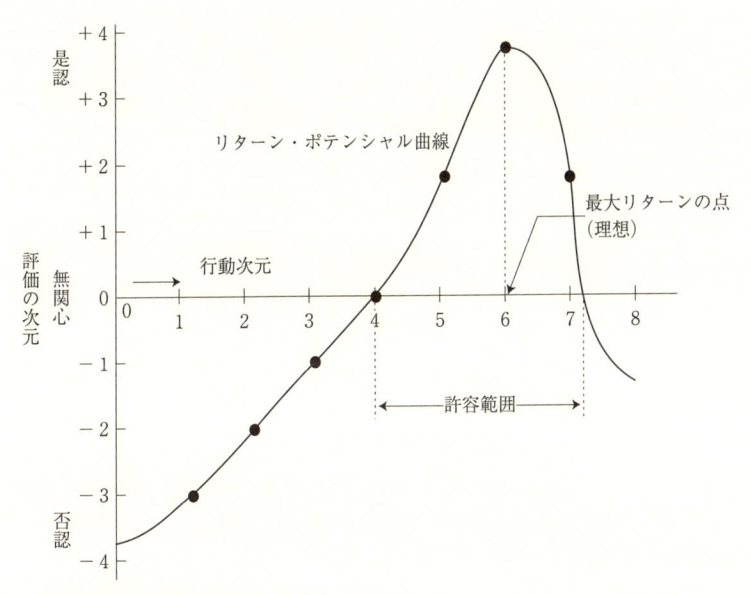

図 規範を計量的に把握するリターン・ポテンシャル・モデル（Jackson, 1960）

るリターン・ポテンシャル・モデルを考案した。図からわかるように，まじめに働く程度が高くなるほど，是認される程度も高まるのだが，ある一点を越えると急激に否認方向へと転じる。この境界点は最大リターン点と呼ばれ，その集団の成員たちが理想とする行動の程度，すなわち規範を表している。集団によって異なる規範が存在することは，最大リターン点，許容範囲，そして曲線の形の違いによって把握できる。

❖規範の影響

集団規範は，個々の成員たちが相互作用する中で創出されるのだが，ひとたび確立されると，今度は，多様な個性をもつ成員たちに，一定の共通した認知や行動のパターンを植えつけていくような影響を及ぼすことになる。規範は大多数の成員によって共有されているがゆえに，規範を逸脱する行動をとる成員に対しては，規範に従って行動するようにまわりの成員から働きかけが行われる。この働きかけは斉一性の圧力と呼ばれる。

67 価値観を共有する：集団規範

> **68 まわりに合わせる：同調と服従**——まわりのメンバーが一致して自分とは異なる見解をとるとき，我々は自分の意見を主張することよりも，自分の意見をまわりに合わせる行動の方を選択することがしばしばある。

同調とは，ある個人が，まわりの人々の設定する標準や期待に沿うように行動することと定義される。特に，集団状況で，他の成員が一致して自分とは異なる意見を主張するとき，同調は生じやすい。同調には，大別して，①多数者意見に本心から同意して生じる「私的受容による同調」と，②本心では多数者意見に同意してはいないのだが，行動では表面上多数者に合わせる「公的受容による同調」の2種類に分類される。

❖ なぜ同調するのか：多数者影響の性質

M.ドイッチュたちは，多数者意見は，少数者に2種類の影響をもたらすと指摘している。1つは，正しい判断や意見を示唆する「情報的影響」である。人間は正しい判断をしたいと願う傾向がある。個人が，多数者意見を正しいものだと受け取る場合，私的受容による同調が生じやすい。

もう1つは，自分に対して周囲が期待している行動を示唆する「規範的影響」である。人間は，周囲の人々から好かれたいと願い，嫌われるのは避けたいと願う傾向をもっている。集団の大多数が一致した見解を示すとき，個人は，まわりから好かれ，少なくとも嫌われることはないように，自分も多数者と同じ見解に転じる場合がある。少数者が，多数者意見に規範を読みとり，集団の斉一性圧力を感じるとき，本心では不同意ながらも表向き追従してしまう公的受容による同調が起こりがちである。

❖ イッキ飲みの例

私的受容による同調と公的受容による同調との違いを，ここで，典型的な同調行動であるイッキ飲みの例を使って説明してみよう。イッキ飲みで急性アルコール中毒になったりして大変な目に遭うのは，多くの場合，それまであまりアルコールを飲んだ経験のない新入生である。アルコールを飲むと自分がどうなるかについて十分な経験のない新入生は，自分でどれだけ飲めるかを判断できない。そのようなときには，自分と同じ立場にあ

る他の新入生がイッキ飲みをしているという情報を使って，自分も大丈夫だろうという判断をする。その結果，他人と同じ行動をとり，他の新入生がイッキ飲みをしている限り自分もイッキ飲みを続けるという同調行動をとることになる。これが私的受容による同調の例である。これに対して，自分はこれ以上飲むと気分が悪くなったり大変な目に遭うことがわかっているために，本当はイッキ飲みをしたくないと思いながら，ここで断ると座をしらけさせてしまうから悪いなと思ったり，みんなから馬鹿にされたり嫌われたりするのではないかと心配になったりして，いやいやイッキ飲みをする場合が，公的受容による同調の例である。

❖**公的受容による同調の起こりやすさ**

人間は，自分の判断と行動を一貫させたいという気持ちを強くもっている。本心では多数者意見に不同意な場合に，どのくらいの程度で，公的受容による同調は生じるのであろうか。S.E.アッシュは，*16*で紹介した実験を使って，多数者意見が間違っていることが明白であるにもかかわらず，多くの実験参加者が，多数者意見に同調することを示した。人間は，自分の本心とは一貫しない行動でも，必要に応じてとることができる。公的受容による同調は，社会生活への適応方略・対人関係スキルの1つと考えられる。

❖**同調から権威への服従へ**

公的受容による同調の心理メカニズムは，権威への服従行動においても機能する。S.ミルグラムは，*9*で紹介した「アイヒマン実験」を使って権威者から命令を受けると，多くの実験参加者が，目前の第三者が死亡しかねないほどの強力な電気ショックを与えることでさえ，ためらいながらも実行してしまうことを示した。複数の実験参加者が一緒に同様の課題に臨み，自分以外の実験参加者が従順に命令に従う条件では，さらに権威に服従する人の割合は多くなった。権力者の命令を多数者が支持するとき，それが個人の本心に反するものであっても，権威への服従が生じやすいのである。ナチスによるユダヤ人大量殺戮のような悲劇は，特殊な人間たちが引き起こすのではなく，公的受容による同調の心理メカニズムが働くとき，誰でもが引き起こす可能性のある事態なのである。

> **69 まわりを変える：少数者影響過程**——集団の中では，少数者は，多数者からの影響を受けるばかりの存在ではない．少数者が多数者に影響を及ぼし，集団の多数者意見を変革していく過程も存在する．

S. モスコヴィッチは，多数者影響として生じる同調は，社会や集団の現状保持には有益に機能しても，変革の発生を抑制する働きをもつことを指摘し，社会の革新は常に少数者影響によってもたらされると主張した．

❖**少数者影響を生む行動様式**

モスコヴィッチたちは，少数者の行動様式しだいで，多数者に対抗してインパクトのある影響力をもつことが可能になると主張した．とりわけ，行動の一貫性こそ，それを実現する重要な鍵を握る行動様式であると考え，「ブルー/グリーン・パラダイム」と称される一連の実験を行って，この考えの正しさを検証した．

これらの実験は，光度の異なる36種類のスライドを6人の実験参加者に見せ，スライドの色を判定させるものである．どのスライドも一般に青と判定されるものだったが，少数者影響を確かめる条件では，6人のうち2人は実験協力者で，わざとすべてのスライドについて一貫して緑と答えた．さらに，3分の2の24枚だけ緑と答える一貫性に欠ける条件も設定し，比較検討した．結果は図に示すとおりである．判断の一貫しない少数者は，少数意見が存在しないのと同然の小さな影響しか与えなかった．それに比べて一貫した判断の少数者は，数段大きな影響を与えたのである．

❖**少数者影響の質的特性：内面化，そして創造性の刺激**

モスコヴィッチは，少数者影響の質的特性についても言及した．多数者影響が内的な変化を伴わない表面だけの公的受容による同調を引き起こすことが多いのに対して，少数者影響は，多数者に認知的葛藤を引き起こし，表面的には変化がなくとも，内的な態度変化をもたらすというのである．彼は，この多数者の内的な態度変化を「転換」(conversion) と呼んで，少数者影響に特有の質的特性であると主張している．ただし，内面化を伴う多数者影響も存在するので，この主張には反論も多い．

むしろ，少数者影響独特の質的特性としては，集団の創造性を刺激する

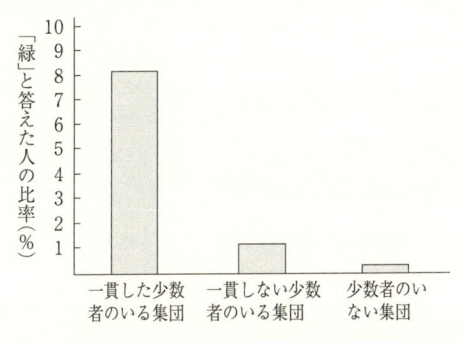

図　少数者の一貫した態度が多数者の知覚に及ぼす影響
(Moscovici, Lage, & Naffrechoux, 1969)

点が指摘される。C. ネメスは，集団による問題解決課題などを用いた一連の実験を行って，多数者とは異なる意見を述べる少数者が存在する集団では，全体としてメンバーたちが新しく，かつ正しい反応を示す割合が高いことを明らかにしている。少数者影響は，多数者に，それまで気づいていなかった観点や考え方に気づかせ，創造的な議論を導く可能性を秘めている。

❖ **一貫しない研究知見**

モスコヴィッチらの主張と実験パラダイムは，新たな研究視点をもたらし，集団研究に刺激を与え，数多くの関連研究を生み出した。しかし，その後の研究知見は，必ずしも彼らの主張を支持するものばかりではない。ネメスらは，モスコヴィッチの実験のように同一反応の繰り返しとしての一貫性では，多数者側に心理的反発を引き起こすことさえあると指摘している。彼女らは，少数者が妥当性を確信して一貫した主張を行っていると推察させるような行動様式こそが必要だと主張している。また，異なる主張を一貫して行う少数者に対して，多数者が，自分たちとは異質な人間というラベリングを行い，その主張に真剣に耳を傾けない事態が生じないように，同意できる意見には積極的に賛成して多数者に仲間であることを認識させる行動様式の効果性も指摘されている。モスコヴィッチらの主張は，多数者影響に偏っていた研究視点を転換させた点で，その功績は大きい。ただ，その主張内容を積極的に支持する一貫したデータに乏しく，今後さらなる検討を必要としている。

69　まわりを変える：少数者影響過程

> **_70_ いるだけで違う：社会的促進と社会的手抜き**──そばに他者がいると意識するだけで，我々の行動は多様な影響を受けてしまう。やる気が湧いて作業が進むときもあれば，気を抜いてしまうこともある。

❖ **他者存在がもたらす心理的影響：動因水準の高まり？**

　R.B. ザイアンスは，課題遂行状況における他者の存在は，覚醒水準あるいは動因水準を高めて一定の興奮状態を引き起こし，自分が慣れ親しんだ課題や単純な課題ならば，そのパフォーマンスを促進し，逆に，未習熟な課題や複雑な課題の場合には，パフォーマンスを抑制してしまうと主張する社会的促進仮説を呈示している。単に他者が存在するだけでは不十分で，自分の課題遂行に対して評価を行う存在として認知する他者が存在するとき，はじめて動因水準は高まるとする主張もある。

　一方，動因水準の高まり以外にも，他者の存在は，課題遂行者の自己に向ける注意を増大させるとする自己注意理論の枠組みに基づく主張や，他者の存在は，好ましい自己像を呈示しようとする動機づけの高まりをもたらすとする自己呈示理論の観点からの主張もある。

　社会的促進の効果は，集団による課題遂行場面において基本的に働く効果である。そして，集団成員がまとまって課題遂行する状況では，さらに興味深い他者影響が見られる。

❖ **ついついみんなに頼ってしまう**

　集団の課題遂行水準は，個々の成員の課題遂行能力の総和を基準として考えられる。I.D. スタイナーは，図に示すように，集団のサイズが大きくなるにつれ，集団のパフォーマンスは，この基準よりも低くなることを指摘した。その理由として，個別にパフォーマンスをチェックされにくいことからくる動機づけのロスの側面と，お互いの努力を調整することにエネルギーをとられる調整ロスの側面が指摘された。スタイナーは，この2つのロスを合わせてプロセス・ロスと名づけている。

　これに対して，B. ラタネらは，単独課題遂行条件と，当人は集団で遂行しているつもりであるが実際には単独で課題遂行する条件（他成員との協同作業はなく，調整ロスは生じない）の両条件間でパフォーマンスの比較

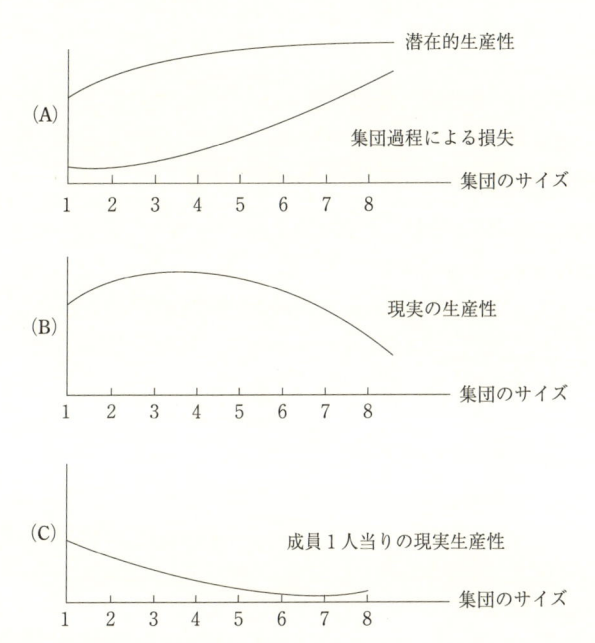

集団サイズが大きくなるにつれ，社会的手抜きが生じて，成員1人当たりの現実生産性は低下する(C)。これは集団過程の損失となってあらわれ，集団サイズが大きくなるにつれ，潜在的生産性が高まると同時に，この損失も大きくなる(A)。その結果，集団サイズと集団の現実生産性は逆U字の関係になる(B)。

図　プロセス・ロスの説明図 (Steiner, 1972)

を行って，集団課題遂行状況では，調整ロスの有無に関係なく，個人の努力量が減少する，すなわち個人の動機づけが低下することを明らかにした。彼らは，この現象を社会的手抜き (social loafing) と名づけた。

社会的手抜きが生じる理由としては，①課題遂行に関する社会的圧力が集団では分散されて，成員が自己に求められる努力量を小さく認知するため（社会的インパクト理論に基づく説明），②個人の努力量が集団の成果にどれだけ結びついているか，その識別が難しいので，個人は，努力しても正当な評価を受けにくく，怠けても責任を回避できると認知するため，③自分は最小の努力しか払わずに集団の成果の恩恵にあずかろうとするフリー・ライダー効果が生じるため，といった説明がなされている。

70　いるだけで違う：社会的促進と社会的手抜き

> **71 みんなで決める：集団意思決定**——集団で意思決定を行うために行われる合議過程は，成員どうしの個人的要素が多様な相互作用を生み出し，導かれる結論の行方にダイナミックな影響を与える過程である。

　集団意思決定は，複数の人々が直接に意見を交換する相互作用，すなわち合議を行って，全員に共通の決定を導く事態と定義される。合議なしで投票のみによって行われる決定は集合的決定と呼ばれ区別される。

　集団意思決定研究の基本的関心は，合議による意思決定は，個人単独で行う意思決定よりも優れた結論を導くのか，という問いにある。

❖ なぜ話し合うのか

　多くの人々が，1人で考えるよりも話し合った方が何かにつけ好ましいと思い込んでいる節がある。人々がそう考える根拠は，話し合って決めた方が，①民意を反映した民主的な決定ができる，②創造的な問題解決が可能になる，③より的確な判断ができる，という3点に整理できる。これらの根拠は理にかなったものなのだろうか。

❖ 民意は反映されるか

　我々は，「話合いという民主的な手続きを経て導かれた以上，その決定は民意を反映した正当なものである」と考えがちである。しかし，話合いの進め方しだいでは，決定の行方を操作することが可能である。例えば，3人の会社重役が集まって，新しい会社を設立することについて話し合ったとしよう。3人の態度は，表に示すようなものである。総論からすると，3人中2人は不同意なのだから，設立は見送りとなるはずである。しかし，新会社設立に積極的なAが議長となって，条件ごとに是非を決定していく方法で話合いを進めるとどうなるだろうか。条件1も条件2も，3人中2人は同意である。いずれの条件も同意されたということになって，結論は新会社設立にゴーサインを出すものになる。

　また，亀田達也と杉森伸吉は，第1段階として下位集団で合議し，代表者がその結論をもって，第2段階の全体会議に臨むという形態をとる場合，全体の中では少数の意見が，ある下位集団では多数派を占め（ローカル・マジョリティ），第2段階の全体会議に進むと，実際の勢力以上に強い影響

表 複数の条件判断を含む集団意思決定の例（亀田，1997）

成員	条件1	条件2	総合判断
A	○	○	賛成
B	○	×	反対
C	×	○	反対

力を及ぼすことを実証している。話合いの進め方しだいで，合議は，必ずしも民意の反映を保証するものではなくなってしまうことがわかる。

❖集団は創造的か：「三人寄れば文殊の知恵」は本当か

A. F. オズボーンは，個人単独で考えるよりも，集団で合議しながら考えた方が，互いの発話・アイディアが知的刺激となり，より創造的なアイディアが生まれやすいと考えた。そして，他者発言の批判や否定を禁止するブレーン・ストーミング技法を提唱した。当初，彼の主張と技法は広く受け入れられたが，その後，数多くの実証的な検討によって，合議過程には，集団の創造性を阻害する要素が多様に存在することが明らかにされてきた。

合議過程に存在する集団の創造性を阻害する要素の第1は，プロセス・ロスである。集団状況では，全力で思考する動機づけは低下し，コミュニケーションをとるための労力も負担となる。第2は，現実の合議場面では，良いアイディアを思いついても，他者の発言をさえぎって発言することはできないため思考が停止する「発話のブロッキング」が起こることも指摘されている。第3には，他者のがんばりをあてにして意図的に自分は手を抜く「フリー・ライディング」が生じやすいことがあげられる。さらには，自分の発言やアイディアが他者からのネガティブな評価を受けないか心配する「評価懸念」も創造的な議論を阻害してしまうことがある。

このように困難は多いが，合議による創造的な問題解決は切実な現実課題であり，近年では，電子コミュニケーション・ツールを活用した集団決定支援システムの開発など，阻害要素を克服する取組みが成果をあげつつある。

> **72 調子に乗りすぎ？：集団的浅慮とリスキー・シフト**——
> 的確さを期待される集団意思決定だが，一定の条件が揃うと，成員の平均的な意見よりも極端にリスキーな決定や，ときにはあきれるほど愚かな決定を導くことがある。

　合議過程は，単に情報の交換・集約過程にとどまらず，個人成員どうしの心理的相互作用の場である。この心理的ダイナミクスが，合議による結論を，一定の方向へとエスカレートさせる場合がある。

❖ **なんと愚かな！：集団的浅慮（groupthink）**

　I. L. ジャニスは，ケネディ政権によるキューバ・ピッグス湾侵攻やトルーマン政権の北朝鮮侵攻など，歴史上の重大な政策決定失敗の事例を検討した。そして，凝集性の高い集団では，集団内で意見の一致を追求する傾向が強く，一致した意見に対して，成員は自分の個人的な疑問を抑圧し，また，他の成員の批判を遮断して，自集団の能力や道徳性に関する過度の楽観視や外集団への蔑視，ステレオタイプ的な思考に陥ってしまう結果，愚かな集団決定を導いてしまうことを見出した。彼は，こうした現象を groupthink と名づけた。日本では，集団的浅慮や集団思考と訳される。

❖ **集団極性化：リスキー・シフトとコーシャス・シフト**

　ある問題への対処について，まず個人で意思決定した後に，今度は集団で合議して集団としての決定を行わせて，結論を比較すると，集団決定の方がより危険なものになることがある。J. A. F. ストーナーはこの現象をリスキー・シフトと名づけた。これに対して，S. モスコヴィッチらは，類似した態度をもつ個人が集まって合議すると，それらの態度がさらに強化されるのであって，単にリスキーな方向だけでなく，コーシャス（慎重）な方向へのシフトが生じる場合もあることを指摘した。合議によって，両方向へのシフトが発生したり，元々の態度が強化されたりする現象を包摂して集団極性化現象と呼ぶ（➡ **21**）。

　類似した意見・態度をもつ人々が集まって合議する状況では，他者の意見が，自己の意見を支持・強化してくれる。さらに，まわりよりも自分は進んだ意見をもっていることを示そうとする動機づけが働きやすく，互い

表 隠されたプロフィールの例（Stasser, 1992）

合議以前に個人が知っていた長所の数はジョンの方が多い（3：1）。でも，合議によって情報が共有されるならば，総合で長所の多い（3：7）トムが選ばれるはずである。しかし，実験の結果，ジョンが選ばれる率が高かった。トムの長所は隠されてしまったも同然である。

成員	与えられる情報	
	ジョンについて	トムについて
A	明るい，優しい，誠 実	ユーモアがある
B	明るい，優しい，誠 実	まじめ
C	明るい，優しい，誠 実	思慮深い
D	明るい，優しい，誠 実	行動力がある
E	明るい，優しい，誠 実	正　　直
F	明るい，優しい，誠 実	元気がよい
G	明るい，優しい，誠 実	思いやりがある
長所の数	3	7

に他者よりも少しずつ強調した意見を呈示しあううちに，人々の意見がしだいに極端なものにエスカレートしていき，集団極性化につながると考えられている。

❖合議過程に潜む心理的な罠：「心理的拘泥」と「隠されたプロフィール」

先に行った集団決定が間違ったものであることが客観的に明らかになっても，その決定の合議に関与したプライドや，投入した労力を無駄にしたくないという気持ちが働いて，成員たちは合議内容を正当化し，決定に執着することがある。これは，「心理的拘泥現象」と呼ばれる。

また，合議によって，新しい情報を入手しても，個人の意思決定は，以前からもっていた情報に極端に強く依拠する傾向をもつことが明らかにされている。すなわち，合議で交換された情報は，成員全員で共有されるのは難しく，結果的に的確さに欠ける結論を導く可能性を高めてしまうことがあるのである（表）。他者からの情報は，自分が最初からもっている情報の陰に隠れてしまうことから，「隠されたプロフィール」と呼ばれる。このように，的確な集団意思決定を行うことは，思いのほか難しいといえるだろう。

> **73 みんなをまとめる：リーダーシップ**——成員がそれぞれに多様な個人的目標を抱いている中で，集団が目標を達成できるように働きかけるリーダーシップは，集団の維持・強化に不可欠の要素である。

リーダーシップとは，包括的には，集団目標の達成に向けてなされる集団の諸活動に影響を与える過程と定義される。この定義に従えば，特定の地位に立つ者だけでなく，成員すべてがリーダーシップの担い手ということになる。ただ，現実には，集団のリーダーあるいは組織における高地位者が，成員に対して発揮する影響力を指すことが多い。

❖ 2つの研究アプローチ

リーダーシップに関する研究は，社会心理学の領域でも膨大な知見を蓄積してきた。多様な観点からの取組みがあるが，今日，研究の基本的関心は，効果的リーダーシップ行動とはいかなるものであるのかを明らかにすることにある。リーダーが成員たちと相互作用しながら，集団をまとめていく過程で発揮されるリーダーシップは，「交流型（transactional）リーダーシップ」と呼ばれる。この基本的リーダーシップに加えて，最近では，リーダーが将来に向けて集団を創造的に変革し，導いていく「変革型（transformational）リーダーシップ」の重要性も指摘されている。

❖ 交流型リーダーシップの特性

K. レヴィンらが行った「専制型」・「民主型」・「放任型」の3種類のリーダーシップ行動スタイルの違いによる集団の生産性への影響を検討する研究をきっかけに，効果的なリーダーシップ行動に注目した研究が相次いだ。そこから生まれてきたのが，効果的なリーダーシップ行動は2種類の機能の合成であるとする研究アプローチである。2種類の機能とは，研究者や理論によって表現は多様であるが，類似しているので，あえて集約すると，「人間関係への配慮機能」と「目標達成への配慮機能」の2つである。前者は人間（他者）指向の優しさ・思いやりの側面であり，後者は課題指向の厳しさ・励ましの側面である。2つの機能を同時に発揮することは難しいが，状況に応じて使い分け，両者をともに高度に実現するリーダーシップ行動が，最も効果的であるとされる。この観点から生まれた代表

```
┌─────────────────────────────────┐
│ 交流型(transactional)リーダーシップ │
│ リーダーとメンバーの相互作用を重視して,│      ┌──┐
│ チームをまとめ,目標達成へと導くリーダーシップ│    │フ│
└─────────────────────────────────┘      │ル│
           ⇕         ⟹              │レ│
┌─────────────────────────────────┐      │ン│
│ 変革型(transformational)リーダーシップ│     │ジ│
│ 集団を取り巻く環境の現在と将来の変化を的確│    │・│
│ に予測し,それに適応できる創造的な自己変革を│   │リ│
│ 集団に生み出していく側面            │      │ー│
└─────────────────────────────────┘      │ダ│
                                        │ー│
                                        │シ│
                                        │ッ│
                                        │プ│
                                        └──┘
```

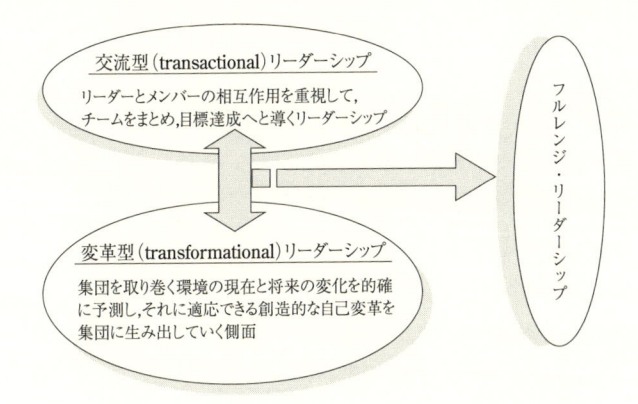

図 現代のリーダーに求められているリーダーシップ(Avolio, 1999)

的な理論に三隅二不二の PM 理論がある。

1970 年代に入ると,集団の特性や集団のおかれた状況をも考慮に入れて検討するコンティンジェンシー理論に基づく研究が盛んになった。F. E. フィードラーの LPC モデルや R. J. ハウスの目標―通路理論,P. ハーシーらのライフサイクル理論などの諸研究によって,集団状況と成員の行動に応じて効果的なリーダー行動は異なることが明らかにされている。

❖変革型リーダーシップの特性

集団は,その内部の安定性・まとまりのよさはもちろんのこと,刻々と生じている環境の変化に適応する柔軟性も必要である。変革型リーダーシップとは,将来の環境変化を的確に先読みするとともに,成員の視点を将来の環境の変化に向けさせ,長期的目標を明示し,それを達成していく具体的な手順を示し,さらには自ら率先して変革を取り入れることによって,集団に創造的な自己変革能力を育成するリーダーシップである。

❖どちらも不可欠

効果的なリーダーシップを考えるうえで,2 つのアプローチは相互に補い合う関係にある。交流型リーダーシップは基本であり,いかなる時代になろうとも,その重要性は変わらない。そして,集団が存続し成長していくためには,交流型に加えて変革型リーダーシップが必要になる。こうした観点から B. J. アヴォリオは「フルレンジ・リーダーシップ・モデル」を提唱している。

> **74 どんな分配なら納得できる？：公平と公正**——集団による課題遂行がもたらす報酬は，成員間で分配することになる。均等に分配すべきか，貢献度に応じて分配すべきか，あるいは個人の必要度に応じて分配すべきなのか。

　みんなで力を合わせて獲得した報酬を，どのように分配すれば，最大限の納得が得られるのだろうか。報酬だけでなく，労力や時間の分担など，コストの分配においても，公正感の認知は，集団状況を含め，対人関係の維持・発展に不可欠の要素である。

❖ 3種類の分配原理

　報酬の分配に関しては，①報酬獲得への貢献度に応じて分配する公平原理，②成員全員に均等に分配する平等原理，③個々の成員がその報酬を必要としている程度に応じて分配する必要原理の，3つの基本的な分配原理に加えて，④最も高い業績をあげた者にすべてを与える独占原理も考えられる。また，コストの分配に関しては，平等原理は同じく均等分配だが，公平原理はコストの原因を作った程度に応じたコストの負担，必要原理はコスト負担能力に応じた分配という形態をとる。

　J.S.アダムスの提唱した公平理論は，社会的公正を考える基盤理論ではあるが，現実の分配場面では，公平原理のみならず，上記の諸原理はそれぞれに正当な主張の根拠をもっている。どの原理に従って分配することが高い公正感をもたらすのかは，状況や集団および成員の特性，さらには文化的な要因によって異なってくる。公正に関する研究の基本的な関心は，いかなる状況において，どのような原理が支配的に選択されるのか（すべきなのか）という点にある。

❖ 分配原理の使い分け

　M.ドイッチュは，集団の目的によって，公正感をもたらす分配原理はそれぞれに異なることを指摘している。すなわち，経済的生産を目的として成員どうしに競争関係が存在する集団では，公平原理が支配的になる。一方，快適な社会生活の育成・維持を目的として協同関係を重視する集団では，平等原理が支配的になる。そして，福祉などのように生活向上を志

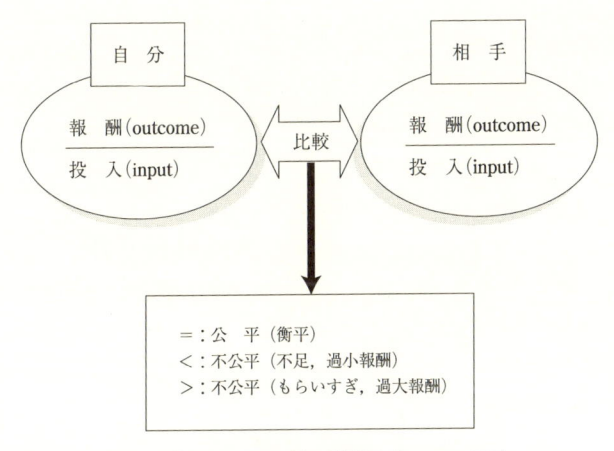

```
┌─────────┐              ┌─────────┐
│  自 分  │              │  相 手  │
└─────────┘              └─────────┘
  報 酬(outcome)   ⇔       報 酬(outcome)
  ─────────────   比較     ─────────────
  投 入(input)             投 入(input)

           ↓
  ┌─────────────────────────────┐
  │ ＝：公 平（衡平）            │
  │ ＜：不公平（不足，過小報酬） │
  │ ＞：不公平（もらいすぎ，過大報酬）│
  └─────────────────────────────┘
```

図　アダムスの公平理論の説明図（Adams, 1965）

向する集団においては，必要原理が支配的になる。

　また，狩野素朗は，集団の成員構造の安定性の違いと成員による自己の立場の認知の違いが相互に影響して，興味深い分配原理の使い分けが見られることを指摘している。それによると，集団の成員が絶えず入れ替わる流動性の高い状況では，高業績をあげた成員は，公平原理に基づく報酬分配を主張する一方，低業績の成員は平等分配を主張する。ところが，集団の成員が入れ替わらない固定的な状況では，高業績をあげた成員は平等原理に基づく報酬分配を主張し，低業績の成員は公平分配を主張するという，集団の成員構造が流動的な状況とは正反対の行動が見られたのである。

　この結果は，成員が絶えず入れ替わる集団では，立場が違えば，公正さの基準は，成員によって異なるために，互いの主張がコンフリクトを生みやすいことを示している。他方，人間関係が比較的安定して長期にわたると予測される集団の場合，人は，自分に有利な分配原理ではなく，むしろ不利な分配原理の採用を申し出る傾向があることを示している。こうした行動傾向は，公正さを追求することよりも，人間関係を円満に保つことの方が優先されやすいことを示唆している。集団特性によって，公正さの基準だけでなく，それが重視される度合いも変わってくるといえるだろう。

> **75 社会の一員として自己を見る：社会的アイデンティティ**
> ──所属する集団や社会的カテゴリーとの関連性で自分を記述して得られる社会的アイデンティティは，その人の社会的認知と行動に強い影響を及ぼしている。

　J. C. ターナーは，人間の自己概念は，個人的アイデンティティと社会的アイデンティティの2つの下位体系に分けられると指摘している。個人的アイデンティティとは，特定の他者との親密で永続的な人間関係に基づいた独自の自己記述であるのに対して，社会的アイデンティティは，所属する集団や社会的カテゴリーの一員であることを認識して生まれる自己記述である。社会的カテゴリーとは，国家や人種，性，民族，宗教，職業，階級など，人々をあるひとつの基準で分類してできるまとまりを指している。社会的アイデンティティは，主観的なものであり，感情的あるいは価値的な意味づけを伴うものであるがゆえに，その人の社会的認知と行動に多様な影響をもたらす。

❖自己カテゴリー化

　社会的アイデンティティの形成は，自己をなんらかの集団や社会的カテゴリーの一員として位置づけるところから始まる。この認知的行為を自己カテゴリー化と呼ぶ。自己カテゴリー化は，既存の集団や社会的カテゴリーの枠組みの中に自分を位置づけることだけではなく，むしろ多くの場合，他者を自分との類似性および異質性を基礎にして分類し，自分と同じ集団（内集団）の成員と，自分とは異なる集団（外集団）の成員とに分類する行為を意味する。自己カテゴリー化によって，人は他者を区別して見るようになるのである。

❖内集団と外集団の社会的比較

　自己カテゴリー化がもたらすものは，単に内集団と外集団との区別だけに終わらない。M. A. ホッグらは，人間は，個人としての自己評価同様，自分の所属する内集団についても評価する欲求をもつと考えている。人は内集団を評価するために，外集団との比較を行うことになるが，明瞭な評価をしようとして，集団間の差異を最大化して，できる限り多くの次元で

```
┌─────────────────┐
│  自己カテゴリー化  │
└────────┬────────┘
         ↓
┌─────────────────┐
│ 内集団と外集団の区別 │
└────────┬────────┘
         ↓
┌──────────────────────────────┐
│         認知的分化             │
│ 自己と内集団メンバーとの類似性を強調 │
│ 自己と外集団メンバーとの異質性を強調 │
└──────┬───────────────┬───────┘
       ↓               ↓
┌──────────────┐  ┌──────────────┐
│内集団ひいき/外集団差別│  │ ステレオタイプな認知 │
└──────────────┘  └──────────────┘
```

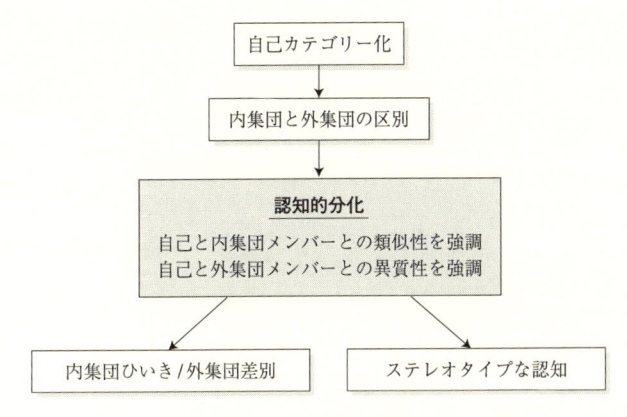

図　自己カテゴリー化が引き起こす他者認知の流れ（Hogg & Abrams, 1988）

区別しようとする。その結果，自分と内集団成員との類似性を強調し，過度に認知するようになる。それだけでなく，他方で，自己と外集団成員との差異性，異質性を強調して認知するようになるのである。

❖社会的アイデンティティと内集団バイアス

内集団成員との類似性を強く認知することは，内集団の成員は自分と「同じだ」という知覚とともに，同じ社会的アイデンティティを共有する仲間だという知覚をもたらす。そして，その内集団が密接な関連をもっている社会的カテゴリーに特徴的に見られるステレオタイプを見極めて，それに合致した行動をとるようになる。自己カテゴリー化によって，人は，社会的アイデンティティを確立し，単なる個人から「集団人」とも呼ぶべき存在へと変わるのである。

また，社会的アイデンティティの確立が引き起こす重要なことがらとして，個人の社会的認知の過程に一定の歪みをもたらすことがあげられる。個人は，自分自身をよりよく評価しようとする傾向をもっているが，内集団成員は自分と同じだと知覚することから，内集団および内集団成員に対してもよりよく評価しようとする動機づけが働く。この動機づけは，「内集団ひいき」の認知バイアスとなって作用し，集団間の偏見や差別を生み出すことにつながる。

参考文献

相川充 1996 利益とコストの人間学 講談社
カートライト, D. P.・ザンダー, A. F. 三隅二不二・佐々木薫 (訳編) 1969-1970 グループ・ダイナミックス (第2版) I・II 誠信書房
狩野素朗 (編) 1995 対人行動と集団 ナカニシヤ出版
亀田達也 1997 合議の知を求めて 共立出版
久慈利武 1988 現代の交換理論 新泉社
佐伯胖 1980 「きめ方」の論理——社会的決定理論への招待 東京大学出版会
佐々木薫・永田良昭 1986 集団行動の心理学 有斐閣
白樫三四郎 1985 リーダーシップの心理学 有斐閣
蜂屋良彦 1999 集団の賢さと愚かさ ミネルヴァ書房
古川久敬 1998 基軸づくり——創造と変革のリーダーシップ 富士通ブックス
三隅二不二 1984 リーダーシップ行動の科学 (改訂版) 有斐閣
三隅二不二 (監修) 1987 現代社会心理学 有斐閣
ミルグラム, S. 岸田秀 (訳) 1980 服従の心理——アイヒマン実験 河出書房新社
山口裕幸 1998 多数派結成行動の社会心理学 ナカニシヤ出版
Adams, J. S. 1965 Inequity in social exchange. In L. Berkwitz (Ed.), *Advances in experimental social psychology*, Vol.2. Academic Press.
Avolio, B. J. 1999 *Full leadership development: Building the vital forces in organizations*. SAGE Publications.
Hogg, M. A., & Abrams, D. 1988 *Social identifications: A social psychology of intergroup relations and process*. Rautledge.
Jackson, J. M. 1960 Structural characteristics of norms. In G. E. Jensen (Ed.), *Dynamics of instructional groups*. University of Chicago Press.
Kameda, T., & Sugemori, S. 1995 Procedural influence in two-step group decision making: Power of local majorities in consensus formation. *Journal of Personality and Social Psychology*, 69, 865-876.
Moscovici, S., Lage, E., & Naffrechoux, M. 1969 Influence of a consistent minority on the responses of a majority in a color perception task. *Sociometry*, 32, 365-380.
Stasser, G. 1992 Information salience and the discovery of hidden profiles by decision-making groups: A "thought experiment". *Organizational Behavior and Human Decision Processes*, 52, 156-181.
Steiner, I. D. 1972 *Group process and productivity*. Academic Press.
Tajfel, H., & Turner, J. C. 1986 The social identity theory of intergroup conflict. In S. Worchel et al., (Eds.), *Psychology of Intergroup Relations*. Nelson-Hall.

9章▶関係としての社会

この章では，マイクロなレベルでの人々の意識や行動が，どのようなかたちでマクロな社会現象とつながっているかについて学ぶ。

> **76 意図せざる結果**——我々一人一人の行動が社会全体にいかなる影響を与えるのか。これを理解するためには，個人の行動がめぐりめぐって誰も意図しなかった結果をもたらす過程の解明が必要である。

❖意図せざる結果とは

　社会心理学の目的の1つに，個々人の心理や行動というマイクロな現象がどのようにしてマクロな「社会」を構成しているのかを明らかにすることがある。例えば，日本社会は実体として存在しているのではなく，個々の日本人の集合によって構成されている。それでは，この日本人の集合はどのようにしてマクロな日本社会を構成しているのだろうか。マクロな社会が個々人の意図的な行動の単純集計に還元可能ならば，個人の心理や動機についての解明がすすめば，この解答もおのずと明らかになるだろう。しかし現実には，個々人の行動が集積されることで，誰も意図していなかった社会現象を起こすことがある。これが意図せざる結果である。個人の心理や行動というマイクロな現象と社会というマクロな現象を結びつけていくには，この意図せざる結果についての解明が必要となる。

❖神の見えざる手と予言の自己実現

　意図せざる結果という現象は，マクロな社会現象に焦点をあててきた経済学や社会学で古くから議論されてきた。最も有名な意図せざる結果は，アダム・スミスが「見えざる手」として論じたものである。農家や商人は，自分たちの生活を維持するために物を作り売っている。しかしそれが社会を潤し，社会全体の富を増大させる。つまり，利潤追求を意図した個人の行動が集積され，社会全体の富の増大という意図せざる結果をもたらすのである。また社会学者のR.K.マートンは，意図せざる結果を社会学の研究の中心にすえ，人々が誤った状況認識をもつことでその認識が現実になる予言の自己実現（➡ 77）など，様々な意図せざる結果が生じるメカニズムを明らかにしている。

❖意図せざる差別

　社会心理学における意図せざる結果の重要性を示すために，差別について考察してみよう。一般に差別は，偏見などの心理現象の産物であると考

えられている。例えば，就職における女性差別は，企業の人事担当者の性役割意識などの偏見に原因があると考えられがちである。しかし差別は，偏見や差別意識がなくても，企業利益を追求したことの意図せざる結果として生じることがある。通常，新卒採用したばかりの社員が実戦力となり企業に利益をもたらすまでには数年かかる。それまでに企業が支払う給料は将来への投資なのである。したがって，この投資が回収できないと損失をこうむる企業は，中途退社をしない者を採用しようとする。しかし，採用時の面接などから，誰が将来中途退社するのかを判断することは困難である。そこで，もし男性に比べて女性の中途退社率が高いことを過去の統計が示していれば，女性に対する偏見をもたない人事担当者でも，女性の採用を投資期間が長い総合職ではなく，短い一般職に制限しようとするだろう。つまり企業利益の追求によって，差別という意図せざる結果が生じるのである。しかし話はこれで終わらない。さらに一般職で採用され昇進機会の少ない女性社員は，企業の中で自己実現を図ることができず，実際に中途退社する傾向が高まってしまう。この結果，女性の中途退社率は高くなり，差別の原因となった統計が強化されていく。この悪循環は，*77*で紹介する予言の自己実現と呼ばれる意図せざる結果の典型例である。

　もちろんこの意図せざる差別のみで差別がすべて説明できるわけではない。しかしこうした意図せざる差別が生じる過程を無視し，偏見などの心理特性のみで差別をとらえることは，差別の理解を妨げるだろう。

❖意図せざる結果と「関係」へのアプローチ

　意図せざる結果を解明するには，個人の心理のみに焦点をあてるのではなく，人々がどのようにかかわりあっているかという「関係」に注目する必要がある。企業の人事担当者がどのような立場におかれているのか，一般職採用という企業の決定が，女性社員にどのような影響を及ぼすのか。こうした関係のダイナミズムの理解によって，マイクロな個人の心理現象とマクロな社会現象をつなぐことが可能となる。この章では予言の自己実現と社会的ジレンマ（➡ *79*）という代表的な意図せざる結果を紹介し，さらに「関係」にアプローチするための相互依存関係（➡ *78*），社会的交換（➡ *80*），集団とネットワーク（➡ *81*）の研究を概説する。

> **77 予言の自己実現**——誤った認識や期待に沿って行動すると，それが現実になってしまうことがある。互いに周囲の人々から影響を受けている状況では，信じて行動すること，それが現実を作り上げる。

❖予言の自己実現とは

かつて，「○○銀行は危ない」という流言によって預金解約を求めた顧客が殺到し，実際には健全経営だった銀行が倒産してしまうという事件があった。このように誤った予言や期待に沿って人々が反応することで，その予言や期待が現実になることを予言の自己実現という。予言の自己実現には，患者が与えられた薬を特効薬と信じていれば，たとえ偽薬でも効果があるという偽薬効果のように個人の内的な心理過程のみで生じるものと，流言による銀行の倒産のように，期待や予言を信じた周囲の人々の行動によって現実になるものがある。ここでは後者の例をいくつか紹介する。

❖ピグマリオン効果

心理学であつかわれてきた予言の自己実現の代表的なものは，ピグマリオン効果と呼ばれている。R. ローゼンタールらは，小学校で学習能力予測テストと称して知能テストを実施した後，担任教師にクラスの何人かの生徒について「近い将来急速に学習能力が伸びる」と告げた。実はこの生徒たちは知能テストとは無関係にランダムに選ばれていたのだが，半年後に再び知能テストを実施したときに，その生徒たちの知能は実際に伸びていた。これは学習能力が伸びるといわれていた生徒たちに対して，教師が無意識のうちに，発言機会やヒントを多く与えるなどの粘り強い指導をしていたからであると考えられる。つまり，教師が生徒の潜在能力に対する期待をもつことで生徒たちへの対応が変化し，さらにその教師の期待に沿うように生徒たちも努力したため，成績が上昇したのである。

❖マートンの研究

社会学者の R. K. マートンは，予言の自己実現の具体例として，労働組合における黒人排斥政策について論じている。第1次世界大戦後のアメリカでは，農業地帯の南部出身の黒人は，「労働運動を理解できずスト破りをする」という偏見をもたれていた。このため職を求めて北部の工業地帯

に来た黒人たちは労働組合から排斥され，働きたくても労働組合を経由した正規のルートから仕事を得ることができなくなっていた。その結果，黒人は生活のために，ストによる労働力不足に悩んでいた雇用者に不正規に採用されることになってしまった。つまり，「黒人はスト破りをする」という偏見があるために，それが現実になってしまったのである。この予言の自己実現は，白人労働者たちが黒人に対して抱く偏見をさらに強化するという悪循環までも生み出していく。

❖世論形成における予言の自己実現

E. ノエル‐ノイマンは，世論形成においても予言の自己実現的過程が重大な役割を演じていることを指摘し，その過程を沈黙の螺旋と呼んだ。一般に，自分の立場が世論において優勢であると認知した人々は，自分の主張を公共の場で訴えやすくなるのに対し，劣勢であると認知した人々は逆に訴えにくくなる。その結果，優勢と認知された主張は公共の場に現れやすくなり，現実の意見分布以上に優勢であると認知されるようになる。逆に劣勢と認知された主張は沈黙を強いられ，現実以上に劣勢であると認知されるようになる。さらに，より優勢であると認知されることで，同調圧力が増し，現実の意見分布がより偏っていき，そうして生じた新たな意見分布についての認知が，さらに劣勢な立場の人々の沈黙をもたらす。こうした循環過程が世論における意見分布の偏りを拡大していくとされる。

❖予言の自己実現の背景にあるもの

予言の自己実現の背景に，我々が他者からの社会的影響のもとで行動しているという事実が存在する。労働組合から排斥されれば不法労働する。多数派に支持されていると思えば発言する。こうした相互に影響しあう過程が人々の間に存在している。こうした相互影響過程の解明は，フランスの哲学者の A. コントの「いかにして個人は同時に社会の原因でもあり結果でもあり得るのか」という問いへの解答を提供する。例えば，自分が多数派の一員であるという社会状況の結果として発言し，同時にその発言は同じ主張をもつ者の発言をうながし，対立意見に沈黙を強いる原因となる。こうした理解は，個人が社会から作用を受ける存在であると同時に，意図せざるうちに社会の一部を構成しているという視点を与えてくれる。

> **78 相互依存関係**──社会生活を行っている我々は，常に他者と依存しあっている。したがって，我々の行動は，内的な心理特性だけでなく，相互依存関係という外的特性にも方向づけられている。

❖情けは人のためならず

「情けは人のためならず」という格言がある。本来の意味は，他者に親切にすればめぐりめぐって自分のためになる，というものである。社会の中で人間は，他者を助けることもあれば，助けられることもある。したがって他者に親切にすることによって，自分自身が後に助けられることもある，というわけである。このように，人々の間には，互いに他者によって利益が左右される関係が存在しており，こうした関係を通して，他者に向けた行動が本人の利益までも左右する。このような関係を相互依存関係という。社会生活を行っている人間は，常に他者との相互依存関係の中におり，その相互依存関係によって行動を方向づけられている。したがって，人間の行動を理解するには，相互依存関係の解明が必要となる。

❖ティボーとケリーの相互依存性の理論

相互依存関係におかれた個人の利益は，本人の行動だけではなく，他者の行動にも依存している。例えばあなたが同僚の仕事を手伝えば，その同僚の仕事のコストは低減するが，あなた自身はその分のコストを負うことになる。しかし，その助力に報いて食事をおごってくれるかどうかという同僚の行動が，さらにあなた自身の利益に作用する。

このような相互依存関係を分析する道具として，J. W. ティボーとH. H. ケリーは，利得行列を用いた。利得行列とは，表のように2人の個人の各々が選択する行動を行列の行と列で表現し，その組合せに対応する各セルに，その組合せが生じた場合におけるそれぞれの個人の利得（報酬からコストを引いた値）を示したものである。例えばこの表では，個人Aが「手伝う」を選択し，個人Bが「おごる」を選択した場合，個人Aの利得は1，個人Bの利得は1になることを表している。

❖3種類の統制

ティボーとケリーは，この利得行列で表される相互依存関係を，3種類

表　利得行列の例

Bの選択

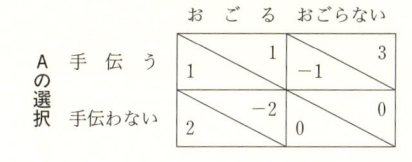

	おごる	おごらない
A 手伝う	1 / 1	−1 / 3
の選択 手伝わない	2 / −2	0 / 0

の「統制」という成分に分解することで分析した。統制とは、個人が自分や相手の利得を左右する程度のことであり、その3種類とは自己統制（自分の選択で自分の利得を左右する程度），運命統制（自分の選択で相手の利得を左右する程度），行動統制（自分の選択によって，相手の選択を左右できる程度）である。例えば，AがBを手伝うかどうかでA自身がどれだけコストを負うかが自己統制であり，手伝うことでBがどれだけ助かるかが運命統制である。そして，Aが手伝うことでBがおごるかどうかをどれだけ左右できるかが行動統制である。こうした統制について分析することで，様々な対人行動や対人関係を，当事者の心理特性からではなく，相互依存関係の特性から理解することが可能となる。

❖所与行列と実効行列

ティボーらの議論のもう1つの特徴は，相互依存関係を表す利得行列として，所与行列と実効行列の2種類を想定していることにある。所与行列とは2人の間の客観的な利得関係を表したものである。しかし，人間はこの客観的な利得に反応しているとは限らない。例えば表の利得関係では，Aが手伝った場合でも，B自身の利得は「おごる（1）」より「おごらない（3）」のほうが大きい。しかし，仕事を手伝ってもらったら少しぐらい無理をしてもお返しをしたい人は多い。つまり，客観的には表のような利得関係だとしても，規範意識などによって，おごることによる利得が主観的には大きくなる。すなわち，所与行列は当事者の主観的な価値が加えられ，異なる行列へと変換されるのである。こうした変換後の行動を直接左右する行列が実効行列である。この実効行列への変換の研究は，おもに，我々が自己利得と他者利得にどのような主観的価値を与えているかという社会的動機をめぐって行われている。

> **79 社会的ジレンマ**——社会の中では，一人一人が得になる行動を選択していくと，意図せざる結果として社会全体に被害を与えることがある。このような問題は，どうすれば解決できるのだろう。

❖社会的ジレンマとは

ゴミの分別が不十分なため処理過程で生み出された有害物質がまき散らされる。駐車違反が横行して交通渋滞が日常化する。これらに共通するのは，楽をしようとか得をしようという個人の行動が集積され，社会全体にとって好ましくない意図せざる結果をもたらす点である。こうした状況は社会的ジレンマと呼ばれる。R. M. ドウズは，社会的ジレンマを次のように定義している。①各個人は「協力」か「非協力」のどちらかを選択できる。②各個人にとっては「協力」より「非協力」を選択した方が好ましい結果が得られる。③しかし，全員が「非協力」を選択すると，全員が「協力」を選択した場合より，全員にとって好ましくない結果になる。**27**で紹介されている囚人のジレンマは，社会的ジレンマが2者間に存在している場合である。この社会的ジレンマ状況において，個人にとって好ましい非協力（例えばゴミの未分別排出）ではなく，全体にとって好ましい協力（例えば分別排出）を人々に選択させるには，どうすればよいだろうか。

❖サンクション・システムによる解決

社会的ジレンマにおいて人々に協力させる方法の1つは，個人にとっても非協力より協力の方が好ましくなるように構造を変えてしまう，というものである。これは，非協力者に罰を与えたり協力者に褒美を与えたりすることで可能となる。例えばゴミの分別違反者には罰金を科して，「罰金を取られるくらいならば，分別した方がまし」と思えるようにすれば，分別違反者はいなくなるだろう。しかしここに1つの問題が存在する。それは，そのために必要なコストを誰が負担するのかという問題である。違反排出者を罰するには誰かが監視しなければならない。だれも，この監視にかかるコストを負担しない方が得である。しかし負担する者がいないとシステムが維持できず，皆が困る。ここに新たな社会的ジレンマが出現する。つまり社会的ジレンマ解決のためにサンクション・システムを導入すると，

新たな社会的ジレンマ（二次的ジレンマ）が出現するのである。
❖戦略による解決

　社会的ジレンマ研究における最も大きな理論的貢献は，囚人のジレンマ研究からもたらされた。囚人のジレンマについての実験研究から明らかにされた知見に，同じ相手と繰り返しプレイする場合は，一度しかプレイしない場合より，協力が選択されやすくなるというものがある。これは，繰り返しプレイする場合は，相手の出方に応じて選択を変えながら，相手の行動を統制するという「戦略」が有効となるからである。そこで政治学者のR.アクセルロッドは，どのような戦略が有効なのかを探るため，*27* で紹介されている戦略トーナメントを実施した。その結果，最多総合得点を獲得してたのは，「最初は協力を選択，それ以降は相手が前回協力していれば協力を，非協力していれば非協力をとる」という応報戦略だった。この戦略をとると，非協力には必ず非協力で報復するという姿勢が明確になるため，自己利益にしか関心のない相手からも協力を引き出すことができ，相互協力の達成が可能となる。しかしこの応報戦略の有効性には限界がある。第1に同じ相手と継続的にプレイする状況でなければ，戦略によって相手の行動を統制することができない。第2に3人以上の集団では有効ではない。なぜなら，他者の行動を統制するために行う報復的な非協力が，報復対象以外のメンバーにしてみれば，新たな非協力者が現れたようにしか見えず，不信による新たな非協力をもたらしてしまうからである。

❖利他的利己主義と利己的利他主義による解決

　応報戦略は「えびで鯛を釣る」戦略であり，相手に協力行動をとらせるために自分自身も協力行動をとる。山岸（1990）はこれを，究極的には利己的な動機に基づいて利他的に振る舞う，利他的利己主義と呼んでいる。利他的利己主義の原理にもつながる社会的ジレンマの解決は，これまで経済学者やゲーム理論家によって提案されてきた。これに対して近年になり，その逆の純粋に利他的に，あるいは自己利益を無視した行動を取る「心の仕組み」を身につけることで，結局は利己主義的に行動するよりも大きな利益を得られる場合があることを指摘する，利己的利他主義の観点が，*35* で紹介した進化心理学の研究から提案されている。

> **80 社会的交換**——愛情から金銭まで，我々は他者と様々な財を交換している。この社会的交換という視点は，対人行動や対人関係，権力関係などの理解にどのように貢献するのだろうか。

❖社会的交換とは

　我々は，日常生活の中で様々なものを他者と交換している。金銭を渡して商品を得る。労働を提供して賃金を得る。上司が部下に助言を与え，部下が上司を尊敬する。恋人同士は愛情を交換する。対人的相互作用におけるこうした様々な財の交換を社会的交換という。そして，こうした社会的交換のありようを交換当事者の報酬とコストの観点から分析し，対人魅力や対人関係の満足度，権力関係などを説明しようとする理論的立場が社会的交換理論である。代表的な社会的交換理論には，相互依存性の理論（➡ 78），衡平理論，権力依存理論などがある。

❖社会的交換と経済的交換

　社会的交換がいわゆる経済的な交換と異なる点は，交換される財の多様性にある。社会的交換では，金銭や物品などの物質的財だけではなく，愛情，称賛などの心理的財や，地位，名声といった社会的財，サービスや情報，場合によっては満足感などまでもが交換される。U. G. フォアと E. B. フォアは，こうした交換財を図に示すように個別性と具体性という 2 次元で分類している。個別性とは誰からもたらされたかによって財の価値が変わる程度であり，具体性とは財が具体的な形態をもつ程度である。こうした財の性質から，社会的交換と経済的交換の違いが明らかになる。愛情のように個別性が高い財や地位のように具体性が乏しい財も交換する社会的交換では，与えられた財に対してどれだけ返報すればよいのかが判断困難なために交換がその場で決済されず，友人関係や恋愛関係のような長期的な交換関係を作り上げることになるのである。

❖互恵性と衡平性

　社会的交換において人間は，財をどのように交換しているのだろうか。J. S. アダムズは，人々がどのような交換を公正と見なすかという観点から，衡平理論を提唱している。この理論では，交換当事者Aにおける投入

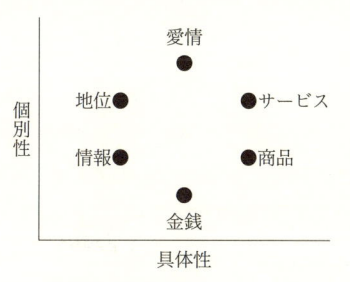

```
        愛情
         ●
個  地位●    ●サービス
別
性  情報●    ●商品
         ●
        金銭
       具体性
```

図　交換財円環図（Foa & Foa, 1976）

（交換に投じたコストなど）と成果（交換から得た報酬）の比と，当事者Bにおける投入と成果の比が等しくない場合（不衡平状態）に，交換当事者A・Bは両者ともその交換を不公正とみなし，心理的緊張を経験するとされる。実際，親密な友人関係の研究では，衡平な交換が行われている関係の満足度が最も高く，報酬が過剰でも過少でも満足度は低下することが報告されている。こうした不衡平状態よる心理的緊張を経験した交換当事者は，それを解消するため，自分または相手の投入か成果を変えたり，その交換関係からの離脱などの対応をとることになる。

人類学者のA.W.グールドナーは，「他者から好意や援助を与えられたら，その他者に同程度に価値のあるお返しをしなければならない」という互恵規範が，多くの社会で存在することを指摘した。この互恵規範の普遍性は，囚人のジレンマにおける応報戦略の有効性（➡ *27*, *79*）から説明できる。そもそも社会的交換は，財を与えた側はそのためのコストを負うが，与えられる側は利得が増えるという点で，囚人のジレンマの相互依存関係にある。したがって応報戦略による互恵的行動が有効となるのである。

❖権力依存理論

社会的交換理論の目的には，交換関係のあり方からその関係における権力を明らかにすることがある。R.M.エマソンは，交換関係にある二者間の権力が，相手に対する依存度によって左右されることを指摘した。例えば，Aの欲している財がBからしか得られないならば，AはBに依存しているといえよう。それはBがAに対して権力をもっていることを意味しており，BはAとの交換比を自分の有利な方向へ変化させることができる。この権力依存理論からは，さらにネットワーク交換理論（➡ *81*）が導かれている。

> **81 集団とネットワーク**──初期には二者関係のみを対象としていた社会的交換理論も，集団を単位とする交換の分析やネットワーク内部における交換の分析へと拡張されている。

❖ 社会的交換理論の拡張の方向

　相互依存性の理論（➡ **78**）や権力依存理論（➡ **80**）などの社会的交換理論では，個人間に横たわる「関係」のありようから，個人の対人行動や権力などを説明してきた。そしてこれらの理論では，「関係」とは2者関係を意味していた。しかし，社会は2者関係のみから構成されるわけではない。そこでR. M. エマソンは，社会的交換理論を集団状況やネットワーク状況へと拡張することで，この理論的限界を克服しようと試みた。ここでは，これらの社会的交換研究の新たな方向について紹介する。

❖ かたまりとしての集団

　エマソンが社会的交換理論を拡張した1つの方向は，個々人のかたまりとしての集団を，交換行為者として分析するというものである。集団は複数の個人から構成されていても，あたかも1つの行為者として活動することがある。個々の集団成員も，一個人としてより集団の代表として，集団利益の追求を目指すことが多い。例えば官僚は，省益を最優先しているように見える。また最小条件集団（➡ **26**）の成員ですら，自己利益と無関係でも，外集団よりも内集団の利益を高めようとする。こうした集団状況における成員の行動に注目すれば，集団を1つの交換行為者として仮定するという視点はある程度有効であるといえよう。それでは集団がこのように1つのかたまりとして機能し，集団成員が集団利益を代表しているかのように振る舞うのはなぜだろうか。この問いに対する解答としては，社会的アイデンティティ理論（➡ **75**）によるものが一般的であろう。しかしエマソンは，集団内部における交換がこうした集団の凝集性をもたらすと主張する。この立場による研究例としては，日本人の集団主義傾向に関するものがあげられる。集団主義とは，まさに集団の利益を個人の利益よりも優先する傾向であり，日本人はそうした心理特性をもっていると考えられている。しかし山岸（1999）らは，日本人の集団には集団利益を追求す

るように振る舞えば間接的に自己利益が促進される交換関係が存在しており，それが集団主義的行動を引き出していると説明する。このような解釈は，人々の集団行動を理解するうえで有益な示唆を提供するといえよう。

❖広がりとしてのネットワーク

エマソンによる社会的交換理論の拡張のもう1つは，二者関係を独立した関係とみなすのではなく，複数の交換関係が結合された交換ネットワークのなかに位置づけるというものである。ここでの結合とは，複数の交換関係（例えばAとBの関係とBとCの関係）が重なり合っているだけではなく，一方の交換関係が，他方の交換関係に影響を与える状況を意味する。例えば，AとBが良好な交換関係を維持することで，Aとの交換を望んでいるCの交換機会が奪われることがある。また逆に，BがAとの交換から得た財を，Cとの交換に役立てるということもあろう。前者のように一方の交換が他方の交換を阻害する場合は負結合ネットワークと呼ばれ，後者のように促進する場合は正結合ネットワークと呼ばれる。このような複数の交換関係が結合されたネットワーク内では，ある二者関係の交換の影響は，その関係内にとどまらず，広範囲へと波及していくことになる。

この交換ネットワークに関する研究の最大の成果としては，ネットワークの構造から権力分布を予測するネットワーク交換理論があげられる。権力依存理論によれば，交換関係にある二者間の権力は，互いが相手にどれだけ依存しているかに左右される。この依存度は，交換財の価値とその財が現在の交換相手以外からどれだけ得られるかという「手に入れやすさ」によって決まる。このうち「手に入れやすさ」は，その交換行為者がどれだけ潜在的な交換相手をもっているか，すなわち交換行為者がネットワークにおいてどのような位置を占めているかに依存する。したがってネットワーク構造が明らかになれば，ネットワークのそれぞれの位置を占める行為者の権力分布をある程度予測することが可能となるのである。K.S.クックと山岸は，このネットワーク構造から権力分布を予測するアルゴリズムを開発している。このように二者関係をネットワーク内に位置づけることによって，社会的交換理論は，権力分布というマクロな社会現象までも射程に入れることが可能となったのである。

参考文献

アクセルロッド, R. 松田裕之 (訳) 1998 つきあい方の科学——バクテリアから国際関係まで ミネルヴァ書房

ケリー, H. H.・ティボー, J. W. 黒川正流 (監訳) 1995 対人関係論 誠信書房

ノエル-ノイマン, E. 池田謙一・安野智子 (訳) 1988 沈黙の螺旋理論——世論形成過程の社会心理学 ブレーン出版

マートン, R. K. 森東吾・森好夫・金沢実・中島竜太郎 (訳) 1961 社会理論と社会構造 みすず書房

山岸俊男 1990 社会的ジレンマのしくみ——「自分1人ぐらいの心理」の招くもの サイエンス社

山岸俊男 1999 一般的互酬性の期待としての集団主義文化 組織科学, 33(1), 24-34.

Adams, J. S. 1965 Inequity in social exchange. *Advances in Experimental Social Psychology*, 2, 267-299.

Dawes, R. M. 1980 Social dilemmas. *Annual Review of Psychology*, 31, 169-193.

Emerson, R. M. 1962 Power-dependence relations. *Annual Review of Sociology*, 27, 31-41.

Emerson, R. M. 1972 Exchange theory, part II: Exchange relations and networks. In J. Berger et al., (Eds.), *Sociological theories in progress*, Vol. 2. Houghton-Mifflin, 58-87.

Foa, E. B., & Foa, U. G. 1976 Resource theory of social exchange. In J. W. Thibaut et al., (Eds.), *Contemporary topics in social psychology*. General Learning Press. 77-101.

Thurow, L. C. 1975 *Generating inequality*. Basic Books.

Rosenthal, R., & Jacobson, L. 1968 Teacher expectations for the disadvantaged. *Scientific American*, 218, 19-23.

Thibaut, J. W., & Kelley, H. H. 1959 *The social psychology of groups*. Wiley.

10章▶社会と文化

この章では，人の心の性質が，それをとりまく社会や文化とどのように結びついているのかについて学ぶ。

> *82* 心の中と心の外 ── 社会心理学的アプローチがもつ特徴の1つは，人の心がどのような社会的の文脈の中で生まれ，また逆に，そうした心をもつ人々が共同してどのような社会的文脈を作り上げるのかを探求することである。

　ここまで紹介してきたように，社会心理学の大きな目的の1つは，社会的情報を人の心がどのように処理するかを明らかにすることである。そこでは，人がどのように自分自身や他者や社会についての情報を受け取り，解釈し，その結果どのような行動が引き起こされるのか，といった心理プロセスが検討の対象となる。だが，ここで忘れられがちなのは，そうした心のはたらきの存在自体が，それをもつ個人が住む社会（例えば他者との関係や集団や社会全体）の性質に支えられているという事実である。次のキーワードから述べるように，「文化と心理」についての研究はこの点に多くの注意を払っている。ここでは，それを説明する前に，社会学者のÉ. デュルケムによって導入された社会的事実（social fact）の概念を用い，こうした個人の外側にある「社会的」なものとは何かを考える。

❖社会的事実

　社会的事実とは，個々人を越えて人々の間で共有される実在物のことである。例えば，様々な地域や集団の中で培われてきた制度・慣習・文化・意味体系などは社会的事実の例である。その特徴は，第1に，そこで暮らす人たちによって共有されているということである。例えば，私たちが普段用いている日本語は，社会的事実の1つである。それは私たち一人一人が生まれたときよりはるか昔から膨大な数の人々によって使われてきた。私たち一人一人は，生後，親や教師をはじめとした他者によってそれを教え込まれることにより，はじめてその使い手となる。そして，現在の使い手である私たちが死んだ後にも，日本語は変化しつつも次の世代によって使われ続けるだろう。このように，言語は，その使い手である一人一人の個人を越えて社会の中で共有された社会的事実である。社会的事実の他の例としては，法律や制度などの社会的ルールや，礼儀作法や子育てなどの慣習や，経済発展や婚姻率や自殺率などといった社会全体の特徴や，組織

や集団や国家など人の集まりそれ自体などがあげられる。

　社会的事実の第2の特徴は，それが個人に対して何らかの強制力・影響力を及ぼす点である。例えば，たしかに日本語を使うのは私たちの一人一人であり，私たちはその使い方にある程度の自由度を行使できる。とはいえ，あまりにも独りよがりの文法を用いれば，他者とのコミュニケーションが困難になり，社会から排除されるだろう。そうした意味で，私たちの言語使用法は，日本語文法という社会的事実に縛られているのである。また，法律や規範などの社会的ルールが人々の行動に対して強制力をもっていることについては，例をあげるまでもないだろう。

　第3に，社会的事実は，それを支える個々人の総和以上の存在である。すなわち，それぞれの社会的事実は，たしかに一人一人の選択や行動によって変化しうるものの，必ずしもその中にいる人々の多数意見を反映したものであるとか，全員の意見を平均したものであるというような単純なものではない。例えば，ある中学校にいじめがあることは，その中学の生徒の大多数がいじめを望んでいることを必ずしも意味しない。実際それを望んでいる者がほんの少数だとしても，全体としていじめが発生してしまい，その解決が困難な場面が存在する。

❖社会心理学における社会的事実と心

　デュルケムは，心理学と社会学の研究対象について，心理学の目的は個人個人の判断に影響を与える要因の解明であるが，社会学の目的は慣習や組織や集団といった社会的事実の上に影響を及ぼすような諸原因の解明であると述べた。社会学と心理学の境界領域である社会心理学の大きな課題の1つは，この両者，すなわち社会的事実と心理がどのような相互関係にあるかを解明することである。具体的には，人々の心がどのような社会的事実の下で作られ，作用し，そしてそうした心をもった人々が共にどのような社会的事実を作り上げていくのか，を検討するのである。

　この章では，社会的・文化的文脈と心理の関係を検討した研究をいくつか紹介する。これらの研究の前提となっているのは，人々の心理プロセスは，社会で共有されている社会的事実の中で生じてくるという立場である。

> **83 罪の文化と恥の文化**──ベネディクトは，第2次世界大戦期の日本人について，その心理と文化の関連を論じた。そこには，他者からの評価を強く気にする傾向や恩返しの多重性などについての鋭い観察があった。

第2次世界大戦中，アメリカの文化人類学者R. F. ベネディクトは，戦時および戦後の日本に対する政策を円滑に進めるための研究をアメリカ政府から求められ，その成果を『菊と刀』(1946)に著した。彼女は，一度も日本を訪れることはなかったが，その豊かな洞察力と表現力により，当時のアメリカ人にとって一見理解不可能であるように見えていた，日本人の行動原理とその文化的背景を鮮やかに描き出した。

ベネディクトの学問的立場は「文化とパーソナリティ学派」と呼ばれるものである。そこでは，当時日本人に広く共通していたパーソナリティ，すなわち心理学的特性や行動傾向が，社会で広く採用されていた教育法などの社会的事実，すなわち文化の上に作られることを論じた。このように人々の心理特性をその背後の文化的文脈の中でとらえようという立場は，後に心理人類学と呼ばれる分野や，以下のキーワードで述べる文化心理学の分野へと引き継がれることになった。

❖罪の文化と恥の文化

それでは，『菊と刀』の中で特に注目された議論について，いくつか紹介しよう。最も強い注目を浴びたのは，罪の文化アメリカと，恥の文化日本との対比である。ベネディクトによれば，人が善行を行ったり悪行を抑制したりする理由には，大きく分けて2種類ある。それは，罪を避けたい，つまり個人の絶対的価値観に基づいた正義感を破らないようにしたいというものと，恥を避けたい，すなわち他者から嘲笑されたり拒否されたりしたくないというものである。ベネディクトは，世界中の様々な社会には，このどちらを優先させるかについて差異があるとし，相対的に罪悪感を重視する方を罪の文化，恥辱の念を重視する方を恥の文化と呼んだ。そして，日米を比較した場合，アメリカは相対的に罪の文化であり，対照的に日本は恥の文化だと指摘した。日本文化の基調の1つが恥の重視だということは，社会で共有されている子どもの教育法などに現れているという。例え

ば，日本人は，子どもが禁じられた行為をしたときまわりの人々から嘲笑されることに注意を向けさせ，他者の視線に敏感にさせようとする。社会と向き合う年頃になった子どもには，自分が「世間の笑いもの」になったときには家族すらも自分を見捨てるかもしれないという強烈な恐怖心を植えつける。これらのことが，他者から見て恥ずかしくないよう振る舞うことや，恥ずかしくない人間になることを目指したりする日本人の心を形作る。他者からの評価を気にするこうした特徴はより大きな社会的文脈でもみられ，例えば国際的場面での日本は，戦前戦中から敗戦後にわたり一貫して，国際社会から尊敬されるような国家になることを目指していたという。

❖恩返しと多重の義理のぶつかり合い

　罪の文化と恥の文化の対比ばかりが注目を集めがちであった『菊と刀』であるが，実は，日本人の心理や行動原理について，他にも多数の興味深い指摘をしている。その1つが，恩の概念の重要性である。ベネディクトいわく，日本人は他者から受けた恩を忘れないよう常に心がけ，それを少しでも返していくことに尽力するという。恩返し，すなわち報恩は，当時最も重要な徳の1つと考えられた。人々は，年老いた両親への援助，子育て，主君への忠誠など，自分が行う様々な行動の理由を，「恩返し」の点から解釈した。戦時中の政府はこれを利用し，国家に対する忠誠心を高めた。すなわちこの世の中で最高の恩は天皇から受けた恩であるという思想を広め，国民は戦争に協力することによってこの無限の恩を少しでも返さなくてはならないと人々に考えさせた。

　また，人は様々な他者から様々な恩を受けるが，そのためそこには複数の恩返しの義務（「義務」「義理」「忠」などと呼ばれる）の間で矛盾が発生する。すなわち日本人は，アメリカ人のように善悪のいずれを優先させるかの二者択一をするのみならず，恩がある複数の対象のどれを優先させるかという多者選択を迫られ，そして苦悩するという。当時絶大な人気があった戯曲『忠臣蔵』は，浪士たちが，主君への義理，幕府への忠，そして家族への義務の間に板ばさみになり悩んだ末，結局は主君への義理を選ぶという話であった。

> *84* 日本は集団主義的か ── 集団主義とは，個人−集団関係の様々な特徴をまとめた複合概念である。時代の変化にも影響されやすいこの概念が日本社会や日本人に当てはまるか否かは，簡単には結論づけられない。

　世の中ではよく，欧米社会の特徴や欧米人の行動について述べるとき，「個人主義」という言葉を使う。一方，日本をはじめとしたアジア社会やアジア人については，「集団主義」だという。では，これらはいったいどういう意味なのだろうか。

❖集団主義・個人主義とは何か

　集団主義と個人主義は，実は二重の意味で多義的な概念である。第一の多義性は指示対象についてのものであり，「集団主義的な社会」といったように社会全体の特徴を示す概念として扱われることもあれば，「集団主義的な人」というように個人の行動傾向や心理を表すために用いられることもある。さらに，社会と個人それぞれを指す集団主義と個人主義もまた多義的であり，きわめて多様な特徴要素の複合概念として用いられている。U. キムらのまとめによれば，集団主義社会とは，血縁共同体のような高い凝集性をもった集団の中に人々が生まれ落ち，その後一生を通じてその集団が無条件の忠誠心と引き替えに保護を与えてくれるような社会である。人々は，一度入った集団には長くとどまる傾向にあり，そこから簡単に離れたり新たな集団を作ったりしない。一方，個人主義社会では，個人はその生まれによって拘束されない普遍的な存在として生まれてくるので，そこでの集団は，互いに類似した目的をもつ人々が集まって目標志向的に作り上げるものとなる。人の地位や役割は，集団主義社会では生まれや年齢や性別などによってあらかじめ決まっているが，個人主義社会では，学歴や職業や経済的地位など個人の達成の度合いによって決まる。公正さの判断は，集団主義社会では譲歩と妥協に基づいて行われるが，個人主義社会では，平等，衡平，相互不干渉などの普遍的原則を基準になされる。集団主義社会の秩序は人々が各々の役割と義務を果たすことにより維持されるが，個人主義社会では，個人的利益を追求する人々が他者の権利を侵さないことによって維持される。政治システムは，集団主義社会では大きな家

族のようなものとみなされ、父権主義と道徳に基づいた法が支配するが、個人主義社会の国家は選挙によって選ばれた為政者（例えば大統領）が運営し、個人の権利の保護と公的制度の実行を監視する。教育に関しては、集団主義社会の人々は、集団全体の利益と調和を促進するために個人の快楽的な欲求を抑えるよう育てられるが、個人主義社会の人々は、自律性や自己統率力や独自性や自己主張性をもつと同時に、他者のプライバシーと選択の自由を保護するよう育てられる。

❖日本社会は集団主義的か

それでは日本社会は以上のような意味で集団主義的だといえるだろうか。たしかにこれまでの日本社会には、集団主義の定義と一致するような様々な特徴があった。例えば、集団間の移動が起こりにくいという特徴については、最近まで社会に広がっていた大企業の終身雇用制度や、低かった離婚率などに表れている。また、教育現場でも、他者の気持ちを理解し、他人に迷惑をかけず、調和を保ちながら活動することなどが強調されてきた（東, 1994）。しかし一方で、日本には強烈な受験競争があるなど、むしろ個人主義の定義と一致するような特徴も見られてきた。さらに、現在日本社会は社会的な流動性の急激な増大など大きな転機を迎えており、集団主義的な特徴が今後どのように変化していくのかについても注意を要する。

❖日本人の心は集団主義的か

一方、日本人の心は集団主義的だろうか。例えばよく言われるように、日本人は、欧米人よりも自分が所属する集団に対して進んで滅私奉公しようという価値観をもっているのだろうか。しかし、これを実際に国際比較したこれまでの実証研究を振り返ってみると、必ずしも日本人の忠誠心の平均がアメリカ人よりも高いという一貫した傾向は見られていない。そればかりか、いくつかの研究では逆にアメリカ人の忠誠心の方が高いという傾向すら見られる（高野・纓坂, 1997）。以上のように、日本社会と日本人の集団主義性については、まだ知見が確定していないばかりか、時代の変化の影響もある。この点について、今後システマティックな実証的検討と理論の構築が求められるだろう。

> **85 自己と文化**──それぞれの社会には人の主体について特定の信念が共有されている。北山は欧米と東アジアの間にはこの信念について大きな違いがあり，それが様々な心理的傾向の違いをもたらしていると指摘した。

　社会心理学は主にアメリカをはじめとした欧米で発展し，人間行動についての様々な法則を発見し理論を確立してきた。そこでの理論は人間の「普遍的理論」と考えられた。しかし近年，日本や中国等でこうした理論の妥当性を確かめる研究が頻繁に行われるようになると，理論からの予測とは食い違う結果が多々見られるようになってきた。北山忍はこれに注目し，欧米と東アジアにおける研究結果にズレが見られることの原因の1つは，双方の社会で共有されている「文化的自己観」の違いであると論じた。

❖相互独立的自己観 vs. 相互協調的自己観

　北山は，欧米と東アジアの間には，それぞれの社会で通用している文化的自己観に根本的な違いがあると指摘した。文化的自己観とは，ある地域・グループ内で歴史的に作り出され暗黙のうちに共有されている，人の主体のあり方についての通念のことである。まず，欧米社会で優勢なのは相互独立的自己観である。これは，人の主体，すなわち自己とは，他の人やまわりのものごととは区別され独立した存在なのだという信念である。その結果，自分が何者であるかという自己定義は，「陽気な私」であるとか「頭のいい私」といった具合に，自分の能力や才能や性格など周囲の人々や状況からは独立の内的属性に基づいて行われる。

　一方，日本を含む東アジア社会で共有されている自己観は相互協調的自己観である。これは，自己とは，他の人やまわりのものごととの関係性があってこそはじめて存在する本質的に関係志向的な存在だという信念である。そこでの自己定義は，「〇〇株式会社××部の私」であるとか，「友人の前では陽気な私」といった具合に，その人がかかわる人間関係そのもの，あるいはその関係性の中ではじめて意味づけられる自分の属性によってなされる。

❖文化的自己観と，認知・行動の文化差

　北山は，欧米人と東アジア人が示す様々な認知スタイルや行動パターン

の違いの根底には，文化的自己観の違いがあると指摘した。例えば欧米では，人が何らかの行為をしたときにその行為の原因を態度や価値観の反映とみなしてしまう基本的帰属のエラー現象の存在がみられる。一方，東アジアではこうした現象はみられず，むしろ内的属性ではなく周囲の状況が原因だと判断してしまう傾向さえみられる。北山はこの違いの理由を，自己の行動の原因は自己の内部にあるという相互独立的自己観が共有されている欧米社会と，自己の行動は他者との関係の中で決まるという相互協調的自己観が共有されている東アジア社会との違いに求めている。

また，欧米では，人が自分を実際よりも有能だと認識してしまう自己高揚傾向の存在が，東アジアでは，逆に自分の欠点に注目してしまう自己批判傾向が見られる。北山は，この差異も文化的自己観の違いで説明できるとした。すなわち，相互独立的自己観を共有した社会では，自分の内に誇るに足る属性を見つけ，それを外に表現しなければならない。一方，相互協調的自己観を共有した社会では，周囲の人々からの期待に沿って自分の欠点を改善していくために，自分の至らない点を反省するという。

❖心と文化の相互構成

文化的自己観は，それが共有された社会に住む人々がもつ独特の認知や行動プロセスの基礎となるだけではなく，その社会の中に作られる言語用法・子育ての習慣・教育や司法などといった社会的慣習や制度や意味構造の基礎ともなっている。例えば，欧米社会の相互独立的自己観は，常に「I」という同一の一人称名詞を使い続ける言語慣習や，自己の独自性の主張を推奨する教育スタイルなどに反映されている。一方，東アジアの相互協調的自己観は，会話の相手との関係によって「わたし」「わたくし」「俺」などと一人称代名詞を使い分ける言語慣習や，他者の気持ちを推し量ることを強調する教育法などを支えている。このように文化的自己観を反映している慣習や制度などの社会的現実は，その中で育てられ生きていく人々の心のはたらきを形成する基礎となる。また一方で，そうした社会的現実を作り出すのも，そうして形成された心をもつ人々である。北山は，このような相互影響関係を指して，心と文化の相互構成と呼んだ。

> ***86 文化と適応*** —— 近年の社会心理学の中には，人の心がどのような社会環境の中で生まれ，またそうして生まれた心がどのような社会環境を作り出すのかをシステマティックに研究する適応論的アプローチが発展してきた。

　様々な社会には異なる文化があり，人々は異なる価値観をもち，異なる心のはたらきを示す。そうした違いはなぜ生じてきたのだろうか。この疑問に答えるためにはいくつかのアプローチがあり得るが，ここではその1つ，山岸（1998）による「適応論的アプローチ」を紹介する。

❖信頼の日米差とその社会関係的基盤

　山岸は，日本人とアメリカ人の間で，「人間は一般的に信頼に足る存在か」という信念，すなわち一般的信頼の程度に差があることに注目した。直感的に考えれば，比較的安全な社会に住む日本人の方が，犯罪率の高い社会に住むアメリカ人よりも他者一般に対する信頼は高いのではないかと思われる。しかし，様々な調査データに一貫して，日本人はアメリカ人よりも一般的信頼が低いことが示されていた。山岸は，日米間のこの意外な心の違いがなぜ生じたのかを説明しようと試み，その原因を両社会における機会構造の違いに求めた。それによれば，先述のとおり，日本社会には伝統的に集団主義的な社会構造が存在していた。つまり日本社会は，戦後広がった終身雇用制度や系列取引に代表されるように，人々を同一の集団に長期間とどめ，よそ者を受け入れない，社会関係が閉じた社会であった。人々には，現在所属する集団や社会関係の外で新しい関係を作る機会は最初から制限されていた。それゆえ，わざわざ外部に新しい機会を求めなくても損はしなかった。知らない他者とつきあうことがそもそも得にならないこうした機会構造の下では，一般的信頼，すなわち知らない他者を信じてみようと思う心のはたらきは，あまり役に立つものではなかった。一方，アメリカ社会は，逆によそ者を受け入れるように社会制度が作られている「開かれた」社会であった。このような社会では，現在よりも大きな報酬をもたらしてくれる可能性のある人や集団を外部に発見したら，すぐにそちらに移ることを検討した方が得策である。こうした状況下では，高い一

般的信頼をもち，知らない人々をとりあえずは信じるに足る人間だと考える心のはたらきをもっていた方が得である。山岸は，このように異なる機会構造をもつ社会にそれぞれ適応した結果，日米間に一般的信頼の差が生じてきたのではないかと結論づけた。

❖適応論的アプローチの特徴と利点

　山岸のアプローチの基本的な考え方は，人の心のはたらきや行動傾向の存在理由を探るとき，それを外部の環境への適応という観点から説明しようとするものである。そこではまず，人の心は周囲の社会環境から最大限の報酬を得るように（つまり適応的に）作られているはずだという大前提を置く。そしてその前提の上で，特定の心の仕組みが適応的になり得る社会的環境とはいったいどのようなものかと演繹的に推論する。

　このアプローチでは，北山忍の文化的自己観に関する議論と同様，心と社会関係や制度などの社会的現実との相互構成プロセスが措定されている。だが，このアプローチが独得な点は，人の心がもたらす社会的現実であれ，社会的現実がもたらす人の心であれ，その内容は人の意図とは無関係に決まると想定している点である。社会的現実は，人がそれぞれの自己利益を追求し，複雑な相互交渉を繰り広げた結果生じる「意図せざる帰結」であり，人の心もまた，そうして作られた社会的現実へ人が各々適応した結果生じる「意図せざる帰結」である。心と社会の関係は，微視的現象と巨視的現象である両者がダイナミックに相互影響し合った結果生じた均衡状態として理解される。これは生物学における進化論のアプローチと共通する考え方である。この考え方からは，既知の事象の事後的な説明のみならず，未知の人がもつ心理に対する社会構造からの予測，ひいては将来の変化に対する理論的シミュレーションまでが可能となる。例えば，信頼の理論からは，今後経済のグローバリゼーションやインターネットの普及などにより日本社会がより「開かれた」ものになっていけば，これまでの均衡が崩れ，必然的に日本人もより高い信頼を身につけていくことが予測できるなど，興味深い予測を引き出すことができる。

参考文献

東洋　1994　日本人のしつけと教育――発達の日米比較にもとづいて　東京大学出版会
北山忍　1998　自己と感情――文化心理学による問いかけ　共立出版
北山忍　1999　文化と心についての実りあるダイアローグに向けて――高野・纓坂 (1997) 論文の意義と問題　認知科学，6，106-114
高野陽太郎・纓坂英子　1997　"日本人の集団主義" と "アメリカ人の個人主義"――通説の再検討　心理学研究，68，312-327
高野陽太郎　1999　集団主義論争をめぐって――北山氏による批判の問題点　認知科学，6，115-124
デュルケム，É.　宮島喬（訳）　1978　社会学的方法の規準　岩波書店
ベネディクト，R. F.　長谷川松治（訳）　1967　菊と刀――日本文化の型　社会思想社
山岸俊男　1998　信頼の構造――こころと社会の進化ゲーム　東京大学出版会
Kim, U., Triandis, H. C., Kagitcibasi, C., Choi, S-C., & Yoon, G.　1994　Introduction. In U. Kim et al., (Eds.), *Individualism and collectivism: Theory, method, and applications*. Sage.

11章▶社会の中の社会心理学

この章では，現実の社会問題に対して社会心理学の理論や研究がどのように適用されるのかについて学ぶ。

> **87 人を攻撃に駆り立てるもの**——攻撃を生み出す内的過程(攻撃性)については,内的衝動説,情動発散説,社会的機能説の3つの理論的立場がある。

攻撃とは「他の個体に対して危害を加えようと意図された行動」で,暴力だけでなく,非難,無視,仲間外れなど心理的苦痛を与える行為も含む。攻撃行動を生起させる内的過程(認知,情動,動機づけ,パーソナリティによる複合的過程)を攻撃性と呼ぶ。大渕は動機づけの点から攻撃性の諸理論を次の3グループに分けた。

❖内的衝動説:攻撃本能論

攻撃を引き起こす心理的エネルギーが個体内にあると仮定する。攻撃本能や攻撃衝動は,他者を苦しめ,破壊を行うことによって満足と快を得るサディスティックな欲望である。精神分析家のS.フロイトは,自己破壊衝動である死の本能が生の本能と妥協することによって外部転化され,それが攻撃衝動となると仮定し,生体は破壊衝動が自己に向かわないように,絶えず,それを外部に向けて発散しなければならないと論じた。エソロジストのK.ローレンツは闘争の生物学的機能を強調したが,攻撃動機づけが本能に由来するとした点で内的衝動説とみなされる。彼は脳内の攻撃中枢を仮定し,また,内的衝動と外的刺激の2要因からなる水圧モデルを用いて攻撃反応のメカニズムを説明しようとした。本能欲求としての攻撃衝動は時間の関数で自発的に高まり,個体を攻撃へと動機づける。種を絶滅に導く恐れのあるこの危険な内発的攻撃衝動と種族維持本能の葛藤解決が社会システムの進化をうながす要因であるとローレンツは論じた。

❖情動発散説:衝動的攻撃理論

この立場では,攻撃は内発的ではなく反応的行動とみなされる。嫌悪刺激との接触によって生じた不快情動を表出あるいは発散する行為が攻撃行動である。イェール大学のJ.ダラードらは欲求不満が攻撃を動機づけるという欲求不満説(フラストレーション=攻撃仮説)を提唱した。この理論においては,攻撃反応の目標は欲求不満を現実的に解決することではなく,欲求不満によって生じた不快な内的緊張(怒り)を発散させ,減少させる

ことにある。研究者たちは欲求不満によって生じた怒りを無関係な対象に向かって発散する攻撃の置き換えを熱心に検討し，攻撃の情動過程の解析に貢献した。現代心理学の成果を取り入れて，このアイディアを洗練させた攻撃理論が L. バーコウィッツの認知的新連合理論である。彼は，怒りや憎しみなどの敵対的情動だけでなく，抑うつや憐れみなどすべての不快な感情が攻撃動機づけを含むと仮定し，不快情動の一般的攻撃誘起性を強調した。また彼は，攻撃動機づけに関連した認知要因として，帰属や予測といった高次の制御的過程よりも，記憶ネットワーク内の連合的活性化伝搬など，低次の自動的過程の関与を強調し，攻撃理論にプライミングなど認知心理学的概念の導入を試みた。

❖社会的機能説：戦略的攻撃理論

攻撃には情動的反応の側面と同時に，目標志向的な側面もある。A. バンデューラなどの社会的学習理論家は，攻撃に対する強化や罰の経験が攻撃の道具的認知を形成し，攻撃反応の選択や制御を強めると主張した。彼らの攻撃理論においては，服従，承認といった対人的強化因子の役割，あるいは，モデリングなどの社会的間接経験による学習メカニズムが特に注目された。J. T. テダスキーなど社会的認知を重視する心理学者たちは，攻撃の背後にある制御的認知過程に焦点を当てる。彼らの理論では，攻撃とは，社会的紛争を解決したり，不都合な事態や人間関係を変化させたりするため，個人が戦略的に試みる道具的行動である。攻撃を方略として選択する人々は，それがどのような場合に有効かに関して攻撃機能性の知識をもっているが，攻撃方略と結びついている主たる目標は，大渕によると，回避・防衛，影響・強制，制裁・報復，同一性・自己呈示である。紛争解決の手段は潜在的には多様であるのに，ある状況で，ある人々はなぜ攻撃という手段を選択するのか，その意思決定過程と要因の解明を目指す。

自己制御が低く，情動的で非機能的な衝動的攻撃行動は情動発散説によって説明可能であり，一方，情動性が低く，目標志向的な戦略的攻撃行動は社会的機能説によって説明可能である。現実の攻撃行動はこれら両面を備えており，その意味から理論的統合が図られている。

> **88 暴力映像は有害か？**——テレビ番組や映画には暴力が氾濫している。これが視聴者を短期的に攻撃的にすることは実験的に確認されているが，長期的影響については見解が分かれる。

　テレビの普及に伴って犯罪が増える傾向は多くの国で観察されてきた。テレビや映画における暴力映像の視聴者に対する影響については短期的効果と長期的効果を区別する必要がある。また，そのメカニズムについては衝動的攻撃性と戦略的攻撃性の観点から説明可能である。

❖ 暴力映像の短期的効果と長期的効果

　25 で紹介した一連の実験を用いて，A. バンデューラは，モデルが暴力を振るう場面を幼稚園児たちに観察させ，その後，これらの子どもたちを欲求不満状態にした上でプレイルームで自発的に取る行動を観察する研究を行った。この実験研究の結果は *19* で詳しく述べられているが，直接であれ映像であれ暴力を観察したことが，子どもたちの攻撃傾向を高めることを示している。また，暴力映像を見た直後に，視聴者側に攻撃的な思考や感情が高まり，攻撃行動が起こりやすいことを示す実験例は少なくない。これらの研究の結果からは，暴力映像は短期的には視聴者の攻撃傾向を増加させるとみなすことができる。

　長期的効果については M. レフコビッツたちのパネル研究が有名である。8歳時と18歳時，同じ少年たちに攻撃性とテレビ番組の視聴を測定したところ図のような結果が得られた。8歳時に暴力番組を好んで見た少年たちが10年後，攻撃的になったが，逆の因果関係はみられなかった。一時点での調査で暴力番組視聴と攻撃性の間に相関を見出した研究は数多くみられる。しかし，時間軸を入れ，暴力映像との接触が攻撃性を強める発達要因の1つであることを示した研究はレフコビッツたち以外にはほとんどなく，他の縦断的研究でも必ずしも再確認されていない。このため，暴力映像の長期的影響について疑問視する向きもある。1つの有力な仮説は「長期的影響は一定の資質をもった者にしか生じない」というもので，その資質の解明が今後の焦点である。

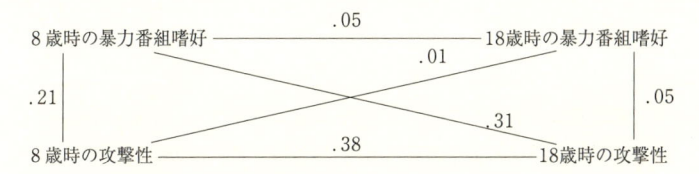

```
 8歳時の暴力番組嗜好 ─────.05───── 18歳時の暴力番組嗜好
                    \         .01    /
            .21      \               /        .05
                      \     .31     /
 8歳時の攻撃性  ──────.38────── 18歳時の攻撃性
```

図　10年間の追跡による暴力番組の嗜好と攻撃性の関係：時差相関分析
(Lefkowitz et al., 1977)

❖暴力映像の影響のメカニズム

　暴力映像の短期的影響の理解には衝動的攻撃理論が役に立つ。暴力映像を見た人の心の中には攻撃に関連した観念，イメージ，感情などが発生し，これは映像を見終わった後も一定時間（平均20分ほど）持続して残る。この間，心的ネットワークの中では攻撃に関連した観念，感情，スキーマなどのノードが活性化し続け，新規に入力された情報の処理はこれによって影響を受ける（プライミング）。こうした状態のとき，些細なことで人と対立すると，普段よりも状況や相手の気持ちを攻撃的に解釈し，また，反応選択においても活性化している攻撃的スキーマを採用しやすい。

　長期的影響のメカニズムの理解には戦略的攻撃理論が有益である。暴力映像は，攻撃によって自分の目的を達成したり，問題解決をはかろうとしたりする意欲を視聴者に高め，またその技術を教える。映像内容を分析すると，攻撃は多くの場合問題解決に有効な手段として描かれている。こうした映像に繰り返し接触した人々において，一定の目標や関心と攻撃戦略の結びつきが強められ（攻撃スキーマの形成），また，攻撃戦略は成功するとの期待が強められる。現実生活において社会的葛藤に遭遇した際，そうした人々は，他の手段ではなく，攻撃的戦略を選択する可能性が高いと考えられる。

　どちらの理論であれ，攻撃の動機づけ自体は状況によって喚起されると考えられている。暴力映像を見た人が何の理由もなく，突然，暴力をふるうといったことは考えにくい。その後，挑発的な出来事に遭遇した場合，プライミングによって事態をより攻撃的と解釈すること（衝動的メカニズム），あるいは，攻撃機能性の評価が高まって，攻撃的選択肢が選択されやすい（戦略的メカニズム）といった意味で，暴力映像の攻撃促進効果が理解されている。

> *89* 向社会的行動——人助けや思いやりは行為者の善良な人格を表すものと一般には理解されているが，研究者は状況要因の効果に注目しながら，援助行動に含まれる認知や動機の構造を検討してきた。

向社会的行動とは社会的に価値づけられた行動で，多様な行動を含むが，ここでは，親切，思いやり，人助けといった援助行動に焦点をあてる。

❖都市生活者は冷淡か？

社会心理学者たちが援助行動に関心をもつきっかけは，*11* で紹介したキティ・ジェノヴィーズ事件である。1964 年，ニューヨーク市内のアパートに帰宅途中の女性が暴漢に襲われ刺殺される様子を 38 名の住人が目撃していたにもかかわらず，この間，助けに出てくる者もいなければ警察を呼ぼうとした者もいなかったという事件である。この事件は，「都会人の冷淡さ」や「人間性の疎外」を象徴する事件としてマスコミを中心に論争を巻き起こした。援助行動と人格や人間性を直結させるこの素朴な信念に疑問をもった B. ラタネたちは *11* で紹介した実験的手法を用いてこれを検討し，援助者の人格の問題ではなく傍観者がいることによって起こる援助の社会的抑制を明らかにした。傍観者という状況要因との関連で，評価懸念や責任の分散といった認知要因が注目された。

❖援助行動の分類

高木修は援助行動に以下の 7 類型を見出した。①寄付・奉仕（お金を寄付する，時間・労力を使った奉仕活動をする，血液や臓器を提供するなど），②分与・貸与（自分の貴重な持ち物を人に分け与えたり，貸し与える），③緊急事態における救助（緊急に救助を必要としている人を助ける），④労力を必要とする援助（身体的努力を提供する），⑤迷子や遺失者に対する援助（はぐれた子どもを世話したり，拾得物を届ける），⑥社会的弱者に対する援助（身体の不自由な人，お年寄り，幼少児を助ける），⑦小さな親切（出費をほとんど気にかけることなくできる親切）。

❖援助の意思決定過程

人々はどのように援助を決意するだろうか。研究者たちによって多くの種類の意思決定過程モデルが提起されてきたが，それらには共通な要素が

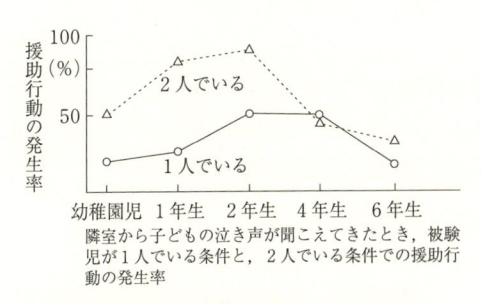

図 援助行動生起の年齢的変化 (Staub, 1970)

隣室から子どもの泣き声が聞こえてきたとき，被験児が1人でいる条件と，2人でいる条件での援助行動の発生率

多くみられる。第1は援助必要性の知覚である。相手が困って，援助を求めていると気づくかどうかである。援助必要性の知覚を妨げる内的，外的要因がある。内的要因としては共感性の低さなどがあり，外的要因としてはラタネたちが明らかにした傍観者効果（まわりの人がなにもしないのだから，大したことではないと判断する）がある。第2は責任感と規範である。自分が援助をする責任があると感じるかどうかは，援助を指示する社会的・個人的規範が喚起されるかどうかに依存する。これらを強める内的要因として S. H. シュワルツは社会的責任性という人格特性をあげている。外的要因としては，非匿名性やコミットメント（この状況に何らかのかかわりがある），傍観者の不在（助けられるのは自分しかいない）などが指摘されている。第3はコストと報酬で，援助に伴う出費や危険度といったコストは援助に対して抑制的に，一方，注目，賞賛，自尊心高揚といった報酬は促進的に働く。第4は援助技能や実行可能性の自己評価で，経験者であるとか熟知した状況などで援助が実行されやすい。

❖援助行動の発達

認知発達理論では思考や認知の脱中心化が援助の発達をうながすと考えられるが，その道筋は単純なものではない。E. スタウブは，隣室からほかの子どもの泣き声が聞こえてきたとき子どもたちが示す行動を観察し，図のような結果を得た。思春期に援助行動が減少するのは，子どもたちが人からの評価を気にするようになり，行動が慎重になるからである。この結果は，認知発達によって援助を抑制する心理的要因も強まり，傍観者による社会的抑制が年長者に起こりやすくなることを示唆している。

90 人間関係の働き——人間関係の機能はソーシャル・サポートの観点から研究され，ストレス対処や精神衛生の促進に有益であることが見出されてきた。ここではサポートの種類と働きを述べる。

　個人を取り巻く人間関係の網の目をソーシャル・ネットワーク，その中で個人が得ている有形・無形の支援をソーシャル・サポートという。ソーシャル・サポートの量や質は個人の社会適応や心身の健康を左右する。

❖ソーシャル・ネットワークの特徴と社会適応

　ネットワークの特徴として，ネットワーク内のメンバー間相互の熟知度を表すネットワーク密度と，異なる生活領域間で人間関係がどれくらい重複するかを表す境界密度がある。密度の高いネットワークでは，共同体のように，お互いに顔見知りの人々がすべての生活領域で密接にかかわりあって生きている。一方，密度の低いネットワークでは，個人は異なる生活領域ごとに異なる人々と関係を結んでいる。親密で密度の濃い人間関係の中で生きる人々の方が幸福であると一般には信じられているが，B. J. ハーシュの研究結果はむしろ逆で，密度が比較的低いソーシャル・ネットワークをもつ人々の方が人間関係に対して満足感が高く，精神的に健康である傾向がみられた。

　しかし，浦光博によると，これは個人が置かれている社会的環境によって異なる。都市生活者のように家庭，職場，教育など生活領域が互いに分離され，それぞれにおいて異なる役割行動をとるよう期待されている人々にとっては密度の低いネットワークの方が好都合であるが，農耕地域などに住む人々のように同一共同体内にほとんどすべての生活領域が包含される場合には，密度の高いネットワークで過ごす方が快適と感じられる。

❖ソーシャル・サポートのストレス緩衝作用

　良質のサポートを豊富に受けている人々は身体疾患にかかりにくく，また精神衛生も良好であるという調査結果が得られている。ソーシャル・サポートは個人のストレス耐性を強化するというストレス緩衝仮説をめぐって研究が行われてきた。ストレスとは「環境との関係が個人の対処資源を超えるような負担を生み出している状態」と定義されているが，ソーシャ

ル・サポートは個人のストレス対処資源の一部を構成すると考えられる。金銭的援助が期待できる，助言や指示が与えられる，あるいは同情や共感など情緒的支持が得られるなど，個人はソーシャル・ネットワーク内の人々からストレスに対処する上で有益な様々な支援を得ることができる。そうした資源を潜在的に豊富にもつ個人ほどストレス対処能力が高いと予測することができる。この仮説は，精神疾患・身体疾患，災害や事故，失業や職場ストレス，親族の死や離別，その他の家庭内トラブルなど，多種類のストレスに関して広範に検討が進められており，おおむねその妥当性が確認されている。しかし，サポートがストレス耐性をもたらすメカニズムについてはまだ不明な点も少なくない。

❖道具的サポートと情緒的サポート

 ソーシャル・サポートは多様であるが，これを心理学的に分類する試みが行われてきた。例えば，M. バレーラは，物質的支援，行動的支援，助言・示唆，親密さ，フィードバック，社会的情報などに分類するやり方を提案している。一方で，もっとおおまかに，ソーシャル・サポートを問題解決に直接役立つ支援を提供する道具的サポート，個人が状況を理解したり問題解決を志向したりする上で有益な情報を提供する情報的サポート，ストレスによる不快感や不安を低減させ，個人の情緒的安定をうながす情緒的サポートなどに分ける分類方法もよく用いられる。

 人間関係によって個人が期待するサポートの種類には違いがあると考えられる。一般に，個人は家族・友人など親密な人々からは主として情緒的サポートを期待し，仕事上の知人，医師，教師などの専門家からは道具的サポートや情報サポートを主として期待する。異なる生活領域において多くの知人・友人をもつことは，入手可能なサポートの種類が豊富であることを意味しており，こうした個人は様々なストレスに対する対処資源が豊かであると考えられる。したがって，密度は低いが広範な人間関係をもつ個人が一般に精神健康度が高いという知見もこの点から理解される。

> **91 男女の違いはどこまで真実か？**——生物学的性差（セックス）に対応する男女差が心理面でも存在するとする伝統的信念が揺らぎ，それは心理学の理論や研究にも影響を与えてきた。

心理学者の関心が個人差に向けられたとき，性差は最も熱心に検討されたテーマの1つだった。しかし，文化人類学的諸発見によって性差の普遍性が揺らぎ，生物学的性差（セックス）に代わって，文化社会的に形成された性差としてのジェンダー概念が提起された。1970年代以降は，その認知構造と行動に対する効果を中心に研究が進められた。

❖性差心理学

心理学の初期においては，性差は個人差を生み出す重要な変数とみなされた。性差は生物学的差異に基づくもので，不変かつ普遍なものとみなされた（表）。しかし，実証研究の結果は必ずしも一貫せず，一般に信じられているほど心理学的性差は顕著なものではないことがわかってきた。特に強いインパクトを与えたのはM. ミードらによる文化人類学の知見で，心理学的性差は人類普遍ではなく，社会や文化によって異なる可能性が示唆された。E. E. マッコビーとC. ジャックリンは過去に行われた性差研究に関する膨大な心理学文献を再検討した。その結果，通説の多くは根拠がないものとして否定され，科学的に信頼できる性差として残ったものは，男性が女性よりも空間処理能力，数的能力，攻撃性において高く，言語能力において低いといった点だけであった。

❖ジェンダーと性的ステレオタイプ

生物学的差異ではなく，社会化によって形成された性差をジェンダーという。ある社会の人々は「男性らしさ」「女性らしさ」について共通のイメージや信念をもっており（表），これが通説として人々が信じている男性像，女性像である。こうした性的ステレオタイプは，家庭における育児，マスメディアにおける男女の描写など多面的な社会化によって形成される。

科学的根拠は薄弱であるにもかかわらず性的ステレオタイプの影響力は大きい。人々はこれに基づいて男性と女性に対して異なる認知や評価を行う。例えば，伝統的に男性的，女性的とみなされる職務があり，これと不

表 性ステレオタイプ（伊藤，1978）

男性役割ステレオタイプ		女性役割ステレオタイプ	
・冒険心に富んだ	・たくましい	・かわいい	・優雅な
・大胆な	・指導力のある	・色気のある	・献身的な
・信念をもった	・頼りがいのある	・愛嬌のある	・言葉遣いのていねいな
・行動力のある	・自己主張のできる	・繊細な	・従順な
・意志の強い	・決断力のある	・静かな	・おしゃれな

一致な性の従業員は低評価を受けやすい。ステレオタイプはまた人々の扱い方や反応にも影響を与える。例えば，初対面の人と会うとき，相手が男性か女性かは重要な情報であり，それによって人々は態度や話題を変えるし，また，男児と女児に対する人々の反応には顕著な違いがみられる。

心理学理論の中には男性的価値を強く反映したものがあり，その結果，女性が不当に低い評価を受けることがあるという指摘がC.ギリガンらによって指摘された。道徳発達の理論においては公正や正義が最上位の発達段階に位置づけられているが，ギリガンによると，これらは男性的価値観である。女性にとってはむしろ配慮や対人的責任が重要な道徳的価値であり，従来のものとは異なる体系の道徳理論が必要であると主張した。

❖**男性性，女性性，両性具有**

「男性らしさ」「女性らしさ」は男女の実際の差異には対応しないが，しかしそうした特性を強くもつ人々は男女を問わず存在し，これらを個人差として研究することは重要である。S.L.ベムの性役割尺度においては男性性と女性性は独立した2次元をなすと仮定されており，その結果，男性性と女性性の両方をあわせもつタイプとして両性具有性（アンドロジニー）の概念が提起された。このタイプは，男性的なよい面（積極さや自律心など）と女性的なよい面（感情表現の豊かさ，思いやりなど）の両方を兼ね備えた人々で，多様な環境に順応できる柔軟な適応能力をもち，また，精神的健康度も高いことが研究によって見出されている。これは，性的ステレオタイプに合致した男性や女性を適応的とみなしてきた伝統的価値観に変更を迫るもので，統合的ジェンダー概念の発展可能性を示唆している。

92 男女差を生み出す社会的圧力 ——ジェンダー概念の導入により，男女の違いは生得的なものではなく，社会から期待された性別役割とみなされるようになった。性役割の構造，測定，発達などについて述べる。

　性役割とは，男女それぞれにふさわしい行動とパーソナリティを求める社会・文化的期待である。性役割は社会的場面における男女の行動を規定しているだけでなく，結婚，育児，職業，社会制度など社会的事象に対する人々の態度や反応に影響を与えている。また，それは育児などの社会化を通して再生産されるが，一方で，社会経済的変化に伴って性役割に対する人々の意識にも変化が見られる。

❖性役割の構造

　柏木惠子は性役割がもつ多様な側面を区別して論じている。第1に，性役割態度とは，性役割がどうあるべきかといった規範的認知，性役割のうち個人がどのような面を重視するかといった価値や態度，それに性役割のどのような面を実現したいと思うかの関心や選好などからなる。第2に，性役割自己概念とは，性役割に関して自己をどのように認知し，評価しているかである。自分を「男らしい」とか「女らしい」と思う程度である。第3に，性役割行動がある。これは，個人が性役割をどの程度，実現しているかを示すもので，性役割に関連した諸特性をどのように行動化しているかである。性役割行動は，「男はこうあるべき」「女はこうあるべき」という社会からの規範的期待に応えるために取られる同調行動であるが，一方で，多くの人々にとって性役割はパーソナリティの一部となっており，その場合には，性役割行動は内面的に価値づけられ，内発的に動機づけられている。

❖性役割態度

　性役割に関する基本的価値次元は「伝統志向－平等志向」である。伝統志向とは男女の違いを重視し，社会において男女がそれぞれ別々の役割を果たすべきであるという信念である。一方，平等志向とは，男女間の差異を否定し，社会的役割についても男女の区別なく平等に果たすべきであるという価値観である。平等志向は男性よりも女性において強く，また，年

表 平等主義的性役割態度尺度の項目例（鈴木，1997）

・家事は男女の共同作業となるべきである。
・子育ては女性にとって一番大切なキャリアである。
・男の子は男らしく，女の子は女らしく育てることが非常に大切である。
・女性であるという理由だけで仕事のチャンスを奪ってはいけない。

長者よりも若年層に強い。教育水準も平等志向を強める一因である。

性役割態度を測定する尺度のうち鈴木淳子の平等主義的性役割態度尺度は結婚，育児，労働，教育などにおける男女の役割に焦点をあて，社会的関係における男女の伝統志向-平等志向を測定するものである（表）。

❖**性役割の発達**

親は「男の子が泣いてはいけない」とか「女の子らしくしなさい」と直接に性役割行動を教示したり，子どもの性役割行動を強化したりする。また，それぞれの性にふさわしい衣服やおもちゃを買い与えることによって，性役割に合致した関心や意欲を子どもに喚起しようとする。さらに，親は，子どもにとって性役割モデルとなるなど，性役割の社会化をうながす最も重要なエージェントである。調査結果の示すところによると，現代の日本の親たちも，自分の子どもたちには「男らしい男の子」「女らしい女の子」になってほしいと望んでおり，伝統的な性役割観は依然として健在であることがうかがわれる。学校では仲間集団が性役割を学習する場となる。思春期以降，子どもたちは親よりも仲間に受け入れられることを重視するようになる。服装や持ち物の選択だけでなく，言葉遣い，趣味・関心の対象，価値観などにおいて仲間の影響を強く受けるが，そうした相互作用を通して子どもたちはお互いに性役割の学習を促進し合っている。性役割の社会化をうながす別の要因はマスメディアである。テレビ，映画，小説などの人物描写には，肉体のタフさを誇示するヒーロー，ひたむきに愛を貫くヒロインなど，男女の性役割や性別ステレオタイプを実際以上に強調したものが少なくない。こうしたメディアは子どもたちに性役割の誇張されたモデルを提示し続けている。

93 マスメディアの影響力はどれほどか？——マスメディアの影響を巨大視する見方と限定的にみる見方がある。それぞれについて社会心理学の主要な理論と研究を紹介する。

　情報化社会の現代においてはマスメディアが人々に対して大きな影響力をもつと考えられている。立法，司法，行政につぐ第4の権力と呼ばれたりする。しかし，研究においてマスメディアの影響力の複雑さが次第に明らかになっている。特に重要なことは，人々がマスメディアの情報を受動的に受け取るだけでなく，これらに対して能動的，選択的に接触していることで，これによってその影響は変化する。

❖議題設定とバンドワゴン効果

　社会心理学者たちが特に関心をもってきたのは選挙や投票に対するマスメディアの影響である。M.E.マッコームズらは，選挙において人々が重要な争点（議題）とみなす事柄のほとんどは，新聞やテレビが重要な争点として報道したものであることを指摘している。実際，人々が投票行動を決めるために利用する情報のほとんどが，直接ないしは間接にマスメディアによって提供されたものである。このため，マスメディアには，選挙に関心のない人の関心を喚起し，誰に投票するかを決心させたり，あるいはすでに決心している人の行動を変えさせたりする力があると一般には信じられている（強力効果）。

　マスメディアの影響力を示す1つの現象はバンドワゴン効果（アナウンス効果）である。投票日前に報道された選挙予測が有権者に影響を与えるとされるが，しばしば人々は，多数派と報道された意見の方向に引きずられて投票する傾向がある。これは選挙だけでなく，商品購買や流行にも見られ「多くの人が使っている，好んでいる」という報道が人々の行動に拍車をかけることがある。

❖マスメディアの限定効果

　候補者や政党もまた，マスメディアの影響力を意識して多大の資金を投入して選挙キャンペーンを行う。しかし，アメリカ大統領選挙に関するP.F.ラザースフェルドの古典的研究は，有権者に対するマスメディアの

影響力が限定されたものであることを示した。マスメディアの影響を受けて支持政党を変えた人はごくわずかであり，多くの場合は，マスメディアは既に有権者が潜在的にもっている支持傾向を顕在化させたり，あるいはそれを補強したりする効果の方が大きかった。こうした限定効果は，マスメディアの報道を人々が受動的に受け取るのではなく，関心のある報道を自ら選択して接触していることを意味している。投票行動に対するマスメディアのこうした限定効果は日本の研究でも見出されている。

❖オピニオン・リーダー

マスメディアは，個々人に直接働きかけてその信念や行動に影響を与えるのだろうか。上記のラザースフェルドは，これについて，集団の中にマスメディアに普通の人より多く接触し，受け取った情報を周囲の人に伝える中継ぎ役をする人がいると指摘し，これをオピニオン・リーダーと呼んだ。いわゆる「情報通」であるが，彼らは集めた情報を地域社会の人々の関心に沿った形に翻訳して伝達するので，人々の意思決定に対して大きな影響力をもつと解釈されている。これを情報流通の2段階説と呼ぶが，その後の研究では，これ以外のパターンも見出されており，事件の大きさ，メディアの種類などによって情報の流通経路は異なる。

❖マスメディアの利用と満足

池田謙一らは，人々はある目的のために能動的にマスメディアと接触するという考えを述べ，目標達成とコンサマトリーという2つの目的をあげた。目標達成とは，得た情報を適切な機会に利用するためにメディアに接触するもので，世の中の動きを知るためにニュース番組を見る，関心のある事柄について情報や知識を得るため雑誌を買う，人と会話する際の話題を得るために人気のテレビ・ドラマを見るなどである。一方，コンサマトリーとは，メディアが提供する情報をその場で消費するために接触するもので，イベントやスポーツの中継に没頭しシミュレーション的にその出来事を体験する，ドラマの主人公に同一化して願望充足を図る，キャスターとの擬似的会話に参加するパラソーシャルなどがその例である。

> ***94*** **マルチメディアと社会生活の変化**——情報化社会はパソコンとインターネットの発達よって人々の社会生活を大きく変えようとしている。それがもたらす社会の変化と心理的影響の研究が必要である。

　マルチメディアとは「文字，データ，音声，映像など多くの情報をコンピュータを介して人間と機械，また，人間同士がやりとりしながら，検索・抽出・更新・編集を行うもの」と定義される。現在は，テレビ，パソコン，電話など機能別の装置が必要だが，マルチメディアを利用すると1台で済むようになり，また，現在以上に豊富なデータベースや映像情報の利用が可能になる。すでに一般利用に供されているマルチメディアはごく一部にすぎないが，今後急速に発展して人々の生活の重要な道具となることが予想されている。

❖マルチメディアによる生活の変化

　マルチメディアの発展は，人々の社会生活に大きな変化をもたらす可能性がある。宮田加久子はそうした変化を，家庭生活，職場，教育，余暇などに分けて論じている。情報アクセスの容易さによって生活全般に利便さが増すが，家庭においては，例えば在宅診療システムなどのように，家に居ながらにして受けられるサービスが増え，これに要する時間的・距離コストが小さくなる。職場における最大の変化は在宅勤務者の増加で，これによって勤務形態だけでなく雇用形態にも変化が生ずるとみられている。学校へのパソコン，インターネットの導入は急速に進展している。生徒の意欲を喚起するためにパソコンを応用した様々な学習方法（CAI）が開発されているが，音楽，美術など創造的教科においてもその利用が期待されている。

❖電子メディア：インターネットと電子メール

　マルチメディアのうち，現在，最も急速に利用が拡大しているのが電子メディアである。代表的なものはインターネットと電子メールである。インターネットでは業者や個人が提供するホームページなどから利用者が一方向的に情報を得るものだけでなく，利用者同士が意見交換し合うインタラクティブな電子会議室などもある。最近は，インターネット・ショッ

ピングが増え，電子商取引も開始されるなど，インターネットが購買や経済活動の形態にも変化をもたらしている。電子メールは時間的・距離的制約を取り払うことによって，個人のコミュニケーションの範囲を大幅に拡張した。通信相手は世界中に広がり，時間調整をする必要なくいつでもメッセージをやりとりすることができる。また，電子メールが他人にのぞかれることのないまったく私的通信手段であることも急速な普及をもたらした一因である。

　電子メディアの発展の中で，これが引き起こす諸問題も指摘されている。例えば，電子会議室における誹謗中傷，インターネット上での他人のプライバシーの暴露，電子商取引における詐欺事件やトラブルなどである。こうした問題は電子メディアの利便さにつきまとう問題でもある。電子メディアを介した匿名の発言は自由で拘束のない議論を可能にするが，反面，抑制のない感情表現が起こりやすくなる。これを防ぐために，一定の法的規制も検討されているが，利用者に対するマナーやルールの教育も必要と考えられている。

❖電子ネットワーキングと新しいコミュニティ

　電子メディアは，物理的に規定された通常の人間関係や集団の枠を越えて，人々を結びつけ，新しい集団形成をもたらす可能性をもっている。池田謙一らによると，ネットワーク・コミュニティは，これまで人々を結びつけていた地縁・血縁に依存せず，物理的・社会的バリアを越え，興味・関心という心理的要因によって成立する傾向がある。参加・離脱が自由で，本人が望む範囲に限定してかかわりをもつことが可能な点が現実のコミュニティとの最大の違いである。それゆえ，関係や集団に対する個人のコミットメントや責任感は弱いとみなされる。しかし，バーチャル・コミュニティが現実の集団にとって代わり，人々の心理や行動を支配するというのは杞憂であり，多くの人々にとって電子コミュニケーションは現実の関係を枠組みとし，それを基盤に利用されており，通常の社会的関係と同様の責任や義務の中で交流が行われている。

> **95 世論形成の仕組み**──ボトムアップ型，トップダウン型，沈黙の螺旋モデルなどがある。世論は政策評価という形に具体化され，国民の行動を規定する。また，世論の背後にある社会的現実について述べる。

　世論とは，社会の中で興味や関心を集めている重要な事柄について，大多数の人々がもつ意見のことである。民主主義の社会では「民の声は神の声」といわれ，その正義の審判者は世論とみなされている。このため，指導者たちは世論の支持と承認を得るべく努力する。

❖世論形成と社会的行動

　世論はどのように形成されるのか。単純な見方としては，大多数の人々の自発的な意思や選好が集約されて世論ができあがり，これに基づいて人々が行動を起こすことによって社会的変革が実現されるとする「ボトムアップ型世論説」がある。しかし，実際には政府や特定グループのプロパガンダによって世論が誘導されることも少なくない。マスメディアを使った選挙キャンペーンなどは意図的な世論形成の典型で，当事者たちはその正否が選挙結果を左右すると信じている。しかし，実証研究では世論に対するマスメディアの影響はそれほど絶対的なものではない。

　世論の内容について人々は各々主観的に認知しているが，これによって彼ら自身の行動が影響を受けることがある。知覚された世論のもつこうした集団同調効果を分析したのは E. ノエル-ノイマンの沈黙の螺旋モデルである（➡ **77**）。多数派と自認している人たちは公的場面において自分の意見を積極的に表明しやすいが，少数派と感じている人は孤立を恐れて沈黙を守りがちである。主観的多数派の声高な主張と少数派の沈黙は，多数派意見が実際上に支配的であるとか，支持が一層増加しているとの印象を周囲の人々に与え，その結果，なだれ式に多数派意見への同調が起こる。ある政策の支持あるいは批判が，短期間のうちに急速に高まって巨大な世論に成長したり，選挙において特定政党がブームのように得票数を伸ばしたりする現象の背後にはこうした沈黙の螺旋が働いていることがある。

❖政策の評価と世論

　政治家は，政策に対する国民の評価，すなわち，世論は自己利益を反映

していると思い込む傾向がある。すなわち，国民は経済的に自分たちに有利な政策には賛成するが，不利な政策には反対すると信じている。そこで，政治家は政策について述べる際，国民に有利な面を強調し，不利な面をあいまいにして，好意的な世論形成を図る。しかし，国民は自己利益だけではなく，社会全体の利益や原理原則に基づいて政策評価をするという見方がD.O.シアーズなどによって強調されている。こうした中で，最近，政策に対する公正評価が注目されている。政策によって生ずる利益や負担の分配が公平であるかどうか（分配的公正），あるいは，政策立案や審議の過程が適切であるかどうか（手続き的公正），こうした観点から人々が政策評価を行うというものである。国民による政策評価は，自己利益と公正の両面から行われ，いずれの面においても支持された政策には国民は積極的に従う。

どんな政策もある集団の人々には不利益をもたらす。人々が自己利益だけで政策に対する態度を決めるなら，どんな政策も一定の反対は不可避だし，増税などは国民全体から拒否されるであろう。しかし，公正評価が政策支持に影響するとすれば，政府はこの面で国民に訴えることによって，不利益な政策についても支持を得られる可能性がある。

❖社会的現実

世論の背景には人々が「世の中」について抱いている体制化された認識がある。これは社会的現実と呼ばれるが，池田ら (1991) はこれを支える3層構造について論じている。第1層は社会的制度である。政府，警察，裁判所，教育機関などが発する公式情報，マスメディアによる公共的情報などは信憑性の高い情報とみなされ，世の中の仕組みに関する人々の認識において骨格を構成する。第2層は対人関係である。社会に関するある認識は，周囲の人々が同意し，支持してくれることによって現実感を獲得する。人々は相互作用の中で社会事象に関する認識を支持し合い，お互いの社会の現実構成を補強し合っている。第3層は内的信念である。個人がすでにもっている社会に対する信念やスキーマは，社会的事象に対して一貫性のある解釈を可能にし，その出来事に現実感を与える。

参考文献

池田謙一・村田光二　1991　心と社会──認知社会心理学への招待　東京大学出版会
浦光博　1992　支えあう人と人──ソーシャル・サポートの社会心理学　サイエンス社
大渕憲一　1993　人を傷つける心──攻撃性の社会心理学　サイエンス社
高木修　1998　人を助ける心──援助行動の社会心理学　サイエンス社
ダラード, J. 他　宇津木保（訳）　1959　欲求不満と暴力　誠信書房
ノエル-ノイマン, E.　池田謙一（訳）　1988　沈黙の螺旋理論──世論形成過程の社会心理学　ブレーン出版
フロイト, S.　吉田正己・土井正徳（訳）　1974　宗教論──幻想の未来（フロイド選集8）　日本教文社
ラタネ, B.・ダーリー, J. M.　竹村研一・杉崎和子（訳）　1977　冷淡な傍観者──思いやりの社会心理学　ブレーン出版
ラザースフェルド, P. F.・ベレルソン, B.・ゴーデット, H.　有吉広介（監訳）　1987　ピープルズ・チョイス──アメリカ人と大統領選挙　芦書房
ローレンツ, K.　日高敏隆・久保和彦（訳）　1970　攻撃──悪の自然誌　みすず書房
宮田加久子　1993　電子メディア社会──新しいコミュニケーション環境の社会心理　誠信書房
Bandura, A. 1973 *Aggression: A social learning analysis*. Prentice-Hall.
Bem, S. L. 1974 The measurement of psychological androgyny. *Journal of Consulting and Clinical Psychology*, 42, 155-162.
Berkowitz, L. 1993 *Aggression: Its causes, consequences, and control*. McGraw-Hill.
Gilligan, C. 1977 In a different voice: Women's conceptions of the self and of morality. *Harvard Educational Review*, 47, 51-61.
Maccoby, E. E., & Jacklin, C. 1974 *The psychology of sex differences*. Stanford University Press.
McCombs, M. E., & Shaw, D. L. 1972 The agenda setting function of mass media. *Public Opinion Quarterly*, 36, 176-187.
Mead, M. 1935 *Sex and temperament in three primitive societies*. Morrow.
Schwartz, S. H. 1973 Normative explanations of helping behavior: A critique, proposal, and empirical test. *Journal of Experimental Social Psychology*, 9, 349-364.
Sears, D. O., & Funk, C. L. 1991 The role of self-interest in social and political attitudes. *Advances in Experimental Social Psychology*, 24, 1-91. Academic Press.
Tedeschi, J. T., & Felson, R. B. 1994 *Violence, aggression, and coercive actions*. American Psychological Association.

12章▶社会心理学の道具箱

この章では，社会心理学のキーワードを理解するために役に立つ，考えるための道具としての理論や概念について紹介する。

> **96 社会心理学の理論を学ぶための道具箱**——社会心理学の理論について学ぶにあたって知っておくと便利な基礎概念や用語について紹介する。

規範的理論 (normative theory)：特定の前提と論理により導かれる，現実はこうなっているはずだという理論。

処方的理論 (prescriptive theory)：行動の指針を提供する理論。

記述的理論 (descriptive theory)：現実に存在する規則性の記述を組織化した理論。

演繹 (deduction)：特定の前提の論理的帰結。

帰納 (induction)：現象の中にある法則性を明らかにすること。

行動主義 (behaviorism)：客観的行動のみを心理学の対象とすべきだと考える心理学の一学派。J. B. ワトソンが提唱。

機能主義 (functionalism)：ある対象をそれ自体の性質によってではなく，それが果たす役割によって理解しようとする考え方。

社会的構築主義 (social constructionism)：社会的現実を客観的な存在としてとらえるのではなく，人々の間で生成され維持される主観的構築物としてとらえる。心理学を科学としてではなく人文学の一分野と考える。

社会生物学 (sociobiology)：動物や人間の社会行動を説明する進化生物学の理論。E. O. ウィルソンが提唱。

現象学 (phenomenology)：E. フッサールを祖とする認識論。一切の先入見を排除し，純粋な意識内容を分析する。社会心理学では，エスノメソドロジーや社会的構築主義に影響を与えた。

ゲーム理論 (game theory)：特定の相互依存関係にある人々がある行動原理に従って行動することで生まれる結果を予測するための数学的手法。

民族心理学 (ethnopsychology)：各民族に特有の民族精神を研究する心理学の一分野として，19世紀末から20世紀初頭のドイツで成立し，現在，文化心理学の観点から再評価されつつある。W. ヴントが中心となる。

民族科学 (ethnoscience)：様々な文化で一般の人々が環境を理解するために用いている「野生の思考」についての研究。認識人類学の主要な研究

対象。民族分類学，民族植物学，民族動物学などがある。

エスノメソドロジー（ethnomethodology）：人々が日常的相互作用の意味を解釈し生み出す「方法」の分析。H. ガーフィンケルが提唱。民族方法論ともいう。

生態学的心理学（ecological psychology）：環境が人間や動物の行動をアフォードする（誘い出す）とするアフォーダンスの観点を中心として，環境の側から心のはたらきを理解しようとする考え方。J. J. ギブソンが提唱。

象徴的相互作用論（symbolic interactionism）：G. H. ミードを祖とする社会学的社会心理学の学派。相互作用関係における主観的意味に注目する。

学習理論（learning theory）：条件づけないし観察学習（A. バンデューラ）を通しての行動の変化を記述する理論。条件づけには，中立刺激を与えると無条件反応が生じる（ベルの音を聞くと唾液の分泌が起こる）ようになる古典的条件づけと，特定の反応に対して報酬（強化子）を与えることでその反応が起こりやすくなる（強化される）オペラント条件づけ（B. F. スキナー）がある。

社会的交換理論（social exchange theory）：個人や集団の間の関係を，物質的および社会的・精神的な資源の交換としてとらえる考え方。社会心理学では H. H. ケリーが中心。

グループ・ダイナミックス（group dynamics）：集団で生じる現象を，個々の成員の観点からではなく，集団全体の観点から理解しようとする考え方。K. レヴィンが提唱。集団力学ともいう。

認知的斉合性理論（cognitive consistency theory）：認知の一貫性を求める傾向を前提とする理論。認知的不協和理論（L. フェスティンガー），均衡理論（F. ハイダー），バランス理論（T. M. ニューカム），適合性理論（C. E. オスグッド）などがよく知られている。1960年代から70年代にかけての社会心理学で中心的な役割を果たした。

役割理論（role theory）：役割の概念を媒介として社会構造と個人の心理や行動との関連性を明らかにしようとする立場の総称。社会学的社会心理学の中心理論の1つ。

97 社会心理学の方法を学ぶための道具箱——社会心理学の方法について学ぶにあたって知っておくと便利な基礎概念や用語について紹介する。

無作為配置（random assignment）：実験参加者を等確率で実験条件に割り当てる方法。実験操作以外のすべての変数の影響を排除するのに有効な方法。

実験者効果（experimenter effect）：実験者が仮説を知ることで，実験の結果に対して与えてしまう影響。

要求特性（demand characteristic）：実験参加者が実験者の意図や目的を推測して，そのために行動が変わってしまうこと。

評価懸念（evaluation apprehension）：実験参加者が実験者によって評価されているのではないかと感じ，そのために行動が変わってしまうこと。

事後説明（debriefing）：実験の後で参加者にする実験内容の説明。

内的妥当性（internal validity）：特定の独立変数以外の変数が従属変数に影響を与えていない状態。

外的妥当性（external validity）：研究結果が特定の母集団にあてはまる程度。

二重盲検法（double blind method）：実験者効果や要求特性が実験参加者の行動に入り込まないように，参加者にも実験者にも実験の目的や仮説を明らかにしないまま実験を行う方法。

操作的定義（operational definition）：ある概念の定義を，具体的な測定で行うこと。例えば知能の定義として知能テストの成績を用いる。

相関係数（correlation coefficient）：関係の強さと方向を示す数字。ピアソン相関係数の場合にはマイナス１からプラス１の値をとる。

回帰係数（regression coefficient）：独立変数が１単位変化したときに従属変数が変化する大きさを示す数字。

従属変数（dependent variable）：独立変数の影響により変化する変数。

独立変数（independent variable）：従属変数に影響を与える変数。

媒介変数（mediating variable）：独立変数が従属変数に対してもつ影響を伝達する，両者の間に介在する変数。

調整変数（moderator variable）：変数間の関係の方向や強さに影響を与える変数。

名義尺度（nominal scale）：変数を測定する単位がカテゴリーとして与えられている尺度。例えば性別の尺度値として「男性」「女性」が用いられる場合。

順序尺度（ordinal scale）：変数を測定する単位が順序として与えられている尺度。

間隔尺度（interval scale）：変数を測定する単位が，意味のあるゼロ点をもたない数字として与えられている尺度。尺度値間の加減は意味があるが乗除は意味がない。

比率尺度（ratio scale）：変数を測定する単位が，意味のあるゼロ点をもつ数字として与えられている尺度。尺度値間の加減乗除がすべて可能。

測定の信頼性（measurement reliability）：測定に際してのランダムな誤差が小さい程度。測定に際しての系統的誤差の小ささは測定の妥当性（validity）と呼ばれる。

有意水準（significance level）：統計的検定において，帰無仮説を棄却するための基準を採用する場合に，第1種の過誤（実際には正しい帰無仮説を棄却する誤り）が生まれる確率。

主効果（main effect）：他の独立変数の影響を取り除いた状態で，特定の独立変数が従属変数に対してもつ影響の大きさ。

交互作用効果（interaction effect）：2つ以上の独立変数の組合せが従属変数に対してもつ影響の大きさ。

擬似相関（spurious correlation）：2変数の間に因果関係が存在しないにもかかわらず存在している相関関係。第3変数の影響によって生まれる。

統制（control）：ある独立変数が従属変数に対して与える影響の大きさを調べるために，他の独立変数が従属変数に対してもつ影響を排除すること。事前に多元配置の実験デザインを用いる場合と，事後に統計的に行う場合とがある。コントロールともいう。

> **98 心のはたらきについて学ぶための道具箱**──一人一人の心のはたらきについて社会心理学の観点から学ぶにあたって知っておくと便利な基礎概念を紹介する。

認知的節約家(cognitive miser):認知資源を節約するため,認知的な近道を通って情報処理をするという人間のモデル。

ヒューリスティック(heuristic):迅速で多くの場合は適切な解決をもたらすが,場合によっては誤った解決をもたらすことのある決定方法。思いつきやすい情報だけを用いて判断する利用可能性ヒューリスティック(availability heuristic),典型的な事例に似ているかどうかで判断する代表性ヒューリスティック(representativeness heuristic)などがよく知られている。

アルゴリズム(algorithm):時間がかかるが必ず適切な解決に到達できる決定方法。

基準率の誤り(base rate fallacy):確率判断などにおいて,情報の典型性などに注目することによって,基準の確率を無視する傾向。

誤った関連づけ(illusory correlation):情報の目立ちやすさなどの効果によって,実際には存在しない関連性が存在するように思うこと。

誤った合意性(false consensus):他人を自分と同じだと過剰に考える傾向。

プライミング(priming):特定の概念や情報を活性化することで,それと関連する概念やスキーマが活性化されやすくなること。

スキーマ(schema):知識を組織化する認知構造。

スクリプト(script):出来事の系列についてのスキーマ。

プロトタイプ(prototype):あるカテゴリーに最も典型的な事例。

ステレオタイプ(stereotype):特定の社会集団の成員が同じ特定の特性を共有しているとする信念。

過剰正当化効果(overjustification effect):ある行動の説明として十分強力な外的要因が与えられることにより生じる,その行動に対する内発的動機づけの低下。

態度(attitude):ある対象に対する持続性のある評価。

暗黙のパーソナリティ理論（implicit personality theory）：人々が人間のパーソナリティについてもっている信念体系。J. S. ブルーナーが提唱。

自己知覚理論（self-perception theory）：自分自身の態度や感情を，自分の行動を手掛かりに推測するという理論。D. J. ベムが提唱。

情動の2要因理論（two-factor theory of emotion）：生理的喚起と手掛かりが共に存在することによって特定の情動経験が生じるとする理論。S. シャクターとJ. シンガーが提唱。

錯誤帰属（misattribution）：生理的喚起の原因を誤った手掛かりを使って解釈し，本当の原因とはかけはなれた情動が生まれること。S. シャクターの提唱する情動の2段階理論により説明される。

共変原理（covariation principle）：結果とともに変化する要因がその結果の原因だと考える傾向。

割引原理（discounting principle）：他の原因の存在により，行動についての別の原因の重要性が割り引かれること。H. H. ケリーが提唱。

外的帰属（external attribution）：行動の原因を課題の困難さや運などの環境の特性に求めること。

内的帰属（internal attribution）：行動の原因を能力や性格などの個人の内部に求めること。

基本的な帰属のエラー（fundamental attribution error）：他者の行動の原因を内的な要因に基づくと過大評価する傾向。L. ロスが提唱。

自己奉仕的帰属（self-serving attribution）：自分の成功は自分の内的な属性に，失敗は外的な要因に帰属する傾向。

学習性無力感（learned helplessness）：望ましくない結果をコントロールできないことを学習する結果獲得される無力感。M. E. P. セリグマンが提唱。

精緻化見込みモデル（elaboration likelihood model）：説得内容を理解するための動機づけと，そのために必要な能力がある場合には中心ルートを通して，またそれがない場合には周辺ルートを通して態度変化が生じるとするモデル。R. E. ペティとJ. T. カシオッポが提唱。

> **99 集団と個人との関係について学ぶための道具箱**——集団と個人との関係について社会心理学の観点から学ぶにあたって知っておくと便利な基礎概念を紹介する。

社会的比較理論（social comparison theory）：人々は他者との比較を通して自分の信念や能力について判断するという理論。L. フェスティンガーが提唱。

社会的アイデンティティ理論（social identity theory）：人々は自尊心を維持するために，社会的アイデンティティの源である内集団とその他の外集団とを区別しようとするという理論。H. タジフェルが提唱。

公平世界仮説（just world hypothesis）：人々は「良い人には良いことが起こり，悪い人はひどい目に遭う」という信念を維持するように公平判断を行うという仮説。M. J. ラーナーが提唱。

犠牲者非難（victim derogation）：被害を受けるのはそれなりに原因があると考える傾向。公平世界仮説に基づく場合がある。

相対的剥奪（relative deprivation）：比較対象と比べて報酬が相対的に少ないと感じること。報酬の絶対量の不足よりも不満を生み出しやすい。

社会的促進（social facilitation）：他者がまわりにいることによって，単純な作業や習熟している作業の遂行が促進される現象。R. B. ザイアンスが提唱。

傍観者効果（bystander effect）：緊急事態に直面した傍観者が多いほど，傍観者が援助行動をしなくなる傾向。B. ラタネが提唱。

責任の拡散（diffusion of responsibility）：傍観者効果の原因の1つ。傍観者が他にいることで，援助行動を取る責任を感じにくくなること。

社会的手抜き（social loafing）：集団で作業をすることで，個々のメンバーの努力の水準が低下する現象。

同調（conformity）：現実ないし想像上の他者の影響による行動の変化。規範の影響と情報の影響による同調がある。

服従（obedience）：権威による命令に従うこと。

集団分極化（group polarization）：集団で議論すると結論が極端になる傾向。

リスキーな結論に移行するリスキー・シフトと，安全な結論に移行するコーシャス・シフトの両方がある。集団極性化ともいう。

集団的浅慮（groupthink）：集団の凝集性の維持を優先して議論するため，正しい情報の判断がおろそかにされる傾向。I. L. ジャニスが提唱。

非人間化（dehumanization）：犠牲者を救済する方法がない場合に，犠牲者が人間以下の存在だと思うこと。

脱個人化（deindividuation）：自己意識や社会的規範による拘束が薄れている状態。匿名性の高い集団状況で起こり，衝動的な攻撃行動を促進する。

黒い羊効果（black sheep effect）：内集団の成員が劣っていたり不適切な行動を取ったりすると，外集団の成員よりも強く非難される傾向。

ドア・イン・ザ・フェイス（door-in-the-face）：最初に大きな要求をして，より小さな要求を受け入れさせる説得法。

フット・イン・ザ・ドア（foot-in-the-door）：最初に小さな要求を受け入れさせ，しだいに大きな要求を受け入れさせる説得法。

ローボーリング（lowballing）：魅力的な条件で相手に要求を受け入れさせた後で，条件を変えてより悪い条件の要求を受け入れさせる方法。

単純接触効果（mere exposure effect）：特定の刺激に繰り返し接触するだけで生じる，対象に対する好意度の上昇。R. B. ザイアンスが提唱。

印象操作（impression management）：自己呈示（self presentation）を行うことで，他者に対して自分をよく見せようとする行動。

鏡映的自己（looking-glass self）：他者から見た自分の姿を通して獲得された自己概念。C. H. クーリーが提唱。

自己覚知（self-awareness）：自己に対して注意が高まっている状態。

自己概念（self-concept）：自分の特性についての組織化された信念。

自尊心（self-esteem）：自分の価値についての自己評価。自己価値ともいう。

自己モニタリング（self-monitoring）：社会的行動の決定に際して，内的な手掛かりではなく外的な手掛かりを用いる程度。M. スナイダーが提唱。

外集団同質性（out-group homogeneity）：自分がその一員であることを感じていない外集団の成員がお互いに似通っていると思う傾向。

> ***100*** 相互依存関係と社会や文化について学ぶための道具箱──
> 相互依存関係の性質や，社会や文化について社会心理学の観点から学ぶに
> あたって知っておくと便利な基礎概念を紹介する。

第1次集団（primary group）：家族や近隣集団などの対人的接触の密接な集団。

準拠集団（reference group）：自分との比較の対象となる集団。

集団凝集性（group cohesiveness）：成員を集団にとどまらせる力。成員が集団にとどまる傾向の強さ。

集団錯誤（group fallacy）：実際には個々の成員間の相互作用により説明される現象を，集団心などの集団の特性によるものだと考える誤り。

創発特性（emergent property）：個人間の相互作用の結果，集団や社会に生まれる，個々の成員の心理や行動とは直接に対応しない規則性。

役割（role）：社会的位置に伴う期待される行動のセット。

社会的規範（social norm）：集団や社会でメンバーに対して期待されている行動についての規則。

内集団バイアス（in-group bias）：内集団（自分がその一員であることを感じている集団）の成員に対して好意的に評価し，好意的に振る舞う傾向。

最小条件集団（minimal group）：些細なカテゴリーのみによって構成された集団。H. タジフェルらにより，最小条件集団においても内集団バイアスが生じることが示された。

少数者の影響（minority influence）：少数派が一貫した行動を取ることで多数派に与える影響。S. モスコヴィッチが提唱。

集合行動（collective behavior）：群集に代表される組織されていない人々が示す特徴的な行動。

集合行動（collective action）：集団の成員が自発的に協力することで可能となる課題達成。ただ乗り（フリー・ライダー）問題が集合行動の達成を阻害する。

社会的ジレンマ（social dilemma）：個人が自己利益を追求すると，全体にとっての不利益が生じる状況。

囚人のジレンマ（prisoners' dilemma）：2者間の社会的ジレンマ。

応報戦略（tit-for-tat strategy）：相手の協力には協力行動を，非協力には非協力行動を返す行動原理。

比較水準（comparison level）：特定の関係で得られると期待される報酬の大きさ。J. W. ティボーとH. H. ケリーが提唱。

選択的比較水準（comparison level for alternatives）：別の関係で得られると期待される報酬の大きさ。ティボーとケリーが提唱。

混合動機状況（mixed-motive situation）：相互協力の利益と一方的な裏切りの利益がともに存在する状況。

互恵性（reciprocity）：社会的交換において，相手の好意に対しては好意を返すという原理。互酬性，返報性ともいう。

予言の自己実現（self-fulfilling prophecy）：人々の期待が現実を生み出す現象。R. K. マートンが提唱。自己成就的予言，予言の自己成就ともいう。

多元的無知（pluralistic ignorance）：集団の中で人々が他者の行動から他者の意見や態度を判断するため，誤った結論を出してしまうこと。裸の王様の寓話がこの例。

手続き的公正（procedural justice）：報酬分配の手続きについての公正さ。手続き正義ともいう。

分配の公正（distributive justice）：報酬分配の結果についての公正さ。分配正義ともいう。

衡平（equity）：交換関係におけるインプットとアウトプットの釣合い。平等分配や必要に応じた分配とともに，分配正義の原理の1つ。

オピニオン・リーダー（opinion leader）：コミュニケーションの2段階の流れの中で，マスコミの影響を一般大衆に広める役割を果たす人間。

沈黙の螺旋（spiral of silence）：一般に認められにくい意見は公共の場で発言されないため，実際よりも少数の意見だと判断され，ますます発言されなくなる現象。E. ノエル-ノイマンが提唱。

リーダーシップ（leadership）：リーダーの特性や行動および役割。K. レヴィンの専制的リーダーシップと民主的リーダーシップ研究以来，集団力学の中心的研究テーマ。

図表の出典

* ここに掲げた以外の図表は執筆者本人の作成である。

[2章：社会心理学の重要研究]

8 図　Sherif, M., & Sherif, C. W.　1969　*Social psychology*. Harper and Row.

9 図・表　Milgram, S.　1974　*Obedience to Authority: An experimental view*, Harper and Row. 岸田秀（訳）1980　服従の心理——アイヒマン実験　河出書房新社

11 図　Darley, J. M., & Latené, B.　1968　Bystander interventions in emergencies: Diffusion of responsibility. *Journal of Personality and Social Psychology*, 8, 377-383.

15 表　Stouffer, S. A., Suchman, E. A., De Vinney, L. D., Star, S. A., & Williams, R. M. Jr.　1949　*The American soldier: Adjustment during army life*, Vol. 1. Princeton Univeristy Press.

16 図　Asch, S. E.　1955　Opinions and social pressure. *Scientific American*, 193(5), 31-35.

17 表・図　Hunt, P. J., & Hillery, J. M.　1973　Social facilitation in a coaction setting: An examination of the effects over learning trials. *Journal of Experimental Social Psychology*, 9, 563-571.

18 表　Freedman, L., & Fraser, S. C.　1966　Compliance without pressure: The foot-in-the-door technique. *Journal of Personality and Social Psychology*, 4, 195-202.

19 図1　Bandura, A., Ross, D., & Ross, S. A.　1963　Imitation of film-mediated aggressive models. *Journal of Abnormal and Social Psychology*, 66, 3-11.

19 図2　Bandura, A., Ross, D., & Ross, S. A.　1963　Vicarious reinforcement and imitative learning. *Journal of Abnormal and Social Psychology*, 67, 601-607

21 表　Wallach, M. A., Kogan, N., & Bem, D. J.　1962　Group influence on individual risk taking. *Journal of Abnormal and Social Psychology*, 65, 75-86.

22 表　Festinger, L., & Carlsmith, J. M.　1959　Cognitive consequences of forced compliance. *Journal of Abnormal and Social Psychology*, 58, 203-210.

22 表　Bem, D. J.　1967　Self-perception: An alternative interpretation of cognitive dissonance phenomena. *Psychological Review*, 74, 183-200.

23 図　Jones, E. E., & Harris, V. A.　1967　The attribution of attitudes. *Journal of Experimental Social Psychology*, 3, 1-24.

24 表　Dutton, D. G., & Aron, A. P.　1974　Some evidence for heightened sexual attraction under conditions of high anxiety. *Journal of Personality and Social*

Psychology, 30, 510-517.
25 図 Ross, L., Greene, D., & House, P. 1977 The "false consensus effect": An egocentric bias in social perception and attribution processes. *Journal of Experimental Social Psychology*, 13, 279-301.
26 図1 Hogg, M. A., & Abrams, D. 1988 *Social identifications: A social psychology of intergroup relations and group processes*. Routledge.
26 図2 Tajfel, H., Billig, M. G., Bundy, M. G., & Flament, C. 1971 Social categorization and intergroup behaviour. *European Journal of Social Psychology*, 1, 149-178.
27 図 Axelrod, R. 1984 *The evolaution of cooperation*. Basic Books. 松田裕之（訳） 1998 つきあい方の科学——バクテリアから国際関係まで ミネルヴァ書房
28 表1・表2 Ekman, P. 1973 *Darwin and facial expression: A century of research in review*. Academic Press.
29 図 北山忍・唐澤真弓 1995 自己——文化心理学的視座 実験社会心理学研究, 35(2), 133-163.

[5章：冷たい心と熱い心]
48 図 Heider, F. 1958 *The psychology of interpersonal relations*. Wiley. 大橋正夫（訳） 1978 対人関係の心理学 誠信書房
49 図 Kelley, H. H. 1973 The processes of casual attribution. *American Psychologist*. 28, 107-128.
52 図 Ekman, P., & Friesen, W.V. 1975 *Unmasking the face*. Prentice-Hall. 工藤力（訳編） 1975 表情分析入門 誠信書房

[6章：私の心と私の姿]
55 表 ジェームズ, W. 今田寛（訳） 1992 心理学（上） 岩波書店
56 図 Carver, C. S., & Scheier, M. F. 1981 *Attention and self-regulation: A control theory approach to human behavior*. Springer Verlag.
57 表 Tedeschi, J. T., & Norman, N, 1985 Social power, self-presentatin, and the self. In B. R. Schlenlcer (Ed.), *The self and social life*. McGraw-Hill.
58 図 池上知子・遠藤由美 1998 グラフィック社会心理学 サイエンス社
59 表 安藤清志 1994 見せる自分/見せない自分 サイエンス社

[7章：他人とのつきあい]
60 図 Stephan, W. G. 1989 A cognitive approach to stereotyping. In D. Bar-Tal, et al., (Eds.), *Stereotyping and prejudice: Changing conceptions*. Springer-Verlag. 3-34.
62 図 Byrne, D., & Nelson, D. 1965 Attraction as a linear function of proportion of positive reinforcement. *Journal of Personality and Social Psychology*, 1, 659-

663.
63 図　Murstein, B. I.　1977　The stimulus-value-role (SVR) theory of dyadic relationships. In S. Duck (Ed.), *Theory and Practice in Interpersonal Attraction*. Academic Press.
64 図　Petty, R. E., & Cacioppo, J. T.　1986　The elaboration likelihood model of persuasion. *Advances in Experimental Social Psychology*, 19, 123-205.
65 図　Deutsch, M., & Krauss, R. M.　1960　The effect of threat upon interpersonal bargaining. *Journal of Abnormal and Social Psychology*, 61, 168-175.
66 図　Miller, N., & Maruyama, G.　1976　Ordinal position and peer popularity. *Journal of Personality and Social Psychology*, 33, 123-131.

［8章：集団の中の人間］

67 図　Jackson, J. M.　1960　Structural characteristics of norms. In G. E. Jensen (Ed.), *Dynamics of instructional groups*. University of Chicago Press.
69 図　Moscvici, S., Lage, E., & Naffrechoux, M.　1969　Influence of a consistent minorty on the responses of a majority in a color perception task. *Sociemetry*, 32, 365-380.
70 図　Steiner, I. D.　1972　*Group process and productivity*. Academic Press.
71 表　亀田達也　1997　合議の知を求めて　共立出版
72 表　Stasser, G.　1992　Information salience and the discovery of hidden profiles by decision-making groups: A "thought experiment". *Organizational Behavior and Human Decision Processes*, 52, 156-181.
73 図　Avolio, B. J.　1999　*Full leadership development: Building the vital forces in organizations*. SAGE Publications.
74 図　Adams, J. S.　1965　Inequity in social exchange. In L. Berkowitz (Ed.), *Advances in experimental social psychology*, Vol. 2. Academic Press.
75 図　Hogg, M. A., & Abrams, D.　1988　*Social identifications: A social psychology of intergroup relations and group processes*. Rautledge.

［11章：社会の中の社会心理学］

88 図　Lefkowitz, M. et al. 1977　*Growing up to be violent*. Pergamon Press.
89 図　Staub, E.　1970　A child in distress: The influence of age and number of witnesses on children's attempt to help. *Journal of Personality and Social Psychology*, 14, 130-140.
91 表　伊藤裕子　1978　性役割の評価に関する研究　教育心理学研究, 26, 1-11
92 表　鈴木淳子　1997　性役割――比較文化の視点から　垣内出版

事項索引

あ 行

アイヒマン実験　14, 20
甘え　73
アメリカ人　59
アメリカ兵研究　32
誤った関連づけ　222
誤った合意性　222
誤った信念課題　101
アルゴリズム　106, 222
アンドロジニー➡両性具有性
暗黙のパーソナリティ観（理論）　136, 223
意識　98, 115
意識的経験　98
Eスケール➡自民族中心主義的態度
一貫性実験　26
一般的信頼　194
イデオロギー　72
意図せざる結果　172, 178, 195
異文化間心理学　74
入れ子問題　98
因子分析　83
印象形成実験　42
印象形成のゲシュタルト・モデル　42
印象形成のモザイク・モデル　43
印象操作　129, 225
インターネット　212
後ろ向き解決法　107
運命統制　177
A—Eスケール➡反ユダヤ主義的態度
SD法　120
エスノメソドロジー　85, 219
SVR理論　142
エティック　76
Fスケール➡ファシズム・スケール

エミック　76
LPCモデル　165
演繹　218
援助行動　24, 95, 148, 202
　　──の発達　203
応報戦略　57, 179, 181, 227
オピニオン・リーダー　211, 227
恩の概念　189

か 行

回帰係数　220
外集団　18, 54, 130, 168, 182
外集団同質性　225
外的帰属　48, 223
外的妥当性　13, 14, 220
外発的動機づけ　118
科学的理論　7
科学としての社会心理学　6
隠されたプロフィール　163
学習　118
学習性無力感　119, 223
学習理論　219
過小推測集団　55
過剰正当化効果　222
過大推測集団　55
価値観　142, 152, 191, 194
葛藤　29, 88, 143, 146
カテゴリー化　54, 70, 104
過度な単純化　84
過度の帰属➡基本的な帰属のエラー
下方比較　132
簡易的リッカート法　120
間隔尺度　221
観察学習（モデリング）　40, 87
観察可能な予測　7
観衆効果　36

事項索引　231

感受性訓練（Tグループ）　89
感情　114, 120
感情喚起　114
感情経験　114
感情表出　116
擬似相関　221
記述的理論　218
基準率の誤り　222
犠牲者非難　224
帰属　110
　――のバイアス　111
帰属過程　48
帰属理論　110
議題設定　210
キティ・ジェノヴィーズ事件　24, 202
帰納　218
帰納主義　218
規範的影響　154
規範の理論　218
基本的な帰属のエラー　3, 48, 223
偽薬効果　174
究極因　8, 10
教育心理学　68
鏡映的自己　130, 225
共感性　148
共行為効果　36
共変原理　223
強力効果　210
緊急事態　24
近接因　8
クライエント中心療法　69
グループ・ダイナミックス（集団力学）
　69, 88, 89, 94, 219
黒い羊効果　225
群集　92
群集犯罪　83
経済的交換　180
経済理論　78
刑務所実験　14, 22
ゲシュタルト心理学　90
ゲシュタルト療法　69

ゲーム理論　78, 218
権威　20
　――への服従　155
権威主義的パーソナリティ　28
原因帰属　70, 110
研究の倫理　21
顕現性　53
現象学　218
権力依存理論　181, 183
好意度　140
交換ネットワーク　183
攻撃　198
攻撃行動　40, 200
　――の学習　41
　――の代理強化実験　41
　――のモデリング実験　40
攻撃性　198
攻撃本能論　198
交互作用効果　221
交差文化心理学　74
交渉　146
交渉ゲーム　146
構成概念妥当性　15
行動　26, 120
行動傾向　195
行動経済学　79
行動主義　86, 87, 90, 218
行動統制　177
衡平（性）　143, 180, 227
公平原理　166
公平世界仮説　224
公平理論（衡平理論）　166, 180
交流型リーダーシップ　164
交流分析　69
コーシャス・シフト　44, 45
互恵規範　181
互恵性　143, 180, 227
心と文化の相互構成　193
心の理論　100
互酬性 ➔ 互恵性
個人主義　190

個人的アイデンティティ　168
こびとの理論　99
コミュニケーション　100, 116
コミュニティー心理学　69
混合動機状況　227
コントロール ➡ 統制
コントロール群　13
コンピテンス　127
コンピュータ・トーナメント　56

さ 行

最小条件集団　54, 226
最小条件集団実験　54
錯誤帰属　223
差減少法　107
さずかり効果　79
産業心理学　30, 68
サンクション・システム　178
サンク費用現象　79
サンドイッチマン実験　52
参与観察法
ジェームズ＝ランゲ説　50
ジェンダー　206, 208
自我論　85
自己　124
自己意識　125
思考　115
自己開示　128
自己開示測定尺度　128
自己概念　125, 168, 225
自己覚知　126, 225
自己価値 ➡ 自尊心
自己過程　128
自己カテゴリー化　131, 168
自己高揚　3, 59, 130
自己効力感（セルフ・エフィカシー）　119, 127
自己成就的予言 ➡ 予言の自己実現
自己正当化　54
事後説明　220
自己知覚　47, 112

自己知覚理論　112, 223
自己呈示　128, 133
自己統制　177
自己認識　130
自己批判　59
自己評価　138
自己評価維持モデル　139
自己奉仕的帰属　223
自己モニタリング　126, 225
自己理論　84
自尊感情　132
自尊心　60, 138, 225
実験　12
実験群　13
実験経済学　78
実験ゲーム　146
実験研究　12
実験者効果　220
実効行列　177
質問紙　12, 13
シミュレーション実験　22
自民族中心主義的態度（Eスケール）　28
社会意識論　72, 76
社会環境　69, 71, 86
社会生物学　218
社会的アイデンティティ　130, 147, 168
社会的アイデンティティ理論　10, 224
社会的移行　131
社会適応　204
社会的学習　87
社会的学習実験　40
社会的学習理論　127
社会的価値　91
社会的カテゴリー（化）　54, 168
社会的環境　4
社会的機能説　198
社会的規範　226
社会的競争　130
社会的現実　215
社会的交換理論　140, 180, 182, 219

社会的公正　166
社会的構築主義　218
社会的行動　214
社会的行動主義　84
社会的自己　85
社会的事実　186, 188
社会的情報　186
社会的ジレンマ　79, 178, 226
社会的浸透理論　142
社会的スキーマ　136
社会的スキル　148
社会的図式説　149
社会的性格　72
社会的制止　36
社会的精神実在論　83
社会的責任　203
社会的促進　36, 90, 224
社会的促進仮説　158
社会的促進実験　36
社会的属性　142
社会的態度　120, 141
社会的適応　4, 125
社会的手抜き　159, 161, 224
社会的認知　70
社会的比較　45, 138
社会的比較過程理論　130
社会的比較理論　224
社会的文脈　186
社会的リアリティ　138
社会脳仮説　4, 78
尺度解析法　120
集合行動　226
集合的決定　160
集合的プロセス　59
囚人のジレンマ　79, 178, 181, 227
囚人のジレンマ・ゲーム　56, 147
従属変数　220
集団意思決定　160
集団間葛藤　18
集団規範　152
集団凝集性　226

集団決定　44
集団錯誤　226
集団主義　73, 182, 190
集団的浅慮　162, 225
集団的な心理現象　3
集団同調効果　214
集団特性　167
集団による問題解決問題　157
集団分極化（極性化）　45, 162, 224
集団力学 ➔ グループ・ダイナミクス
十分すぎる正当化　112
周辺的特性　42
自由連想法　86
熟知性効果　140
主効果　221
主題統覚法（TAT）　29, 50
手段－目的分析　107
準拠集団　226
準拠集団論　85
順序効果　42
順序尺度　221
状況サンプリング実験　60
小集団実験　78
少数者影響　156, 226
象徴的相互作用学派　85
象徴的相互作用論　219
情緒的サポート　205
衝動的攻撃理論　198, 201
情動の2要因理論　50, 223
情動発散説　198
消費者の意識や行動　68
情報の影響　154
情報統合理論　43
上方比較　133
初期分化説　142
職場の人間関係　68
女性性　207
初頭性効果　42
処方的理論　218
所与行列　177
人格心理学　68

進化心理学　3, 4, 71, 78
進化生物学　77, 218
進化論　83
親近性効果　42
新行動主義　87
身体的魅力　140
新フロイト派　72
心理的拘泥現象　163
心理的プロセス　59
人類学　76
随伴性認知　119
推論　107, 111
スウォドリング　77
スキーマ　70, 102, 222
スクリプト　70, 102, 103, 222
ステレオタイプ　105, 222
ストレス緩衝仮説　204
斉一性の圧力　153, 154
西欧中心主義　74
性格心理学　68
性格特性（論）　90, 142
斉合性　108
政策の評価　214
性差心理学　206
政治経済的保守主義的態度（PECスケール）　28
精神分析学　73, 76, 86
精神分析療法　69
生態学的シミュレーション　57
生態学的心理学　219
精緻化見込みモデル　145, 223
性的ステレオタイプ　206
生物学的性差　206
性役割　208
　——の発達　209
性役割行動　208
性役割自己概念　208
性役割尺度　207
性役割態度　208
生理的喚起　51
責任の拡散　224

説得的議論　45
説得的コミュニケーション　144
セルフ・エフィカシー➡自己効力感
セルフ・スキーマ　125
セルフ・ハンディキャッピング　133
全員一致の圧力　35
漸次技法　38
選択ジレンマ質問紙　44
選択的接触　53
選択的比較水準　227
線分実験　34
戦略的攻撃理論　199, 201
相関係数　220
相互依存関係　19, 176
相互強調の自己観　75, 192
相互的譲歩技法　39
相互独立の自己観　75, 192
操作的定義　220
相対的剥奪　224
　友愛的な——　33
　利己的な——　33
相対的剥奪研究　32
創発特性　226
ソーシャル・サポート　204
ソーシャル・ネットワーク　204
属性バイアス➡基本的な帰属のエラー
測定の信頼性　221
ソシオメトリック・テスト　18
組織心理学　30

た　行

第1次集団　226
対応バイアス➡基本的な帰属のエラー
対人関係　142
対人シミュレーション　47
対人認知　137
対人魅力　140
態度　26, 32, 120, 222
　——と行動の一貫性　26
態度帰属　48
態度受容　144

態度変化　144, 156
多元的無知　227
多数者影響　154, 156
脱個人化　225
段階的分化説　142
短期的効果　200
単純接触効果　225
男性性　207
小さな社会　73
注意の散逸　37
中央処理機構　98
中心的特性　42
長期的効果　200
調査研究　13
調整変数　221
直接観察法　12
直接強化　40
沈黙の螺旋　175, 214, 227
ツァイガルニク効果　88
罪の文化と恥の文化　188
つり橋実験　50
TAT ➔ 主題統覚法
Tグループ ➔ 感受性訓練
適応　132
適応論的アプローチ　194
手続き正義 ➔ 手続き的公正
手続き的公正　215, 227
電気ショック　20, 113
電子メディア　212
電子メール　212
ドア・イン・ザ・フェイス　39, 225
動因水準　36, 37
動因低減理論　118
動機　202
動機づけ　118
道具的サポート　205
等現間隔法　120
統合の解決　147
統制（コントロール）　177, 221
同調　34, 154, 224
同調実験　34

投票行動　211
独占原理　166
独立変数　220
取引　146
泥棒洞窟実験　18

な 行

内観法　69
内集団　18, 54, 130, 168, 182
内集団バイアス　169, 226
内集団ひいき　55, 130
内的帰属　48, 223
内的衝動説　198
内的妥当性　13, 14, 220
内発的動機づけ　118
内容分析法　12
二次的データ分析法　12
二重盲検法　220
日本人の行動原理　188
日本文化　75, 76, 188
ニュールック心理学　95
認知　115, 120, 202
認知科学　70
認知革命　70
認知システム　104
認知心理学　70
認知的一貫性　108
認知的斉合性理論　219
認知的節約家　222
認知的評価　50
認知的不協和　46, 70, 115
認知的不協和実験　46, 95, 108, 112
認知的利用可能性　53
認知モジュール　98
ネットワーク・コミュニティ　213
ネットワーク交換理論　183

は 行

パーソナリティ　42, 188, 208
　──の印象形成　136
バイアス　48

媒介変数　220
発達心理学　101
パネル研究　200
バランス理論　108
バンク巻取観察実験　31
バンドワゴン効果　210
反ユダヤ主義的態度（A─Eスケール）　28
PECスケール ➡ 政治経済的保守主義的態度
PM理論　165
比較心理学　101
比較水準　227
比較文化心理学　74
ピグマリオン効果　174
ヒステリー　82
必要原理　166
非人間化　225
ヒューリスティック　79, 106, 222
評価懸念　37, 220
表情　58, 116
表情認知　58, 117
平等原理　166
平等主義的性役割態度尺度　209
比例尺度　221
ファシズム・スケール（Fスケール）　28
フィルター理論　142
フィールド実験　27, 38
風洞型実験　14
フォールス・コンセンサス効果　52, 54
服従　20, 224
不十分な正当化実験　46, 112
フット・イン・ザ・ドア　38, 225
物理的労働　30
普遍的理論　192
不満　32
ブーメラン効果　144
プライミング　222
プラグマティズム　84
フラストレーション＝攻撃仮説　10, 12

フリー・ライダー効果　159
フリー・ライディング　161
フルレンジ・リーダーシップ・モデル　165
フレーム効果　79
ブレーン・ストーミング技法　161
プロトタイプ　222
文化間比較実験　58
文化差　192
文化心理学　3, 4, 71, 74, 75, 188
文化的環境　4
文化的自己観　192, 195
文化とパーソナリティ　72, 76, 188
分配原理　166
分配の公正（正義）　215, 227
並列分散処理　99
偏見　91, 105, 137, 140, 173, 174
返報性 ➡ 互恵性
防衛メカニズム　29
傍観者効果　24, 203, 224
傍観者実験　24
報酬　166
暴力映像　200
ホーソン実験　30
発作実験　25
ボトムアップ型世論形成　214
本能　83

ま　行

マイクロ・マクロ理論　73
マクロな現象　3, 72
マスメディア　210, 211, 214
　──の限定効果　210
マルクス主義　72
マルチメディア　212
ミュラー-リヤーの錯視　74
民族科学　218
民族心理学　218
無意識　29, 86, 98
無作為抽出　220
名義尺度　221

迷路学習　37
メタ理論　9-11
面接実験　31
メンタルテスト　83
目標一通路理論　165
モジュール　99
モデリング➡観察学習
模　倣　83
模倣概念　87
森田療法　69
問題解決　106

や 行

役　割　226
役割演技　23
役割理論　85, 219
やる気　118
有意水準　221
要求特性　220
要素還元的意識心理学　88
予言の自己実現（自己成就）　172, 174, 227
欲　求　83
欲求不満説　198
世　論　214

世論形成　214

ら 行

ライフサイクル理論　165
ラベリング理論　85
利己的利他主義　179
リスキー・シフト　44, 74, 162
リーダーシップ　68, 164, 227
利他的利己主義　179
リターン・ポテンシャル・モデル　153
立方体モデル　111
利得行列　57, 176
流　言　91, 92, 174
両性具有性（アンドロジニー）　207
理論検証型実験　14
臨床心理学　68
臨床的面接　29
冷淡な傍観者　24
霊長類　101
ローボール・テクニック　39
ローボーリング　225
論理的情報処理　53

わ 行

割引原理　223

人名索引

あ行

アヴォリオ (Avolio, B. J.)　165
アーキン (Arkin, R. M.)　133
アクセルロッド (Axerlod, R.)　56, 179
鰺坂二夫　94
アダムス (Adams, J. S.)　166, 180
アッシュ (Asch, S. E.)　34, 42, 136, 155
アドラー (Adler, A.)　86
アドルノ (Adorno, T. W.)　28
アロン (Aron, A. P.)　50
アンダーソン (Anderson, N. H.)　43, 136
池田謙一　211, 213, 215
ウィッカー (Wicker, A. W.)　27
ウィックランド (Wicklund, R. A.)　126
ウィルクス (Wilks, A. L.)　54
ウィルス (Wills, T. A.)　132
ウィルソン (Wilson, E. O.)　218
上野陽一　93
ウェルトハイマー (Wertheimer, M.)　88
浦光博　204
ヴント (Wundt, W.)　82, 85, 86, 92, 93, 218
エイジェン (Ajzen, I.)　27
エクマン (Ekman, P.)　58, 116
エマソン (Emerson, R. M.)　181, 182
オスグッド (Osgood, C. E.)　120, 219
オズボーン (Osborn, A. F.)　161
小野嶋右左雄　88
オルポート (Allport, F. H.)　90
オルポート (Allport, G. W.)　2, 90, 105

か行

カーヴァー (Carver, C. S.)　126
賀川豊彦　93
ガーゲン (Gergen, K. J.)　6
カシオッポ (Cacioppo, J. T.)　144, 223
柏木惠子　208
カッツ (Kats, D.)　121
ガットマン (Guttman, L.)　120
カートライト (Cartwright, D. P.)　89
カーネマン (Kahneman, D.)　107
狩野素朗　167
ガーフィンケル (Garfinkel, H.)　219
亀田達也　160
カールスミス (Carlsmith, J. M.)　46
北山忍　3, 60, 75, 192, 196
ギブソン (Gibson, J. J.)　219
キム (Kim, U.)　190
ギリガン (Gilligan, C.)　207
クック (Cook, K. S.)　183
クーリー (Cooley, C. H.)　84, 85, 130, 225
グリーンバーグ (Greenberg, J.)　132
グールドナー (Gouldner, A. W.)　181
クロスビー (Crosby, F.)　33
桑田芳蔵　93
ケーラー (Köhler, W.)　88
ケリー (Kelley, H. H.)　89, 110, 176, 219, 223
コーガン (Kogan, N.)　44
コットレル (Cottrell, N. B.)　37
子安増生　100
コーリー (Corey, S. M.)　27
ゴールトン (Galton, F.)　83
コント (Comte, A.)　175

さ 行

ザイアンス（Zajonc, R. B.） 36, 140, 158, 224, 225
佐々木鼎 88
サーストン（Thurstone, L. L.） 120
ザバロニ（Zavalloni, M.） 45
ザンダー（Zander, A. F.） 89
サンダース（Sanders, G. S.） 37
シアーズ（Sears, D. O.） 89, 215
シアーズ（Sears, R. R.） 89
ジェームズ（James, W.） 85, 114, 124, 132
ジェラード（Gerard, H. B.） 128
シェリフ（Sherif, M.） 18, 152
シゲーレ（Sighele, S.） 83
シャイアー（Scheier, M. F.） 126
ジャクソン（Jackson, J. M.） 152
シャクター（Schachter, S.） 50, 139, 223
ジャックリン（Jacklin, C.） 206
ジャニス（Janis, I. L.） 162, 225
シュテルン（Stern, W.） 90
シュワルツ（Schwartz, S. H.） 203
ジョーンズ（Jones, E. E.） 48
シンガー（Singer, J. E.） 50, 223
ジンバルドー（Zimbardo, P. G.） 14, 22
スキナー（Skinner, B. F.） 86, 87, 219
杉森信吉 160
鈴木淳子 209
スタイナー（Sterner, I. D.） 158
スタウブ（Staub, E） 203
ストゥファー（Stouffer, S. A.） 32
ストットランド（Stotland, E.） 149
ストーナー（Stoner, J. A. F.） 44, 162
スナイダー（Snyder, M.） 126, 225
スヌーク（Snoek, D. J.） 142
スピアマン（Spearman, C. E.） 83
スミス（Smith, A.） 172
セリグマン（Seligman, M. E. P.） 119, 223

た 行

ダーウィン（Darwin, C.） 58, 83
高木修 202
タジフェル（Tajfel, H.） 54, 130, 224, 226
ダック（Duck, S. W.） 143
ダットン（Dutton, D. G.） 50
ターナー（Turner, J. C.） 131, 168
谷本富 92
ダラード（Dollard, J.） 198
ダーリー（Darley, J. M.） 24
タルド（Tarde, J. G.） 82, 83
ダンバー（Dunbar, R. I. M.） 4, 78
チャルディーニ（Cialdini, R. B.） 39
ティボー（Thibaut, J. W.） 176, 227
テイラー（Taylor, S. E.） 133
テダスキー（Tedeschi, J. T.） 129, 199
テッサー（Tesser, A.） 139
デューイ（Dewey, J.） 84
デュバル（Duval, S.） 126
デュルケム（Durkheim, É.） 186 や
ドイッチュ（Deutsch, M.） 154, 166
トヴァースキー（Tversky, A.） 107
ドウズ（Dawes, R. M.） 178
徳谷豊之助 92
ドラックマン（Druckman, D.） 146
トリプレット（Triplett, N.） 36
トールマン（Tolman, E. C.） 87, 89

な 行

中村陽吉 128
ニューカム（Newcomb, T. M.） 108, 141, 219
ネメス（Nemeth, C.） 157
ノエル‐ノイマン（Noelle-Neumann, E.） 175, 214, 227

は 行

ハイダー（Heider, F.） 108, 219

ハウス（House, R. J.） 165
バーコウィッツ（Berkowitz, L.） 124, 199
ハーシー（Harsey, P.） 165
ハーシュ（Hirsh, B. J.） 204
バス（Buss, A. H.） 126
ハーター（Harter, S.） 127
パーナー（Perner, J.） 101
ハリス（Harris, V. A.） 48
バリンズ（Valins, S.） 51
ハル（Hull, C. L.） 87
バレーラ（Barrera, M.） 205
バンデューラ（Bandura, A.） 40, 41, 127, 130, 199, 200, 219
ハント（Hunt, P. J.） 36
樋口秀雄 92
ヒラリー（Hillery, J. M.） 36
ファジオ（Fazio, R. H.） 121
フィッシュバイン（Fishbein, M.） 27
フィードラー（Fiedler, F. E.） 165
フェスティンガー（Festinger, L.） 46, 89, 95, 108, 130, 138, 219, 224
フェニグスタイン（Fenigstein, A.） 126
フォア（Foa, E. B.） 180
フォア（Foa, U. G.） 180
フッサール（Husserl, E.） 218
フランク（Frank, R.） 79
フリードマン（Freedman, L.） 38
ブルーナー（Bruner, J. S.） 223
フレージャー（Fraser, S. C.） 38
プレマック（Premack, D.） 100
フロイト（Freud, S.） 86, 130, 198
フロム（Fromm, E.） 28, 72
ペティ（Petty, R. E.） 144, 223
ベネディクト（Benedict, R. F.） 76, 188
ペネベーカー（Pennebaker, J. W.） 128
ベム（Bem, D. J.） 47, 112, 207, 223
ポストマン（Postman, L.） 91

ホッグ（Hogg, M. A.） 168
ホール（Hall, E. T.） 92

ま 行

マーカス（Markus, H. R.） 75
マークス（Marks, G.） 53
マクドゥーガル（McDougall, W.） 2, 83, 92
正高信男 77
マッコビー（Maccoby, E. E.） 206
マッコームズ（McCombs, M. E.） 210
マートン（Merton, R. K.） 172, 174, 227
三隅二不二 94, 165
ミード（Mead, G. H.） 84, 130, 219
ミード（Mead, M.） 76, 89, 206
南 博 94
宮田加久子 212
ミューラー（Müller, G. E.） 83
ミルグラム（Milgram, S.） 14, 20, 155
メイヨー（Mayo, G. E.） 30
モスコヴィッシ（Moscovici, S.） 45, 156, 162, 226
元良勇次郎 92
モリス（Morris, C. W.） 85

や 行

山岸俊男 179, 182, 194
大和道一 93
ユング（Jung, C. G.） 86

ら 行

ラザースフェルド（Lazarsfeld, P. F.） 210
ラタネ（Latané, B.） 24, 158, 202, 224
ラーナー（Lerner, M. J.） 224
ラピエール（LaPiere, R. T.） 26
ランシマン（Runciman, W. G.） 33
リアリー（Leary, M. R.） 132
リッカート（Likert, R.） 120
ル・ボン（L. Bon, G.） 82, 92

レヴィン（Lewin, K.） 88, 94, 164, 219, 227
レヴィンジャー（Levinger, G.） 142
レスリスバーガー（Roethlisberger, F. J.） 30
レッパー（Lepper, M.R.） 113, 118
レフコビッツ（Lefkiwitz, M.） 200
ロス（Ross, E. A.） 2, 92
ロス（Ross, L.） 48, 52, 223
ローゼンタール（Rosenthal, R.） 174
ローレンツ（Lorenz, K. Z.） 198

わ 行

ワトソン（Watson, J. B.） 84, 86, 87, 218
ワラック（Wallach, M. A.） 44

【編者紹介】

山岸俊男(やまぎし としお)

1948年生まれ。70年一橋大学社会学部卒業,72年同大学大学院社会学研究科修士課程修了,82年University of Washington 学位(Ph. D. in Sociology)取得。

1975年 University of Washington 社会学部助手,81年同学部研究員,81年北海道大学文学部助教授,85年 University of Washington 社会学部助教授,88年北海道大学文学部助教授,93年同大学文学部(現在,同大学院文学研究科)教授を経て,2014年より一橋大学大学院国際企業戦略研究科特任教授,2018年逝去。北海道大学名誉教授。2004年紫綬褒章受章,2013年文化功労者。

主著は,『社会的ジレンマのしくみ』サイエンス社,『信頼の構造』東京大学出版会,『安心社会から信頼社会へ』中央公論新社,『社会的ジレンマ』PHP出版,『心でっかちな日本人』日本経済新聞社などがある。

社会心理学キーワード
Keywords in Social Psychology　　有斐閣双書

2001年1月30日　初版第1刷発行
2020年7月20日　初版第21刷発行

編　者	山　岸　俊　男	
発行者	江　草　貞　治	
発行所	株式会社　有　斐　閣	

郵便番号 101-0051
東京都千代田区神田神保町2-17
電話　(03)3264-1315〔編集〕
　　　(03)3265-6811〔営業〕
http://www.yuhikaku.co.jp/

印刷・精文堂印刷株式会社／製本・大口製本印刷株式会社
©2001, Toshio Yamagishi. Printed in Japan
落丁・乱丁本はお取替えいたします。
★定価はカバーに表示してあります。
ISBN4-641-05872-5

Ⓡ 本書の全部または一部を無断で複写複製(コピー)することは,著作権法上での例外を除き,禁じられています。本書からの複写を希望される場合は,日本複製権センター(03-3401-2382)にご連絡ください。